贵州民族大学民族学学人丛书
贵州民族科学研究院丛书

彝族文化与三官彝寨

YIZU WENHUA YU SANGUAN YIZHAI

谢定国　主编

中央民族大学出版社
China Minzu University Press

图书在版编目（CIP）数据

彝族文化与三官彝寨/ 谢定国主编. —北京：中央民族大学出版社，2021.6（2022.4 重印）

ISBN 978-7-5660-1847-2

Ⅰ.①彝… Ⅱ.①谢… Ⅲ.①彝族—民族文化—毕节 Ⅳ.①K281.7

中国版本图书馆 CIP 数据核字（2020）第 230345 号

彝族文化与三官彝寨

主　　编　谢定国
责任编辑　舒　松
责任校对　杜星宇
封面设计　舒刚卫
出版发行　中央民族大学出版社
　　　　　北京市海淀区中关村南大街 27 号　　邮编：100081
　　　　　电话：（010）68472815（发行部）　传真：（010）68932751（发行部）
　　　　　　　　（010）68932218（总编室）　　　　（010）68932447（办公室）
经 销 者　全国各地新华书店
印 刷 厂　北京鑫宇图源印刷科技有限公司
开　　本　787×1092　1/16　印张：20.5
字　　数　310 千字
版　　次　2021 年 6 月第 1 版　2022 年 4 月第 2 次印刷
书　　号　ISBN 978-7-5660-1847-2
定　　价　80.00 元

本书由
贵州索玛花旅游开发有限公司
贵州民族大学区域一流学科—民族学专项经费
贵州民族大学多彩贵州文化省部共建协同创新中心
资助出版

目　录

第一章

彝族文化研究精选

彝族在贵州高原的古代历史变迁

余宏模

彝族遍布贵州高原各地，但主要聚居区域是耸立在滇黔毗邻的乌蒙山区。千百年来乌蒙山一直是彝族人民世代生息繁衍之地，是孕育发展彝族古代文明的摇篮。彝族在贵州高原的崛起与发展，对贵州古代的民族关系有着重大的影响。因为彝族和周边少数民族相比，具有以下特点：首先，彝族历史文化悠久，有自己古老的民族文字，大批的彝文典籍、金石碑刻仍流传至今。其次，彝族在历史上曾在贵州高原建立有罗殿国、罗施鬼国、自杞国等民族政权，有自己严密的政治、社会、军事组织制度，保境拓疆，雄长一方。其三，伴随中原历代王朝的开道拓边和社会经济的发展，彝族由原始部落社会跨入文明社会的门槛，比周边其他少数民族要早。

彝族漫长的远古史前史和族源迁徙，限于汉文文献资料的残缺和考古资料的不足，在相当长的一段时间内聚讼纷纭，难于定论。但是，据彝族文字记载的大量典籍（近年以来已经翻译出版了相当的史料）说明，彝族分布在中国西南地区的历史十分悠久，它曾经历漫长的原始社会，以后又进入文明社会的门槛，由君臣师匠的产生直到明清时期的改土归流，斑斑青史在彝文典籍中均可梳理探求。

据贵州彝文文献《彝族源流》记载：彝族的历史久远，自哎哺时代开始，彝族历史经历了尼能、什勺、举偶、武米和“六祖”等若干时代。彝族先民曾经度过漫长的哎哺时代，经历同野兽同居、发明使用火、母权制、创立天文历法、发明使用文字等阶段。在这漫长的历史阶段，出现了有名称的氏族、部族。有谱系记载的有关彝族的祖先，哎哺氏的希密遮；采舍氏的希堵佐；目确氏、则咪氏的武侯、吕娄等。随后相继形成了许多部族，如尼能（或为沽能氏、昆明人、哀牢人、僰人之祖）、什勺（叟人之祖)、鄂莫、米靡、举偶等。从书中的某些记载可以看出：历史上的彝族古代社会，曾形成过称为“米”的统一的社会政治体系。如“武米”“武哲米”“笃米”的时期。并曾使用过统一的天文历法、统一的文字，而后出现的才是以“祖”（或“苴”）为代表，各自为政，互为号令，自立中心，守土拓境的局面，持续延滞达千年以上。在彝族历史上“洪水”时期前，武僰系的一支由于生产力和文化都比较发达，逐渐强盛，在彝族内居于统治地位，武僰系统后来又分化出繁多的支系，比较大的一支，史书曾称为“白蛮”。“洪水”时期以后，武僰氏的统治被动摇，笃米的六子，史称“六祖”强盛起来，分为六大支系。其中的武、乍两支吸收武僰的先进文化，最先建立政权，互相的融合形成“白蛮”彝族的支系。“六祖”成功地推翻了“米”（即天）的统治，断了天地间的津梁，在历史舞台崭露头角，其中的糯、恒、布、默四支逐渐发展构成“乌蛮”彝族的支系。“六祖”各支除南诏（罗纪）外，均形成一套“祖（苴），摩（穆），布（君，臣、师）三位一体的政治统治，他们与历代中央王朝和周边民族的关系，一直影响着彝族古代社会的历史演变。

另一部贵州彝文文献《西南彝志》对彝族远古史前的记载是：在人类产生初期，人兽混处。人吃的是野果，穿的是兽皮。后来，人类发明了火，用火驱逐野兽，疏通九条河。这时的人类还不知嫁娶，不知时令，用树纪年，用石纪月，根据花开、花落、果子成熟、树叶枯萎等自然现象定时令。人类学会了耕种庄稼，这时形成了哎哺、尼能、实勺，则咪等古老氏族。哎哺氏族兴起了嫁娶，有媒妁，有婚姻礼仪。人们观察大自然，并积累了不少知识。

人类繁衍，社会发展，进入阶级社会，出现有君有臣，有了布慕的社会，并产生祭祀的习俗。彝族先民远祖希慕遮（又译希密遮）传至后世笃慕俄（即笃米）时，洪水泛滥，率众南迁至洛宜白，娶妻生子六人，长大以后率部开拓疆土，各自为政一方，史称“六祖”时期，其后裔和未列入“六祖”系统的武德本、武古笃、武陀尼、武濮所等部落的后裔，都发展成为今天彝族的一部分。

一

根据贵州彝文文献《彝族源流》和《西南彝志》的记载，结合汉文史藉，可作如下的探讨：

首先，彝族在中国西南地区居住变迁的历史悠久，早在先秦时期以前，其先民的足迹即已遍及今川滇黔境内。彝文文献著述的几个古代的主要部落国家，如武僰部落其生产力和文化都比较发达。从事农耕、冶炼、制陶、制皮革、丝绸等经济活动，其最早建立的政权，可能是曾在今天四川宜宾、以及云南昭通地区建立过的“古僰侯国”。被称为“武米”的支格阿鲁部落，在彝称“滇濮梭落”即今云南滇池流域，从事农耕、畜牧、冶炼、纺织、捕鱼、制陶等经济活动，曾建立古滇王国。彝文称为“米”：意即为“天”，是地位在苴摩（君长）之上的王。其后裔从乌蒙山渡金沙江北上凉山，或从乌蒙山迁往哀牢山、点苍山等地。彝文称“吐苏”之祖的仇娄阿摩部落，曾以今云南昭通和贵州威宁一带为中心，建立政权，其后裔有阿朱提（又译“阿佐赤”“阿仲赤”），以后南迁云南曲靖一带，又建立“掌扎俄勾”政权。此外，彝文典籍载有希慕遮（即孟遮氏）自牦牛徼外入居“邛之卤”，卤与卢通，为彝语“龙”之意。《括地志》载：“戎府以南皆卢地”，戎府即今四川宜宾之地，古有“卢夷”之国。其君称“徵”（或蒸），应读为“祉”，乃彝语方言称君长为“祉慕”的君字，说明在周初的卢国族属，即为今之彝族先民称“夷”。

其次，彝族进入贵州高原的历史，根据彝文典籍的记述：先秦时期的僰侯国、古滇王国，古卢夷国、古蜀国的彝族先民都有在今贵州高原活动的蛛丝马迹。如《彝族源流》记载，古僰侯国的武僰部落后来受到六祖部落的攻击而衰落，汉文献也记载其部民常被掳掠作为奴隶，称为“僰僮”，转卖他方。“六祖”后裔德布、德施两大统治家族势力得到了发展与扩张。夜郎是战国晚期即已出现汉文史藉记载由夷人和濮人所建立的国家，位于今滇黔毗邻之地，其统治民族当为夷人，被统治民族的居民中有大量濮人，即杜预《春秋释例》所称：“无君长总统，各邑落自聚，故称百濮”的族群。

夜郎的国境和族属问题，至今学术界尚有争议。但近年来彝文古籍的翻译出版和贵州境内的出土文物，为夜郎族属夷濮说，提供了新的论据。据《彝族源流》记载《液哪源》说：武僰氏后裔的一支“液哪”即夜郎的译音。译文称：“武僰同时出现，武僰同时形成，武僰为液那之先，液那是武僰氏裔，液那竹子孙，液那发祥于水，泰液水为液那根”。其早期的谱系是“僰雅蒙一代，蒙雅液二代，液那朵三代，液那朵时代，称液那勾纪，代表天掌权，代地守基业，液那是天地之子，兴起君长制，液那主一方”。彝文的记述说明“液那”的兴起与竹和水有渊源关系，并指明液那朵为液那兴起后的第一代君长。参证汉文典籍有竹王兴于遯水，竹王雄长一方，后竹王被杀“夷濮咸怨”的传说记载，所称“液那”即是夜郎，夜郎族属实为夷与濮也。夜郎君长的直系谱系，《彝族源流》记载为：焚雅蒙—蒙雅液—液那朵—那朵藏—藏辞辞—辞阿宏—宏阿武—武阿古—古阿举—举雅则—则雅尼—尼雅哎—哎雅鄂—鄂鲁默（迁往大革洛姆，别以姆起名）—姆赫邓—邓雅奏—奏默遮—默遮索—索武额—额哼哈—哼啥足哲—足哲多—多同米—同米妣—妣鄂莫—莫雅邪—邪务（邪务按《汉书》记载补记，共计 27 代）。据《史记》记载建元六年（公元前 135）唐蒙“从巴蜀笮（符）关入”夜郎境所见到的“夜郎侯多同”可能指彝书谱系所记的“多同米”。及至莫雅邪之世“液那一时被攻打”，液那的余部残败迁往“啥靡”，住啥靡卧甸（今云南大理境）得卓罗纪部相助，“液那勾纪”的政权，此后即由罗纪继承。莫雅邪世可能即《汉书·西南夷传》“成帝河平中”（公元前 28—25）牂牁太守陈立所杀的夜郎王兴史事的反映。兴子邪务，疑即莫雅邪之子。与其外祖父翁指“收余兵胁迫旁二十二小邑反”，时天大旱缺水，陈立攻绝水道，迫使“蛮夷共斩翁指出降”，邪务年轻未被问罪，作为残余势力往西迁走，夜郎的势力从此就衰落下去，退出了历史舞台。

《彝族源流》的记载反映出夜郎的疆域和政治中心是伴随势力强弱而不断变化的，所记载的彝语地名，如和液那朵诞生有关的“泰液水，是否即遯水”？液那的住地而且作为政权名称的“液那勾纪”；液那朵家祭三代亡灵的地方“液那阻姆”；和濮所部通婚时祭三代亡灵的地方“载拜赫嘎”和武、乍通婚时的住地“苦洛阻姆”；曾作为战场的“麻谷阻姆”；后裔迁住的“大革洛姆”等等，这些古代彝语地名，因年代久远，古今称谓不同难以考证。在黔西北实地调查中，有些彝语地名都说明古代彝族液那家族的活动遗迹，也可佐证夜郎的疆域和政治中心，当在今之滇黔毗邻地区。②

从考古和文物方面探讨，值得重视的是在威宁中水夜郎墓中出土的陶器最富特点的是陶器上的刻画符号，多数刻画在陶坯上，然后入窑烧制而成，刻画符号的位置多在陶器口沿，少量分布在腹部、肩部等处。刻画符号共有 41 种，其中部分重复，这种刻画符号，用今贵州彝文比较，相当部分可以释读。此外，出自贵州威宁传入云南昭通的传世文物即彝文“以诺”印章，彝文音译为“液哪迪那惹威”，直译为“夜郎境手司印”。另有昭通民间收藏的一颗铜质彝文印章，彝文直译为“统管堂琅印”，都可证明汉代即有彝文印信，“液哪”即是“夜郎”，液哪时代的印信不知尚有多少沉没于沧桑世变中。③再次，赫章可乐“乙类墓”已清理的 169 座中。战国晚期至西汉前期的墓葬有 80 多座，西汉晚期墓葬有 14 座（另有 70 多座墓葬无随葬品，不能准确断代）。“乙类墓”无封土，墓葬规模小，无墓道。多数墓葬无棺木葬具，葬俗特殊，尤以“套头葬”为罕见。此类葬俗，是人死后用釜类器物（或铜鼓）作为葬具，套在尸体头部埋葬入土。已发掘“套头葬”墓共 20 座，战国晚期 10 座，其中 9 座墓是用 B 型铜釜套在人头部，1 座墓用 A 型铜釜套在人头部；6 座西汉前期墓葬中，5 座墓用铁釜套在人头部，1 座用 A 型铜釜套在人头部；3 座西汉晚期墓葬中，分别用铜鼓、C 型铜釜和铁釜套在人头上。可知战国晚期“套头葬”主要用 B 型铜釜作葬具，不用铁釜；西汉前期的“套头葬”，主要用铁釜作葬具；夜郎灭亡以后，西汉晚期即无规律，“套头葬”的习俗逐步消失。至于随葬器物别具一格，形制和纹饰均具有浓厚的地方特色。出土的铜锄、铁镬、铁锸等农业生产工具，表明系进行山地农业的民族墓葬。其中的尖形镬、铜锄等生产工具，系“滇”文化中常见之物。生活用具中出土的对称陶纹立耳铜釜（A 型）、鼓形铜釜（B 型）、铜鼓（MI 5s），铜戈（M20：1）与晋宁石寨山、江川李家川滇墓葬出土的相似，说明夜郎的青铜器受“滇”文化的影响大于“巴蜀文化”的影响。④由上可知夜郎与滇文化相似，族属应同。而“套头葬”的丧葬习俗，正是一种对釜类器物和其后演变为铜鼓，作为重器用以作为权力和财富象征的原始崇拜的反映。

我国出土时代最早的铜鼓是在云南楚雄彝州的万家坝，彝族先民在历史上不仅使用铜鼓，而且会制作铜釜、铜鼓。[5]彝族古代的丧葬习俗据彝文献记载有：土葬、石棺葬等各种葬俗，火葬显然是接受氐羌文化影响而兴盛起来的。因此，“套头葬”的葬俗也不排除其为夜郎境内夷人的某种特殊丧葬习俗的可能性。

武僰后裔液那在贵州高原兴盛和衰落之时，“六祖”的后裔同时也相继在贵州高原不断开疆拓土，雄长一方。[6]在夜郎国从历史舞台消失之后，彝族在贵州高原不断迁徙、分化、征伐、融合的过程中，又建立起各据一方的政治中心和地方政权。

根据彝文文献的记载：“六祖”后裔的糯、恒、布、默四部都曾经在贵州高原活动过，尤以布、默两部在贵州开基创业，拓疆守境，长期统治当地直至明清之际改土归流。

糯部为笃慕俄三子慕雅热的后裔，自从在卓雅纪堵分支以后，曾有一支渡牛栏江进入今贵州的威宁，在迁徙过程中被外族袭击，只好迅速转移；另有一支即渡金沙江北上，以后逐步发展到四川成都一带。渡江北上进入“巴布”（今四川凉山州建昌、雷波、黄郎、波卜等地）的糯部后裔，后来称为“曲尼”部。

恒部为笃慕俄四子慕雅卧后裔，史称耿恒支系。在卓雅纪堵分支后，在长期迁徙过程中，征服了“濮人”。在两汉时期主要分为三支，一支定居滇东北的“窦的甸”（今昭通），发展成为“乌蒙部”；一支经贵州威宁、毕节征服羿子、僚人在今四川古蔺，叙永赤水河两岸定居，发展为“扯勒部”；一支从云南昭通北上过金沙江沿美姑河北达凉山各地，称为“古侯部”。

布部为笃慕俄五子慕克克后裔，史称德布支系，在卓雅纪堵分支后，从今会泽、宣威迁入贵州境，第七世钟鲁蒙时已至纪古鲁堵（今威宁境）椎牛盟誓，立权令制度，定租税规章，并越草海向外扩张。一支在默德阿仁时，当了播勒（今贵州安顺）君主，唐宋时其后裔曾建罗殿国。一支在糯奎博时迁往黔西南境，在濮吐珠液（今北盘江流域），征服当地濮人，拓境开疆，彝文称为“濮吐珠液”家。一支在默哲俄索时，率部据今贵州威宁为中心，后裔因其名号史称“乌撒部”。

默部为笃慕俄六子慕济济，史称德族支系。在卓雅纪堵分支后，从云南会泽西北部沿乌蒙山脉进入贵州开疆拓土，至西汉末年东汉初期时，其后裔勿阿纳世，曾建“柯洛大城”（今贵州赫章县境），并向东及于洛更（毕节）、白扎戈（大方）、比喇（织金），渡鸭池河抵古糯（贵阳），向西渐及赫墨仲显（今云南镇雄境），建立起强大的地方政权。其后裔妥阿者长期统治水西地区，蜀治时曾献粮通，佐诸葛亮平定孟获，因功封罗殿王。彝文称作“阿者蔺”或“慕俄格家”，即水西，至唐宋时汉史称为罗施鬼国。另一支妥芒部时，向西发展，传至陇阿娄世，势力更大，统治今云南镇雄、威信、彝良及贵州威宁，赫章、毕节部分地方，彝文称为“芒部家”。

上述可知：秦汉时期的贵州高原，彝族先民以武僰支系的夜郎国为代表，崛起兴衰于历史舞台。同时，“六祖”后裔各部相继在与“濮人”“土僚”“羿子”的征战融合过程中和与川滇黔各地彝族部落在迁徙、交流的过程中进而整合形成统称为“夷”的族属，形成了如父子联名制、行火葬、十二世后相与婚姻、好譬类、党妻族、转房制、重祭祀、多禁忌等固定的共同文化特征。

二

自东晋以来，南中大姓爨氏以建宁（今云南曲靖）、晋宁（今昆明一带）为中心，不断扩大统治范围，构成“诸爨强族”，独步南疆。贵州境内的牂牁、平蛮、夜郎等郡皆在其势力控带之下。在东爨境内的各部乌蛮，源出“夷”“叟”“昆明”，均为彝族先民。隋文帝开皇十七年（597）春，令太平公史万岁率兵平定南宁州爨氏，次年又派杨武通再次率兵攻打，爨氏统治一蹶不振，东爨乌蛮各部纷纷自立。隋炀帝时，将原先设立的南宁州总管府撤销，标志王朝的统治已无法维持，不得已而“弃其地”。于是乌蛮各部势力膨胀，自立疆场。滇东北和黔西北一带，多为仲牟由（笃慕俄）后裔家族统治区，恒部的乌蒙部、扯勒部；布部的播勒部（泠泠格）、乌撒部（纪俄格）、阿佐赤部（云南沾益）、笃慕部（古苦格、云南宣威）；默部的阿于歹部（云南东川）、阿者部（慕俄格），芒部（云南镇雄)、阿旺仁部（皮嫩博纪，贵州盘县、普安）趁机发展，控制滇黔川毗邻一带而守境拓疆，对贵州历史发展和民族关系产生了巨大而深远的影响。

唐宋时期的贵州高原上的彝族诸部，曾经隶属中央王朝设置的羁縻州，据汉文史籍记载如“矩州刺史谢法成招慰比楼（即水西阿者部比六、比内）等七千户内附”，“昆明十四姓率户二万内附”，置都州、总州；“析昆明部”置殷州、敦州及“以昆明夷内附置”的宝州，均属黔州都督府管辖。羁縻州不同于经制州，其特点是：其地在“边”，其民为“夷”，其官为“土”。羁縻以属，仍属土官统治的范畴。但此一时期内，贵州西部由彝族先民乌蛮所建立的少数民族政权崛起，著名的有罗氏鬼国，罗殿国、自杞国，其次是毗那和乌撒，还有石人等九部落，族属相同，地域毗连。

“罗氏鬼国”之名，是汉文献对黔西北彝族阿者部政权不确切的称呼，或讹称“鲁斯国”“罗施国”“鬼国”。贵州彝族大部自称“诺苏”“尼苏”，即古籍所称“卢鹿”“罗罗”，意为崇尚龙、虎之部落，其所建立政权或称“罗苏”国，音变讹为“鲁斯国”或“罗施国”。“鬼国”之名，源于乌蛮尚鬼之说，实际是彝族定期祭祖的习俗。默部后裔阿者部，蜀汉时助诸葛亮南征受封罗甸王。以后在水西地区不断征服濮人部落，拓土开疆，建立政权而为一方君长。故《新唐书·南蛮传》说：“昆明东九百里，即牂牁国也。兵数出，侵地数千里，元和八年，上表请尽归牂牁故地”。此“牂牁国”当是乌蛮阿者部不断征服“濮人”建立“罗氏鬼国”的前身。唐开成元年（836），“鬼主阿佩内附”。阿佩为阿者部首领（阿更阿委），因其内附，所以，在会昌六年（846），又有“牂牁、昆明等国遣使入朝”的记载。至其后裔普贵时，归附宋朝，成为继往开来的人物。《寰宇通志》及《大明一统志》称：“普贵，土人，开宝间纳土归顺，赐爵以镇一方”。并录有宋太祖赐普贵令一纸，诏令“爵禄、土地、人民世守如旧”。此后成为黔西北名正言顺的统治者，“罗氏鬼国”之名亦屡见于史。《宋史·蛮夷传》说：仁宗时，乌蛮王子得盖（阿阔额叶）强盛，其居地旁有唐泸州管辖下羁縻州姚州，废已久，得盖愿得州名以长夷。诏复姚州，以得盖为刺史，铸印赐之。得盖死，其子窃号罗氏鬼主……即自称

“罗氏鬼国”之主，自此始有“罗氏鬼国”之称。

罗氏鬼国的疆域，《元史·阿察传》说：“东至播州（贵州遵义），南至罗甸（贵州安顺），西至乌撒（贵州威宁、赫章）、芒部（云南镇雄），北至阿永蛮（四川叙永一带）”。《大定府志·疆域志》载：“罗氏鬼国者。姚（今大方）、郝（今织金）、禄（今毕节）、汤望（毕节、水城间）、犍（大方东北）、龚（黔西）、义（黔西东北）、晖（织金）八州也”。“兼有牂牁国矩、清诸州之地为水东，而姚、郝等八州为水西”。以鸭池河为水东、水西的划界。

宋代为军事需求战马，曾在西南地区开设马市。贵州地产良马，尤以彝区所产“水西马”和“乌蒙马”驰名。罗氏鬼国首领岁常进马以贡，部民亦去泸州贩马互市。据《资治通鉴》记载：“每岁冬至后，蛮马以来州。遣官视之，自江门寨浮筏而下，蛮官及放马者九十三人，悉劳饷之，帅臣亲与为礼。诸蛮从而至者几二千人，皆以筏载白椹、茶、麻，酒、米、鹿、豹皮、杂毡、兰之属，博易于市，留三日乃去。马之值虽约二十千，然揆以银、彩之值则每匹可九十余千，自夷酋以下所给马值及散犒之物，岁用银帛四千余匹两，盐六千余斤”。贩马扩大了商品交易，并打破闭关自守封闭状态，经济实力亦得以增强，并在政治、经济、文化各方面都与中央王朝发生了密切而广泛的联系。

南宋末年，元军入四川、云南，罗氏鬼国受到极大威胁，乃与宋朝联合抵抗。《宋史》载：“宝祐四年五月甲辰，罗氏鬼国报思、播，言元兵屯大理国，取道西南，将大入边。诏以银万两，使思、播结罗鬼为援”。但至元十六年（1276），罗氏鬼国降于元，十七年（1280）二月复叛，元朝诏云南、四川、湖广三路合兵讨伐，经几年的征战，罗氏鬼国灭亡。元朝以来以其地置亦奚不薛宣尉司，后并入顺元路。

罗殿国，又作罗甸国。“殿”“甸”是同音汉字，用汉字记彝音，彝意为“坝子”或“地方”。彝文文献记罗殿国称“播勒大革”，系布部支系后裔默德阿仁迁居贵州安顺一带所建。[⑦]安顺昔为濮人故地，彝语又称“普里”，汉文献又称“普里部”或“普栗部”。唐代播勒部被册封罗殿王，《新唐书·南唐传》说：“开成元年，鬼主阿佩内附。会昌中，封其别帅为罗殿王，世袭爵，后又封其别帅为滇王。”阿佩为阿者后裔，其地在黔西北，为“罗氏鬼国”首领。唐会昌中（811—846）。乌蛮播勒部始内附于唐，故以“别帅”相称，封罗殿王，有别于鬼主阿佩。[⑧]唐末五代，罗殿王和普露静王曾率乌蛮诸部朝贡“后唐”。《旧五代史》称：“天成二年八月乙酉，昆明大鬼主罗殿王、普露静王九部落，各遣使随牂牁国、清州八郡刺史宋朝化等一百五十三人来朝，进方物，各赐官诰、缯彩，银器”。

到了宋代，罗殿国因参与贩马活动而累见于史。罗殿国和大理国、自杞国一样，都是南宋买马的重要国家。据史载罗殿国贩马路线有三条：一条通往广西横山寨；另一条通往广西宜州；还有一条是向西通往自杞和大理。《桂海虞衡志·志蛮》特别记明“罗殿、自杞国为名”，又说“罗殿等处乃成聚落，亦有文书公文，称守罗殿国王”，并有“称守罗殿国王罗吕”“都大照会罗殿国文字”的记载。罗殿国国王照会使用文书公文，所称“罗殿国文字”应是彝文，为当时官方通行文字。

南宋末年，元军入大理，首先出兵自杞，然后进军罗殿。《招捕总录·八番顺元》载：“至元十一年，罗殿国主罗阿察、河中府方番主韦昌盛皆纳土来降。……朝廷立八番宣慰司官赴镇”。罗殿附元以后，大德七年（1303）改为普定路，隶云南曲靖宣慰司，以故知府容苴妻适姑为总管。《元史·地理志》说：“普定路，本普里部，归附后改普定府。今云南行省言：‘罗甸即普里也，归附后改普定府’。”可见罗殿国之境，即元之普定路。据《元混一方舆胜览》记载，普定路领镇宁、永宁、习安三州。在今贵州安顺、镇宁、关岭、紫云、晴隆等市、县和六枝、清镇、平坝、普定的部分地方。

自杞国地当滇、桂、黔三省交界处，位于南丹、泗城、特磨道、大理、罗殿之间。考其地望，包括今贵州兴仁、盘县、普安、安龙，贞丰，册亨、望谟及罗甸的一部分。据彝文典籍《西南彝志》载：默部后裔必额勿，生三子，长子勿阿娄迁居皮嫩博纪（今盘县、普安），历魏晋而下，子孙繁衍，拓土开疆，至唐代称于矢部，为南诏东鄙三十七部之一。首领阿宋曾更号齐弥部，后仍复称于矢部，或“榆市部”。唐天宝以后，南诏反唐，于矢部亦大为扩张，控制黔西南地区。南诏衰落，大理兴起，其势远不如南诏，所辖三十七部纷纷自立。在于矢部的基础上，宋代就出现自杞国之称，并以善于贩马而出名。《建炎以来朝野杂记·广马》说：“在自杞诸番本无马，盖又市之于南诏。南诏，大理国也”。其他史籍亦有此记载，称自杞并不产马，他以锦、彩与大理换马，然后转卖到广西横山、宜州等地。因宋朝对大理国怀有戒心，生怕因买马而引起事端，多所防范，使大理马不能长驱直入。而自杞又地当控制由横山到大理的买马道路，所以，大理马不得不转手于自杞贩卖。

明人田汝成《炎徼纪闻》称：“自罗甸东西，若自杞、夜郎、牂牁，则以国名.……皆罗罗种也”。说明自杞国为彝族先民所建立。《文献通考·四裔考·蕃部》记称：“自杞本小蛮，尤凶狡嗜利。其买马于横山，少拂意，即拔刃向人，亦尝有所杀伤，邕管亦杀数蛮以相当，事乃已。……诸蛮之至邕管卖马者，风声气息，大抵略同。其人多深目长身，黑面白牙，以锦缠椎髻，短褐徒跣，戴笠荷毡，珥刷牙，金环约臂，背长刀，腰弩箭菔，腋下佩皮篋，胸至腰骈束麻索，以便乘马。取马于群，但持长绳走前，掷马首络之，一投必中。刀长三尺，甚利，出自大理者尤奇。性好洁，数人共饭一钵，中植一匕，置杯水其旁。少长共匕而食，探匕于水，钞饭一哺许，博之拌令园净，始加之匕上，跃以入口，盖不欲污匕妨他人。每饭极少，饮酒亦止一杯，数咽始能尽，盖腰腹束于绳故也。食盐、矾、胡椒，不食彘肉，食已必刷齿，故常洁然。甚恶秽气，野次有秽，必坎而复之。邕人每以此制其忿戾，投以秽物，辄跃马惊走”。叙述其习俗特征十分显明，乃是彝族的先民乌蛮。《文献通考》还记载自杞国“今其国王曰阿已，生三岁而立，至有精骑万计。阿已年十七，阿谢乃归国政，阿已犹举国以听之”。可知阿已乃自杞国强盛时的国君，自杞虽为小邦，但国力强盛时有“精骑万计”，在广西买马市上可谓一雄。自杞国有国号年号，《玉海·历代年号》中提到的自杞国年号为“乾贞”，亦如罗殿国有“文书公文”。南宋在邕州买马是在当时历史条件下，内地边疆继续保持经济、文化交流的一种特殊形式，而自杞处于买马要地，商业极其活跃。《岭外代答·邕州横山博易场》说：“蛮马之来，他货亦至。蛮人所赍麝香、胡羊，长鸣鸡、披毡、云南及诸物。吾商所赍，锦、缯、豹皮、文书及诸奇巧之物”。特殊的历史条件，使自杞成为买马道上的一个转运站，起着沟通南宋与大理的桥梁作用⑨。

宋元之际，自杞是元军进攻贵州、广西的桥头堡。元军入大理后，立即出兵自杞，在自杞一带驻兵、就食、屯粮、修路，缚排渡江，虎视广西横山寨，同时攻打罗殿、南丹。自元军渡过都泥大江以后，自杞国归于灭亡，不复见于史籍。

综上所述可知，唐宋时期，彝族先民乌蛮诸部崛起贵州高原，并曾相继建立罗氏鬼国、罗殿国、自杞国和毗那、乌撒等少数民族政权。当时被称为“藩国”的罗氏鬼国、罗殿国、自杞国社会经济有所发展，对周边的民族关系也产生深刻影响。首先，上述少数民族政权的建立和发展，反映乌蛮进入阶级社会的历史较长，而贵州西部的其他民族尚处于分散状态，势力单薄，先后被乌蛮征服。其次，它与中央王朝的关系也是错综复杂的。接受政府封号而又不同于羁縻州，在政治上保持着相对的独立性，为明清之际土司制度的形成和改土归流，奠定了历史的基础。

三

元、明、清时期，中国封建社会进入晚期阶段，地主经济高度发展，中央集权政治不断加强，在此形势下，西南边疆悉纳入行省的管辖范围，在西南民族地区，普遍推行土司制度。

元明对贵州彝族地区的统治，在黔西北，以原罗氏鬼国之地设亦奚不薛宣慰司，以原乌撒部之地设乌撒乌蒙宣慰司。在贵州西部，以原自杞国之地设普安路，以罗殿国之地设普定路，皆隶于云南曲靖宣慰司。由于元代实行的土司制度尚属草创阶段，而且统治方法“粗疏鲁莽”，制度未尽完善，所以特别注重于军事控制。至元十五年（1278），元军入亦奚不薛（蒙古语水西），罗氏鬼国降附，后又复叛。即调四川、云南，湖广三行省兵征讨。于至元二十年（1283），“立三路达鲁花赤，留军镇守，命药刺海总之，以也速带儿为都元帅宣慰使”。又“益兵戍守”其地，驻军之处，皆立屯田。至元二十九年（1292），又以顺元城（今贵阳）为治所，设立八番顺元等处宣慰司都元帅府，以掌“边陲军旅之事”。八番、罗殿、亦奚不薛，思、播及黔南各部皆受其节制，成为控扼贵州“蛮夷腹心之地”的军事中心。《八番顺元宣慰司题名碑记》载：“八番顺元……入我国土，军徇其地，诸部悉归顺，始置宣慰司都元帅府，总戎以镇之。……领万户府一，镇抚司一，安抚司、长官司五，而顺元、思、播三宣抚地皆听镇抚，其任重矣”。元朝主要靠军事征服，并注重军事控制和讨伐，加上“贪官污吏、夤缘侵鱼。科敛则务求羡余，输纳则暗加折耗。以致滥刑虐政，暴敛急征”。阶级矛盾和民族矛盾互相交织，激起贵州各民族的抗元斗争此起彼伏，由分散的反抗终致爆发以宋隆济和彝族女土官奢节领导的各民族联合大起义。⑩

大德四年（1300），诏湖南右丞刘深领湖广、江西，河南、陕西、江浙各省官兵两万征讨云南边境的八百媳妇国。大军进至顺元，“纵横自恣，恃其威力”，骄横跋扈，肆意征派，黔中各族人民无不怨恨。大德五年（1301）四月，官军令雍真葛蛮（今开阳县境）“出丁夫，马百匹”，限期缴纳。土官宋隆济率众于六月攻下杨黄寨，雍真葛蛮总管府达鲁花赤也里千败逃，正式举行起义。

八月，水西彝族女土官奢节因刘深威逼其“出金三千两，马三千匹”以供军需，限期缴纳。奢节与部众言：“官军征发尔等，将悉剪发、黥面为兵，身死行阵，妻子为虏”，即率众响应宋隆济，领导水西各族人民抗元起兵，参加的有彝、苗、仡佬等民族，与元军多次战斗，并“围贵州甚急”。奢节起兵抗元，乌撒、乌蒙、东川、芒部、罗罗斯、威楚、曲靖、仁德、普安、临安、广西各路彝族、苗族人民，也因“朝廷远征，供输烦劳”，纷纷起兵反元。“乌撒蛮阿都、普信及乌蒙蛮阿桂、阿察多等，杀掠皇太后及梁王位下人畜”，“乌撒蛮”并“犯曲靖、沾益，烧坦荡驿”，给元朝的统治势力以沉重的打击。元军在军事征讨的同时，刘国杰又施行政治瓦解，奢节于大德七年（1303）正月，兵败墨特川（令赫章境）遇害，四月宋隆济被曾竹蛮夷长官宋阿重生获以献被杀。为时两年的抗元起义失败。

到了明代，土司制度日臻完备，明朝在贵州境内，将元代数以百计的蛮夷长官司分别加以归并、改置。洪武四年（1371）罢顺元路。将水西彝族土司和水东宋氏土司之地域合并，置贵州宣慰司，设司署于贵竹长官司（今贵阳市），以水西彝族首领霭翠为宣慰使，以水东宋氏首领宋钦为宣慰同知。水西管辖地分为十三“则溪”，水东亲辖地为洪边十二“马头”。贵州宣慰司并统领贵竹、中曹、水东、百纳、青山、底寨，养龙坑、扎佐、乖西和龙里等十长官司。其地包括今大方、黔西、金沙、纳雍、织金、水、修文、息烽、清、开阳、贵阳、龙里等地。此外，在彝族聚居地区的威宁、赫章设立乌撒土府，今盘县、普安、兴仁、晴隆、兴义等地设普安安抚司；今安顺、普定、镇宁、关岭、紫云、平坝等地设普定土府。

明代为了加强对贵州的统治，在交通要道驻扎重兵，遍立卫所。为了防范水西霭翠势力，除政治招抚外. 并在黔西北彝族地区设置有：乌撒卫（今威宁）、毕节卫（今毕节）、赤水卫（今赤水河）、永宁卫（今四川叙永），史称“西四卫”。另设置有：威清卫（今清镇）、平坝卫（今平坝）、普定卫（今安顺市）、安庄卫（今镇宁）、安南卫（今晴隆）、普安卫（今盘县）在贵州西部，史称“上六卫”，以控制和防范普定土府，普安安抚司统辖的彝族地区。崇祯年间，以水西彝族水外之地设置敷勇卫（今修文）和镇西卫（今清镇卫城），其地在鸭池河东面，设卫目的在于防范水西彝族安氏土司势力东进威胁省会贵阳。卫所制度建立，屯田制也推广开来。

良田沃土，多被侵占，赋税征收，搜括民物，“西南戍守将臣不能宣布恩威，虐人肥己，致令诸夷困窘怨怒”，地方文武官员“欺其愚蠢，占种田地，侵占妻女，遂至民不聊生”。贵州彝族人民的反明斗争，一直延绵不绝。洪武十五年（1382），乌撒彝族在明军大肆镇压之后，仍聚众袭击官军[11] 洪武三十年（1397）水西彝族在居密、必登领导下，抗击官兵被镇压，次年二月水西么不又领导彝族人民联合西堡仡佬族进攻屯堡。宣德二年（1427），水西彝族阿闭妨宜带领八千多彝民“拒不输税”，并“攻杀官军，占据山峦”[12]。景泰元年（1450）初，水西彝族以阿推、加纳等为首，焚烧屯堡、粮仓，并造梯攻打城池。嘉靖七年（1598）春，芒部、乌撒等地彝族、苗族以陇革为首，攻打毕节卫属屯堡，遭到贵州、四川官军的联合镇压。

明王朝与贵州彝族土官势力的矛盾斗争，实质上是封建地主制对封建领主制的斗争和中央集权对地方分权的斗争。贵州民族地区最早废土设流是明洪武十八年（1385）罢普定土府。与彝族土官矛盾而激起的反明战争，著名的主要有米鲁和安邦彦两次反明事件。米鲁事件发生在普安彝族地区。明洪武十六年（1388）置普安土知府，任适恭（女）作知府，与普安军民府、普安卫同地分治。适恭卒，其子普旦承袭。洪武二十一年（1383），普旦联结越州阿资及马乃等“连兵叛命”。乱平，废普安土府。永乐三年（1405），置普安安抚司，以慈长为安抚。十三年（1415），慈长“谋不轨”，革安抚司置普安州，悉用流官。将安抚降为土判官，领“罗罗（彝族）十二部”号为十二营。弘治年间，普安土判官隆畅年老，其子隆礼代职。以营长阿保辅政。阿保挑起隆畅父子相仇，致隆礼被杀，又助隆畅妾米鲁夺取权力。隆畅另一妾适乌不服，以贿赂手段求官府立其子隆珀为土判官，并请兵讨伐米鲁、阿保。弘治十二年（1499）镇守贵州总兵东宁伯焦俊等，令都指挥刘英往捕，米鲁、阿保即起兵抵抗，败后逃匿沾益。弘治十四年（1501），另一营长神速佑迎米鲁归，并率兵向官军反攻，俘都指挥吴运，围普安州。朝廷派南京户部尚书王轼提督贵州军务。率大军进攻，米鲁屡败官兵，统兵镇守太监杨友被俘，布政使阎钲、按察使刘福升、李宗武、郭仁等五名都指挥使被杀。次年正月，朝廷又调集各地官兵土军，分成八路由大小盘江、旧盘江、东盘江、岩布河等处进攻，用兵五月，米鲁兵败被俘，反明斗争被平息，普安土州判亦被废除[13]。

安邦彦事件则是水西彝族土官和各族人民反抗明王朝的大规模战争。明天启元年（1621）九月，四川彝族永宁宣抚使奢崇明起兵反明，自称“大梁王”，攻占重庆，进围成都。贵州水西宣慰同知安邦彦于天启二年（1622）二月，挟宣慰使安位亦起兵反明，自称“罗甸王”，统兵渡六广河围贵阳。安邦彦起兵反明时，“号召西南半壁，远近响应”，故在围困贵阳同时，其西三卫（乌撒卫、毕节卫、赤水卫）和龙里卫、平坝卫、普定卫、安庄卫、安南卫各府州；以及黔北绥阳、遵义、湄潭、真安、桐梓；黔东的瓮安、偏桥等俱在安邦彦势力控制之下。明朝派王三善率军解贵阳围，并乘胜追击。但在六广河和鸭池河两路官兵战败，退保威清卫。后王三善领兵三万余人再次发起攻击，进驻大定城达三月之久，因粮尽被迫于天启四年（1624）撤离，行至内庄（今黔西县境）中伏被杀。

同行之监军道、同知、副将、守备等文武官员百余人战，出现“黔师大溃，黔事大危”的局面。安邦彦势力复盛，于天启六年（1626）三月率万人渡鸭池河与官军对阵。官军因粮饷不继，纷纷败溃，总理鲁钦自杀于营中。水西兵又直抵贵阳城北的老鸦关，迫使官军处于守势。崇祯二年

(1629) 八月，安邦彦与奢崇明合并攻四川永宁，在桃红坝被官军偷袭兵败战死。不久，水西宣慰使安位降，历时七年的安邦彦事件开始被平定。[14] 奢崇明、安邦彦的反明战争，不仅仅反映了彝族土官对抗中央王朝的矛盾斗争，而且充分暴露出明王朝的日益腐败没落，贵州各民族人民对明王朝腐朽统治的不满和反抗。

贵州彝族地区土官制度的最后崩溃，是清朝实行的改土归流。顺治十七年 (1660)，马乃营彝族土目龙吉兆在汉民文元、胡世昌支持下，声援南明李定国抗清。并联合鼠场营、楼下营土目“歃血盟”举兵反清，攻泗城州及安南卫。为官军镇压后，以其地置普安县。清代的改土归流在贵州从此开始。[15]

康熙三年 (1664) 二月，平西王吴三桂因“需索水西，不遂贪欲”[16]，为维持其对云贵的统治和扩充实力，向朝廷诬告水西彝族土司安坤谋反，出兵进剿水西，遭到水西彝族、苗族、仡佬族等各族人民的强烈反抗，历时三年的征战，于康熙五年 (1666) 十二月平定水西。并于康熙四年 (1665) 废除水西宣慰司及乌撒土府，以水西地设置黔西、平远、大定三府，以乌撒地设置威宁府。但到康熙十二年 (1673) 时，吴三桂叛清。十六年 (1677) 已故水西宣慰安坤妻禄氏及其子安胜祖起兵威宁，助清平叛，并号召水西各族起兵反吴。十九年 (1680) 清军进入贵州，水西彝族为官军送粮送饷，协力剿灭吴三桂叛军，安胜祖因兵助剿、献粮有功，康熙二十二年 (1683)，曾恢复水西土司，安胜祖任水西宣慰使。康熙三十六年 (1697)，安胜祖死，无嗣，总督王继文疏请停袭，水西属地改归大定、平远、黔西三州流官治理。原有水西各土目仍司其地，继续延滞了相当长久的时间[17]。

总结前述可知，彝族在贵州高原的崛起、兴盛和衰落的历史，对贵州历史上的政治稳定和民族关系影响极大。自秦汉以来，迄于明清。“土流并治”是封建王朝借以实现对多民族国家进行统治的基本国策。虽然在不同时期的个体表现形式有别，但总的趋势是以流官统治为其基本，以土官统治作为补充，相辅相成，互相配合，并不断进行改土归流，扩大流官统治。从本质上看，无论流官制度还是土官制度，都是整个封建制度的一部分，流官统治和土官统治无非封建王朝借以实现其统治的两种手段。在中国封建社会里，由于剥削阶级和剥削制度的存在，反映在民族关系错综复杂，“完全依靠力量对比，大小强弱之间，根本不存在和平共处，平等联合这一类概念”。[18] 封建主义的民族政策，其实质是在血与火的基础上巩固封建王朝的统治。今天，中国境内彝族主要分布于滇、川、黔、桂四省区境内山区、半山区的居住格局，正是历代封建王朝对西南彝族地区进行经营和明清王朝以军事镇压手段进行废土设流和改土归流后最终形成的。经过明清两代的移民和军事镇压，迫使彝族人民由坝区向山区转移，严峻的自然环境的局限性与较大程度的封锁性，造成了彝族经济的萎缩与文化的衰退[19]

但是，彝族是富有创造力的勤劳、智慧的民族。在西南地区，彝族在历史的早期及其发展过程中曾创造了光辉的历史文化。彝族又是英勇尚武的民族，具有光荣的革命传统。在历史上前仆后继，反抗外来侵略势力和本国的封建主义统治，对中国的民主主义革命作出积极的贡献。今天，在社会主义中国的多民族的家庭里，成为平等的一员。在平等互助，共同繁荣的社会主义民族关系下，在先进民族的支持和帮助下，彝族必将自强不息，努力奋进，在现代化的进程中，跻身于先进民族的行列。

注释：

[1]《史记·西南夷列传》

[2] 李卿：《再论夜郎国族属问题》，载《贵州文史丛刊》，1993 年三期

[3] 李卿：《从发现威宁“彝文印章”谈夜郎国族属问题》，载《贵州文史丛刊》，1989 年四期

[4] 席克定：《从考古材料探寻夜郎》，载《贵州文吏丛刊》，1993 年三期

[5]《铜鼓王》：云南人民出版社

[6] 余宏模：《贵州古代彝族与夜郎族属关系》，载《凉山彝族奴隶制研究》，第一期。

[7] 余宏模：《阿扎城垣遗址和彝族播勒大革》，载《贵州民族研

究》，1991 年第三期；《播勒彝文谱牒与罗殿王族遗奇》，载《贵州文史丛刊》，1991 年第三期。

[8] 史继忠：《罗甸国非罗氏鬼国辨》，载《贵州民族研宽》，1982 年第四期

[9] 史继忠：《自杞国初探》，载《贵州文史丛刊》，198　年创刊号。

[10] 罗友林《元代贵州宋隆济蛇节起义》见《贵州民族研究》，1984 年第四期。

[11]《记录汇编》卷 45

[12]《明实录·宣德实录》卷 29

[13]《明实录·弘治实录》各卷

[14]《明实录·天启实录》《明实录·崇祯实录》清谷应泰《明史记事本末·平奢安》

[15]《贵州通志·前事志》

[16] 乔云生《试论安坤事件的性质》《贵州民族研究》1982 年第四期

[17] 余宏摸《清代水西彝族土目和彝文田契试析》，见《贵州民族研究》，1979 年创刊号

[18] 范文澜《中国历史上的民族斗争与融合》

[19]《中国彝族通史纲要工》云南民族出版社 P164 至 167 页

（作者单位：贵州省民族研究所）

夜郎竹王传说与彝族竹灵崇拜

余宏模

夜郎竹王传说，在汉文献中首见于常璩《华阳国志·南中志》的记载："有竹王者，兴于遯水。有一女子浣于水滨，有三节大竹流入女子足间，推之不肯去。闻有儿声，取持归破之，得一男儿，长养，有才武，遂雄夷狄。氏以竹为姓，捐所破于野，成竹林，今竹王祠竹林是也。王与从人尝止大石上，命作羹。从者曰："无水"，王以剑击石，水出，今（竹）王水是也，破石存焉。后渐骄恣。……武帝转拜唐蒙为都尉，开牂牁，以重币喻告诸种侯王，侯王服从。因斩竹王，置牂牁郡，以吴霸为太守。及置越巂、朱提、益州四郡，后夷濮阻城，咸怨诉竹王非血气所生，求立后嗣。霸表封其三子列侯；死，配食父祠，今竹王三郎神是也。这段记载中的"遂雄夷狄"，不少学者认为"狄"乃北方民族，以后段的"后夷濮阻城"句勘之，"狄"应为"濮"字之误。在"今王水是也"句于王水前补一"竹"字，系据《后汉书·南蛮西南夷传》注及《水经注》补。

范晔《后汉书·南蛮西夷列传》亦有夜郎竹王传说的记载："夜郎者，初有女子浣于遁水，有三节大竹流入足间，闻其中有号声，剖竹视之，得一男儿，归而养之。及长，有才武，自立为夜郎侯，以竹为姓。武帝元鼎六年，平南夷，为牂牁郡，夜郎侯迎降，天子赐其王印绶。后遂杀之。夷僚咸以竹王非血气所生，甚重之，求为立后。牂牁太守吴霸以闻，天子乃封其三子为侯。死，配食其父。今夜郎县有竹王三郎神是也。"

从《华阳国志》和《后汉书》所记载的两则有关夜郎竹王的传说，互相比较，就发现有以下的一些差别：

（1）《华阳国志》称："有竹王者，兴于遯水"。而《后汉书》则称："初有女子浣于遁水"。按两者实一也，遯（盾）水，《汉志》《水经注》

作遯水，《水经》作存水，古代“存”“豚”音近，即今北盘江，在古夜郎国境内。

(2)《华阳国志》称：“后夷濮阻城，咸怨诉竹王非血所生，求立后嗣。”《后汉书》则称：“夷僚咸以竹王非血气所生，甚重之，求立为后”。把“夷濮”改为“夷僚”则“僚”即“濮”也。“夷濮”与“夷僚”应是古夜郎国境内的主要民族集团。

(3)《后汉书》称竹王是“自立为夜郎侯”。而《华阳国志》却无此记载。但《史记》载：元鼎六年汉平南越后，击且诛其君，“遂平南夷为牂牁郡。夜郎侯始倚南越，南越已灭，会还诛反者，夜郎遂入朝。上以为夜郎王”。范晔所载可能据此。

(4)《华阳国志》载：“氏以竹为姓”。而《后汉书》则载竹王“以竹为姓”，少了一个“氏”字。日本学者君岛久子在其《虚幻的夜郎国》一文中称：“我重视下面的问题，就是竹中诞生的竹王，‘氏以竹为姓’之事。有关‘姓’的问题，我国的中国神话研究权威御手洗胜博士早就提出看法。御手洗胜博士根据古代中国‘表示血缘的文化共同体者，是姓号’的观点，认为中国神话发生的母胎，是各个姓族，因此，神话的本来的传播者，也是各个姓族。我认为今天留在古典里的神话、传说，是各个姓族固有的神话、传说，随着时间的流传、分化、融合而形成的。”这对我们研究探讨夜郎竹王的神话传说，也是一个值得重视的思路。对夜郎竹王神话传说的研究，过去有一种比较流行的观点，认为这是起始于古代濮人和后来的僚人再传播到各地去的。这种观点的代表者，可以《华阳国志》的校注者刘琳教授为典型。兹举其对《华阳国志·南中志》中有关夜郎竹王神话传说的校注如下：

(1)《后汉书》谓竹王即夜郎侯。按这个故事大概是夜郎的传说，常璩采以入书，未可据为信史。所谓竹王盖夜郎部族中崛起的一个部落首领，不一定就是夜郎侯，常璩也未说竹王即夜郎侯。《后汉书》即以此传说与《史》《汉》夜郎侯的记载相牵合以至多有抵牾，非是。今贵州少数民族中未闻有类似的传说。倒是滇、桂边界的白彝中有一个传说与此相近。略谓：古代“汉水”上浮一兰竹筒，竹筒流到岸边爆裂，从内出了一人叫阿槎，生来就会说话。他住在地穴里，一天他到麻达坡打猎，见梨树下睡一像狗的母猴，遂配成夫妻，其子孙就是彝族（参雷金流《滇桂之交白罗罗一瞥》，《旅行杂志》十八卷六期；又同人《云南江罗罗的祖先崇拜》，《边政公论》三卷九期，一九四四年九月）。据说滇桂边和云南江一带的彝族崇拜竹，每以一丛金竹或兰竹作为种神，向它祈福、求子。古夜郎人中关于竹王传说大概也是一种以竹为图腾的反映。但是夜郎国的主要民族绝非彝族先民，夜郎人椎髻、耕田、有墓葬，与藏缅语族的一般风俗不相类。彝族的某些传说或风俗或许是受夜郎人的影响。

（2）“夷濮”犹言濮夷。《后汉书》作“夷僚”，此亦可证僚即濮。汉斩竹王而夷濮怨诉，则竹王及夜郎人当为濮（僚）族。

（3）祠在夜郎县。后世川、黔、云、桂、鄂诸省一些地方亦有竹王祠。清陈鼎《黔游记》：“竹王祠在杨老驿，去清平县（今贵州凯里清平镇）西三十里（按在今福泉县东三十里）亦有其庙，香火亦盛”——此在贵州省。《寰宇记》卷七五，大邑县有竹王庙。《元丰九域志》（增订本）卷七，“邛州（今邛崃）有竹三郎庙”。《御览》卷一六六引《蜀记》：“荣州（今荣县）有竹王庙。”（《元丰九域志》（增订本）卷七同。又《蜀中名胜记》卷一六六引旧志亦云：荣县东荣川岸有竹王祠，薛涛《题竹郎庙》诗所咏即此”）——此在四川省。《寰宇记》卷一六二阳朔县有竹王三郎祠。又《苍梧县志》苍梧冠盖乡有大庙，即竹王祠。（见徐松石《傣族僮族粤族族考》卷五“竹王”条。——此在广西者。又《续道藏》高字号下明人《搜神记》卷五“竹王”条谓施州卫（今湖北恩施）城东西的东间山下有竹王庙，宋崇宁中赐庙额曰“灵惠”。明朝正祀典，只称曰夜郎王之神——此在湖北省。此外，云南通海县亦有竹王祠（亦见徐松石书）。以上这些地方都曾经是僚族及其后代之居住地或足迹所至，当是僚人所立（如四川的竹王庙即蜀之僚人所立）。此亦可证夜郎人为僚族。

（4）夜郎民族为僚人。《御览》卷一七一引唐梁载言《十道志》：“珍州夜郎郡，古山獠夜郎国之地”是也。（关于夜郎人的族属，详拙著《夜郎族属试探》，载《民族研究》一九八〇年第五期）。主要居住在今贵州遵义及贵阳以西的地区。战国，秦汉之间，夜郎国最盛时，曾直接、间接统治今贵州大部分地区以及四川、云南、广西之一部。以上所举刘琳教授对《华阳国志》的校注几条，概括了他对夜郎及竹王传说的观点，即：

(1) 夜郎民族为僚人。僚人即古之濮人也。

(2) 夜郎境内的“夷濮”，即“濮夷”也。把“夷”视为虚词泛称，而不是一个实指的族称。

(3) 所谓竹王盖夜郎部族中崛起的一个部落首领，不一定就是夜郎侯。

(4) 古夜郎人中关于竹王的传说大概也是一种以竹为图腾的反映，但是夜郎国的主要民族绝非彝族先民，夜郎人椎髻、耕田有墓葬，与藏缅语族的一般风俗不相类。

(5) 后世在川、滇、黔、桂、鄂诸省一些地方亦有竹王祠。这些地方都曾经是僚族及其后代之居住地或足迹所至，当是僚人所建立。刘琳教授的观点，有的是对的。如夜郎境内的民族有濮系民族，即濮人和后来所说的僚人；竹王不一定是夜郎侯，而是夜郎部族崛起的一个部落首领；竹王传说大概也是一种以竹为图腾的反映；各省所见之竹王祠为僚人后裔所建等等，都是值得肯定的见解。但是，刘琳教授断然论定“夜郎国的主要民族绝非彝族先民”，对此结论，值得商榷。《华阳国志·南中志》记载：“南中在昔盖夷越之地、滇濮、句町、夜郎、叶榆、桐师、嶲唐侯王国以十数。编发左衽，随畜迁徙，莫能相雄长。”对此条记载刘琳教授对“夷越”的校注：“夷越。汉夷，今云、贵、川诸省的少数民族统称为西南夷。”析言之，云贵及四川南部的称“南夷”，四川西部的称“西夷”。就族属而言，“西南夷”主要包括两大系统：一是“夷”，即氐羌系，属藏缅语族。二是“越”，即百越系（包括濮或僚），属壮侗语族。因此，这里通称“夷越”。对“夷越”条的注释我认为基本正确。在我看来汉世的“西南夷”，既有氐羌系，百越系，还存在一个“夷”系民族，与氐羌和百越并存于世。但刘琳教授在此条的注释中把“夷”和“越”称为是两个不同的人群族称，没有把“夷”看成一个虚词泛称，这无疑是符合此书所载族称的语境和含义的，是正确的，但遗憾的是刘琳教授对夜郎国境内“夷濮”一条注释时，就没有把“夷”看成一个实指的族称，释称“夷濮”即“濮夷”根本否定在夜郎国境内有古代彝族先民，即“夷”的存在，视“夷”为“濮”。对此，我认为不妥，存在片面性和主观性，值得商榷如下：首先，释“夷濮”为“濮夷”这不符合《华阳国志》所记载的族称语境和内涵，如对“夷越”条的注释把“夷”和“越”，视为两个不同人群的族称则是对的，如果把它注释是“夷越”即“越夷”也，则显然是有悖于《华阳国志》对族称类别的语境和含义。在《华阳国志》一书中，还有如下的一些族别称谓如：

（1）“孝明帝初，广汉郡郑纯独尚清廉，毫毛不犯。夷汉歌咏，表荐无数。”此称“夷汉”显然是“夷”指夷人，“汉”指汉人。能把“夷汉”注释成“犹言汉夷”吗？

（2）“南郡邓方以朱提太守，康降都督治南昌县。轻财果毅，夷汉敬其威信”。同样是“夷”指夷人，“汉”指汉人。不能把“夷汉”注释成犹言“汉夷”也。

（3）“味县，郡治。有明月社。夷晋不奉官，则官与共盟于此社也。”这里的“夷”系指夷人，“晋”指在晋朝流官统辖下的“晋民”。不能把“夷晋”注释成犹言“晋夷”也。

所以，从《华阳国志》对夜郎竹王传说所记载的“夷濮”的族别称谓的语境和内涵分析，应该是“夷”指夷人，“濮”指濮人。两个不同系属的民族都是夜郎国境内主要的民族。

其次，刘琳教授称：夜郎竹王的传说。“常璩采以入书，未可据为信史”。对此，学术界包括国外的学者也有不同的看法。日本的君岛久子教授曾来我国贵州威宁的马街，对彝族“纳苟”支系的竹崇拜神话传说实地调查。她在《虚幻的夜郎国》一文里，对常璩将夜郎竹王传说采集入书给予了很高评价。她说：“在文献上，竹王神话的出现是在晋《华阳国志》与《后汉书》。”这是历史上夜郎国存在、灭亡的数百年之后。《史记》《汉书》有夜郎国的记载，但是这些书里没有竹王神话的记载。这可以认为有两个理由，是当时还不存在这个神话，或是即使存在但是被判断为没有历史资料的价值而不采……但是不能说因为《史记》或《汉书》里没有记载，所以它不存在。神话或民间故事等的口头传承，被斥为荒唐无稽，因为它是口头上的传承，不留下形迹来。何况，用没有文字的异民族的语言传承下来的东西，哪能进入从中央来调查的知识分子的耳目？《华阳国志》的著者第一次埋头地方志编纂，采录竹王传说，不也因为他是该地人？其内容上，即使它是晋代的夜郎，但不应是随便捏造的传说，可以认为离传说的发生，已经过相当久的岁月。附带地说，在我国的场合，现在口头上传下来的故事中，也有可以追溯到室町时代的传承。何况，没有文字的少数民族的场合，应更为连绵的，我们应该感谢常璩好不容易记录长久的岁月传下来的竹王传说，并且常璩还记了类似竹王神话的故事“哀牢夷传说”。这个传说幸而在其他的书（《风俗通》）里也有记载，已经证明了比竹王神话更为早，像常璩除了竹王神话外，记录哀牢夷传说那样，《后汉书》的著者范晔也记录了现在的少数民族瑶族的神话“盘瓠传说”。通常中国的神话记载是极为断片式的，但是此两者对非汉民族的神话传说的记载态度，应该给予很高的评价，其资料是宝贵的。”[3]

再次，我们知道彝族有自己的民族文字，并且有大批使用民族文字书写的彝文古籍和金石图录留存于世，令人惊喜的是除汉文文献的记载外，在彝文古籍里也有夜郎竹王传说的记载，而且较之汉文献的记载更为具体详尽。如彝文古籍《益那悲歌》[7] 一书中，就有夜郎竹王传说的记载：“武僰的一支，往水边发展。僰雅夜这人，与恒米祖之女，叫恒米诺斯。在竹林边，恋爱了一场，事情发生后，恒米诺斯她，就上天去了。僰雅夜本人，孤身留凡尘，满了一年时，在竹林中，日有婴儿哭，夜有婴儿啼，声大应苍天，僰雅夜他，使用银斧头，使用金砍刀，循声去伐竹，又迅疾剖开，见一个婴儿，在竹筒里面，左眼生日象，右眼长月象，僰雅夜认为，这是怪异儿，这是怪异子，非传宗之子，于是将竹儿，丢进大河中，就像这样了。这一段记载把生在竹中的竹儿的来源姓名和被丢入大江中去的缘由都作了交代，而这些内容却是汉文献中的夜郎竹王传说所没有记载的。竹儿漂流大江之中被谁救起的呢？汉文献只说是一名浣女，并不知其姓名，但彝文献的记载却很具体称：“毕待鲁阿买，嫁到阁沓谷姆。有一天，毕待鲁阿买，到图沓大河，一心去洗线，在那浣丝纱，在那洗绸线，就在大河中，把竹儿救起，取名僰雅蒙。”这个“竹儿”的名字叫僰雅蒙（彝书中又有译为僰阿蒙）救他的浣女名叫毕待鲁。僰雅蒙被浣女称为“竹儿”，不叫“竹王”。但他长大之后，其权威荣耀，显然已是一地之主了，彝文献载“僰雅蒙这人，长到两三岁，有善良天性；长到六七岁，知识很丰富，专心求功名，长到八九岁已受人器重，自己却谦逊，很有名气了。策举祖（按天帝）赐他很高的地位，掌权发号令，威荣很显赫。好比白鹤唳，犹如杜鹃啼。”又载：“僰雅蒙一支，出现三代后，生了武益那，武益那后裔，彝地一主子，是这样说的。”这是说明僰雅蒙原是武僰氏的一位部落首领，到他的第三世孙武益那（即武夜郎）时，成为夜郎国的君主。因此，僰雅蒙又是夜郎国王族或统治家族的始祖。

据彝文文献《益那悲歌·武益那世系》的记载，夜郎国统治王族的彝名谱系如下：

“僰雅蒙—蒙雅益—益雅朵（益那朵）—益那朵藏—藏辞辞—辞阿宏—阿宏阿武—阿武阿古—阿古菊—菊阿则—则雅尼—尼阿哎—哎雅鄂—鄂鲁默—鲁默姆—姆海邓—邓雅奏—奏默遮—默遮索—索武额—额哼哈—哼哈足哲—足哲多同—多同米妣—妣鄂莫—莫雅邪。”夜郎君长的谱系共记载有27代，它是古代彝族沿袭下来的父子联名制。汉文献记载汉成帝河平年间被陈立所斩杀的“夜郎王兴”，可能为彝文献所记的莫雅邪，“邪”与“兴”均为汉字的同音译写。汉文记载兴子名叫邪务（《汉书·西南夷传》），即彝文记载莫雅邪之子应名邪雅务，邪务亦有父子连名制的特点。因莫雅邪之世，夜郎国灭，因此，夜郎国君长的谱系就只记载到第27代。此外，还分别论载了夜郎国臣宰、毕摩、武将、工匠等的不同谱系。

另一部彝文古籍《夜郎史传》[8] 开宗明义在首页就说：“武僰夜郎根，夜郎僰子孙。夜郎竹根本，夜郎水发祥”。说明夜郎为夷人武僰氏部族建立。该书亦记载有以僰阿蒙为始祖的夜郎国君主宗谱谱系27代，和前书所引谱系基本相同，只是父子连名制的人名译称，汉文书写略有音同而形异的差别，但《夜郎史传》从记述的夜郎家族谱系里，指出夜郎王族源出于古夷人武僰部族的武僰支。僰阿蒙三世孙夜郎朵的开始建国，兴起君长制，号称“夜郎勾起”，其时约当春秋中叶，其地在滇东北境，八世孙武阿古时与武古等部族联姻，居“泰液”（江河名）南岸，疑即夜郎竹王兴起的遯水，第十四世孙鄂鲁默之时，君、臣、师三位一体，组成完整的统治机构。并与弭靡，武濮所两部联姻，从此更加强大，占据四方土地，建都在可乐洛姆（今贵州赫章境）。至十九世孙默遮索一代，夜郎王室又西迁，与濮甸联姻。第二十四世孙多同弭之世，又迁往多同弭谷（今云南曲靖境)，为一代强君，又一度开辟夜郎的新天地，达到了极盛之时，第二十七代孙莫邪费世，成了夜郎末代君长，夜郎遭到攻打，政权灭亡。其余部迁到啥弭，(今滇西大理一带)，住啥弭卧甸。

除上引《益那悲歌》《夜郎史传》外，彝文古籍《彝族源流》《西南彝志》等，均有关于夜郎谱系和史事的记载。这就充分说明有关夜郎竹王的传说在彝族历史上曾经广为传播，而夜郎（彝译“益那”）的历史也与彝族古代历史相关，所以才会在彝文文献中被记载下来，世代传承至今。而且，彝文文献记载的夜郎竹王传说和夜郎谱系和史事比汉文献的记载更加具体和充实，也可证明常璩撰写于《华阳国志》的夜郎竹王传说和夜郎境内居住民族为“夷濮”之称，都是有所依据而非臆撰的。

最后我们知道一个民族所产生的始祖神话，应该有其形成神话的母胎的具有共通性的要素。竹王神话也不例外，它不仅有类似的传说在各地彝族地区流传，而且，追溯竹王神话的母胎要素，应该与彝族古代社会的“竹灵”崇拜有关。

先从有关类似竹王传说的传播和传承来考察，首先是在1930年雷金流在滇桂边界所采录到的传说：在太古时代，在一个汉水面上浮着一个蓝竹筒流到岸边后爆裂了，从筒里出来一个人名叫阿槎，生下来就会说话……他住在地穴里，过着采拾和狩猎的生活。有一天，他拿着木矛到麻达坡去打猎，看见梨树脚下睡着一个形貌似狗的女猕子。起初，他有点害怕，不敢走过去，后来见她没有什么动作，他的胆儿壮起来了，便慢慢走近她的眼前……就在那郊野丛草间配成夫妻，后此，他们的子孙，便是罗罗。

云南澄江松子园的白彝，视“金竹”为祖神，把它称为“金竹爷爷”。当地罗罗家属死后，用金竹来代表灵位。其方法是取金竹一枝，里头装死者骨头的一部分，其外面包卷以红羽纱布或彩色纸。他们认为，罗罗的起源在竹子，人死了以后应该再次变为竹子（雷金流《云南澄江罗罗的祖先崇拜》见《边政公论》三卷九期）。

在贵州威宁彝族回族苗族自治县的马街住着彝族青彝支系，也有“竹儿”的传说：被洪水冲流走的女孩，因抓住竹子得救。她听到在竹子里有小孩子的哭声，因此把竹子剖开于是从每一节生出一个男儿来，总共有五个男儿，老大成为后来祖摩的始祖，老二成为哪苏，老三成为兔苏，老四成为纳苏，老幺成为沟哉苏。都是彝族支系名称（熊正国《竹的儿子》见《南风》一九八二年四期）。此外同样是在威宁马街采集到的传说，即从竹中诞生，构成彝族支系的始祖传说还有“从前在山上耕牧的一个人，在山崖避雨时，数枝竹子被山洪冲下来。他拾起其中的一枝，剖开它，里面竟有五个孩子。他把他们收为自己的孩子，抚养他们。五个孩子长大了以后，其中一个务农，其子孙繁荣成为白彝。另外一个用铁铸造犁，其子孙繁荣成为红彝。又另外一个制作竹工艺品，其子孙繁荣成为青彝。因为从水中取出竹子来时，其颜色是青色，所以名之为青彝。为了纪念其祖先的竹子，青彝以编篾谋生，一直坚持这个事业，世世代代越山渡川，寻找有竹子的地方，在那里编竹，彝族从竹子里产生，因此他们人死了以后就把他的灵牌装在竹签编的容器里”（何跃华《彝族的图腾与宗教的起源》，载《思想战线》一九八一年六期）。说的是“竹儿”成为白彝、红彝、青彝的始祖传说。

相信由竹出生，死后回归竹去，有崇拜竹子，祭祀竹子、祈祷竹子的习俗，这可以说是滇、川、黔、桂彝族的共通的习俗，可称“竹灵”崇拜。

广西隆林、那坡以及与这些地方接邻的云南富宁的彝族，在村子里有面积二方丈以上的空地，在其中央，种有一丛遯竹，有的高度达到约四丈，干径六寸到一尺，在竹根的周围，绕以直径五尺以上的石块，在其石块的周围绕以高度约一丈的竹栏栅，平常的时候严禁砍伐或毁坏，村人每到农历四月二十日，举行祭竹大典。祭祀那天，除去栏棚，竹根前设备祭坛，首先祭师毕摩作法诵经，接着跳公（领导跳舞的长老）率领村中男女跳舞，这样经过大约三个钟头才结束，最后，将木矛插在遯竹根下，再次以新的竹枝重新作栏棚。主持祭祀的人，相信此遯竹的荣枯，象征族人的兴衰。为了谋求族人的兴旺，时常对竹诚敬顶礼，并且举行上述的隆重的祭典，向竹希求灵显。他们相信要不然族人一定遭遇到厄运，一直到衰退灭亡。

他们相信自己的族人与竹之间有血统关系。妇人分娩时，其丈夫或兄弟，砍一枝长约两尺的遯竹筒，将生下来的婴儿的胎衣、胎血装在竹筒里，用芭蕉的叶子来盖，把他拿到种植遯竹的场地，吊在遯竹上，显示是遯竹的血裔。而没有孩子的女性，则向金竹求子。不妊娠的妇人要想生儿育女的话，便要到徐家渡竹山上向种神（一丛金竹）去求子（见雷金流《滇桂之交白罗罗一瞥》载《旅行杂志》第十八卷六期）。

贵州彝文古籍《益那悲歌》里记载浮于江中被救起的“竹儿”名叫僰雅蒙，长大后成了一方的君主，在他的生前就向大臣毕德交代说：他死之后灵魂将化为草，要请那错娄额地方的毕摩恒阿德来，取株灵魂草，到祖祠旁边，用青红丝线，绾了当寿衣，将羊毛和五谷，装入竹筒里，供奉在祖祠标名标姓氏，放在祖灵台。人死留三魂，一魂进竹筒祖祠常祭祀。说明早在夜郎国之前的僰雅蒙时代，彝人就已兴起竹筒盛装祖灵供奉的“竹灵”崇拜了。

从民族学的角度考察：今日之彝族自古以来就是一个崇拜“竹灵”的民族，“竹灵”崇拜具有其丰富的内容，但其本质仍是原始宗教信仰的灵魂崇拜和祖先崇拜。

彝族不仅在彝文古籍和民间口头传承有“竹儿”类似“竹王”的传说，而且在民间还保存有供奉“竹灵”和祭祀的大典活动，上引滇、桂之交的彝族跳宫节“祭金竹”即是一例。此外，“竹灵”崇拜还表现在以下的形式：一是在家里设置竹蔑灵位供奉。如20世纪30年代后半到40年代，马学良教授在云南彝族地区调查，撰写有《宣威罗族白夷的丧葬制度》，说白夷的人们认为人从竹子诞生，因此，死了以后也回归竹子。人跟竹子是同类，因此有人死后就用竹子作灵位，作为灵魂的居所的习俗。灵位的形式有三种：(1) 缚山竹条作为灵位（禄劝县一带）。(2) 竹筒（宣威一带）。(3) 蔑萝萝作灵位（寻甸县一带）。《宣威州志》记载：“以竹叶草根，用毕摩，因裹以锦，缠以彩线，置竹筒中，插篮内，供于屋深暗处，三年附于祖。而在四川凉山彝族，当老人去世火化后，须用高山采来的竹子制作灵牌，称“玛堵”，加工成人形竹片，缠以羊毛和线，插入掏空的梧桐木节内，外面再缠裹以麻布和棉布，请毕摩后，供奉在丧家靠锅庄一面的墙上。反映出在供奉“竹灵”的共性上，各地供奉仪式又有地区之间的差别。在家中供奉的“竹灵”（即祖灵），经过一定的供奉时间以后，如三五年或三五代，还要举行祭祀仪式送“祖灵”归山。将灵筒和一些象征生产生活用具的冥器，放在“祖桶”内，送到崇岭深壑中的岩洞里去供奉。供奉祖灵的山称“阿普白”，意为“祖先山”，但在各地汉文志书中则称“鬼筒箐”“鬼桶岩”等。如《大定县志》载：“鬼筒箐在城西三十里，深林密箐，崭绝难登，夷民以筒盛木主，谓之鬼筒。相传岩山安宣慰鬼筒存焉。”《镇雄州志夷俗》说：“却佐地方险坉上，陇氏鬼桶岩在焉。”

20世纪30年代中，在云南昭通县尼姑寨的西汉墓群中，出土了一枚“竹灵图像”的铜铃。同时出土的还有铜盘、铜匕等冥器，按《炎徼纪闻》：“罗罗……坐无几席，与人食，食一盘，水一盂，匕一枚抄食哺客，搏之若丸，以匕跃口，食已必涤噱刷齿以为洁”的记载，有研究者认为证明这几件文物具有彝族文化的特征。在“竹灵图像”铜铃图案中，参差罗列，布局有致地分布有许多竹枝，其正中长方形桌面上置放一长颈瓶，中插有竹，旁有一披长发、身着黑缯的妇人，正在举行祭祀“竹灵”仪式。[9] 这枚“竹灵图象”铜铃，我认为很有可能是当时毕摩（经师）使用的法铃，因此才铸制有祭祀“竹灵”之图像。据传在贵州威宁境内也曾出土过铸有供奉“竹灵”图案的同类铜铃，这是值得引起重视的民族文物。[10] 出土的“竹灵图案”铜铃，其时间显然要比《华阳国志》《后汉书》撰写夜郎“竹王”传说的记载要早得多了。从民族文化源流的角度看来，这枚“竹灵图案”的铜铃文物，更能反映西南地区彝族等民族对“竹图腾”崇拜最原始和最朴素的渊源关系。

《华阳国志》记载夜郎“竹王”的传说，实质上是反映了古代“夷濮”民族先民对“竹图腾”（竹灵）的崇拜。在西南、华南各省的有关民族，历史上都有崇拜“竹灵”的传说和与之相适应的宗教祭祀活动。在不同的地方和不同的民族，有着不同的崇拜对象和不同的祭祀内容。例如，贵州六盘水市和郎岱等地的布依族，历史上是把竹子当作万物之源的“竹神”来崇拜的，因此，这些地方的布依族，在本氏族神房中都供有“竹灵”。

又据地方志等史籍记载，今北盘江流域的安顺、兴义等地，历史上每至农历阳春三月间，当地的各族群众，许多人都身着节日盛装，携带着香油纸烛到竹王祠或竹王庙中，祭祀竹王。在这些祭祀活动中，尚有对歌、跳舞、爬杆等近似于唐宋时期中“春社”式的各种文娱活动。有一首《竹枝词》云：“九重岭树夹蛮庄，妇女逢春不肯藏。闻道前林花鼓闹，背儿看赛竹三郎。"所反映的情况正是祭祀竹王的真实写照。也反映出历史上崇拜"竹图腾"和"竹王"的文化现象，其思想文化的源流是多元化的。

但是从彝族崇拜"竹灵"，家里设竹灵簏位，送祖灵（竹灵）归山等一系列祭祀活动可以看出不管其内容和形式，都与壮侗语族各民族的祭祀"竹王"活动有着质的区别。彝族为什么要把象征祖灵的"竹灵"送入高山峻岭的岩洞中去，实质上是反映了人类发展史上穴居野处的生活原型。说明彝族先民的"竹灵"崇拜文化，较之夜郎"竹王"文化显得更为丰实，更具有深远的历史渊源。同样，也可以证明在夜郎国时期的夜郎境内，并不是只有单一的濮系民族，还存在有一个夷系民族构成为"夷"两个不同类别的族称载于史籍。古代夷系民族的夜郎"夷人"，他们就是今日彝族的先民（也包括被融合于夷人群中的濮人）。在古代他们同样地早就参加了对夜郎国历史文化的创造并作出积极贡献。

附带说明的是刘琳教授认为"夜郎国的主要民族绝非彝族先民。"因为"夜郎人椎髻、耕田、有墓葬，与藏缅语族的一般风俗不相类"。对此我想做如下的解释：

首先，关于椎髻问题。一个民族的发式，并不能说只有一个样式，更不能把同一个民族内部不同地区居住的不同支系的发式，固定成某一地区某一支系的发式作为模式，非此发式就否定该地区该支系的成员为同一民族，这显然是不符合实际的。试看今日西南地区支系较多的苗族和彝族，其妇女之发式和服饰的绚丽多姿，已足令人叹为观止了。具体而言，不能因为司马迁在《史记》中称活动在滇西一带的"昆明"人是"编发"，就否定夜郎境内的"夷人"也是"椎髻"之民。更不能认为夜郎夷人是"椎髻"而不是"编发"，因此，就否认有夜郎夷系民族的存在。从贵州赫章可乐汉墓出土的"摇钱树"上有"指天刺"椎髻人物图像，云南鲁甸文屏乡汉墓出土"牧牛人"和"牧马人"画像砖上的椎髻图像，与东晋霍承嗣衣冠墓壁画"夷汉部曲"的夷人椎髻画像，一脉相承与今日四川凉山彝族的"英雄结"发式相同，足以证明夜郎境内"夷人"的发式本来就是"椎髻"，为什么非要他们如同滇西的昆明人那样须是"编发"的发式，才承认他们是"夷人"呢？

其次，关于耕田问题。文献记载本身就有矛盾存在。《史记》称夜郎

"耕田"，有邑聚表现为农耕社会，但《华阳国志》却说夜郎是"编发左衽"，随畜迁徙。描写成是游牧社会。其差异之大如何解释呢？刘琳教授对《华阳国志》记载认为是把"以夜郎、滇等椎髻农耕部族与叶榆等编发畜牧民族混为一谈，误"。从考古发掘也证实了贵州在夜郎时期确有过较发达的农耕文化，最直接的证据，就是在威宁的中水大河湾发现了炭化的稻谷堆积层，在赫章的可乐墓中也有稻谷遗存，在兴义的汉墓中发现了水田池塘模型和水稻田模型，说明"耕田"确有其事。至于"有邑聚"则更是确凿无疑，因为在普安铜鼓山和毕节青场发现了房屋的遗址，在赫章可乐墓中出土了一件"干栏"式建筑模型。最有力的证据是这里出土的大批陶器，包括各种陶制用品及陶纺轮、井架模型，都是定居的产物。但是，在广义的夜郎国境以内，就以贵州而言至今仍是一个山区省份，地貌的显著特征是山地多，山地和丘陵占全省总面积的92.5%，在万山丛中散布着许多山间盆地和河谷阶地，俗称"坝子"。不同的生态环境，构成不同民族的生存空间，从而创造出各具特色的传统文化。在夜郎国境内决不仅是单一的农耕文化，也还有游牧文化、狩猎文化等存在。考古发掘在普安铜鼓山和威宁中水都出土有牛、羊、猪、犬的遗骸。在黔西汉墓中出土有陶猪、陶羊，有趣的是，陶猪的形状与现在赫章的"可乐猪"种极为相似，而"可乐猪"却不是关在圈中饲养，都是和牛、马、羊一起赶上山去牧养的。这说明夜郎国境内还是有游牧文化的，它是二元文化并存。在夜郎国境内不仅是濮人会耕种农业，夷人中也有会耕种农业的，这在彝文古籍里亦有记载。问题在于我们不能把《史记》中记载滇西的"昆明"人皆编发，随畜迁徙，毋长处，毋君长的情况，作为一种模式或框框，硬套在夜郎"夷人"的身上，根本否定夜郎"夷人"系椎髻、耕田及游牧，有邑聚、有君长的实际状况，否定同一民族内部不同支系所居生态环境的差异性，和社会经济发展水平的不平衡性。

最后，关于墓葬问题。在贵州的赫章可乐和普安的铜鼓山，都出土发掘有不少从战国到西汉，也即夜郎时期的墓葬。考古发掘称这些墓葬分为汉墓和"南夷"墓（当地民族墓）两类。但是，所谓"南夷"墓仍是一个宽泛的概念，并不具体专指是哪个古代民族之墓。过去，不少学者把古代彝族先民和氐羌族属挂钩，认为彝族是实行火葬的民族，就不会有土葬的墓室，这也是一种误解。古代的彝族先民有土葬、火葬；也有天葬和水葬的。彝族是人口较多，支系也繁的民族，必然兼容了多元性的文化，反映在丧葬文化方面，并不仅限于火葬一种葬俗。在古代彝族内部，黑与白是两种文化的代表，或者说是文化的符号标志。土葬由吐（白）始楚兴起，火葬由那（黑）乍姆兴起，兴起于同一时期，系二元葬俗文化并存，其历史的渊源已甚久远。彝文文献《物始纪略》《指路经》等记载："埋的不火化，火化的不埋。""白死埋葬，黑死火葬"，讲的就是这个道理。在《夜郎史传》记载有《夜郎君法规》十八条，对在疆场英勇战死的将士，尊为英雄，跪拜祭奠。对临阵逃脱者，死尸无好葬，由鸟兽去吃（天葬），放河里喂鱼（水葬），让他的灵魂，永不能超度。这是惩罚性的葬法。

目前，如在贵州赫章可乐出土大量的夜郎时期的"南夷"墓，对墓主族属身份的确定，也还是一个艰难的课题，特别是在国内罕见的"套头葬"俗，更是引起人们的兴趣和关注。它是古代濮人、僚人之墓？也有可能是夜郎"夷人"的葬俗。还值得去进一步深入研究。

参考文献

[1] 御手洗胜（日本）中国古代诸神［M］. 创文社序论第二章，1984.

[2] 刘琳校注. 华阳国志校注［M］. 1984. 7，第340页至341页.

[3] 刘琳校注. 华阳国志校注［M］. 1984. 7，第344页

[4] 刘琳校注. 华阳国志校注［M］. 1984. 7，第344页-345页

[5] 刘琳校注. 华阳国志校注［M］. 1984. 7，第P334.

[6] 贵州彝学［J］. 1991年第三期（内刊）.

[7] 阿洛兴德、阿侯布谷译著. 益那悲歌［M］. 贵州民族出版社，1997. 10.

[8] 王子先等译著. 夜郎史传［M］. 四川民族出版社，1998. 8.

[9] 张宁关于夜郎竹王问题的探讨［J］.《朱提文化研究论丛》，云南民族出版社，1999.

[10] 介绍一件馆藏文物［J］. 见《云南文物》，18期

古代彝族布慕刍议

余宏模

威宁龙街区位于县境的西北部，地势高峻，号称“云贵高原的屋脊”，居住着彝、汉、苗等民族，而以彝族在该地居住的历史最为悠久。明《寰宇通志》卷六十一《乌撒军民府》《建置沿革》条说：“本乌蛮巴的甸地，以蛮酋祖名乌撒，故号乌撒部”。龙街区即民国《贵州通志·土司志》所称原乌撒土府辖下二十四部的赤兔乌部，当地彝族称为泚处土目的境地，其后裔相传即中华人民共和国成立前龙街子、大官寨的安姓土目。

笔者曾于一九七九年三月去龙街区属马踏公社进行短期民族宗教情况调查，发现在马踏公社住房的石墙上，砌有一块石刻人物画像残片。据公社干部谈，此石刻人物画像残片，原系由龙街区到马踏公社途中地名叫老马踏的龙街子安姓土目祖坟山上的旧物，在文化大革命初期破“四旧”时被砸碎，其残片即被运来成为修建马踏公社石墙的材料。

由于此系残片，其所镌刻的全貌和年代已不可考。但石刻画像的人物形象尚完整，线条阴刻，简练明晰，风格清新，栩栩如生。对此石刻画像人物身份，据一些彝族同志辨认，可能系古代彝族布慕的形象，头戴毡制法帽，脚穿毡毛制靴，手中执者系作法事使用的牛尾。但就整个形象而言，也似一个手执牧鞭的牧人。这和头戴斗笠法帽，身背法术神筒的晚期布慕的形象已有差异。

云南大学江应梁教授中华人民共和国成立前曾对昆明附近彝族的宗教情况进行过调查，说当地有几户世袭的宗教巫师，称为“西波”，习诵世代相传的几本彝文经典，替人禳解雷火之灾，奠土和求神治病。西波自称其教主是太上老君，作法时头戴竹制斗笠，披羊毛毡，左手执铜铃，右手执铁剑。并以松柏桃柳枝驱鬼，完全是一个牧童的装束。①显然西波及有关其宗教起源的传说，已渗有道教的影响，并非彝族原始宗教的本来面目。但西波作法时的牧童装束，和龙街石刻画像布慕的“牧人”形象，两者都反映出古代彝族先民长期住在高原从事畜牧生活的痕迹，同时由此窥知石刻人物画像已有相当历史，可能即是古代乌撒部彝族布慕的形象。

国内外学者对彝族布慕的研究者不少，但并不全是无可商榷之处。笔者拟就古代彝族布慕的历史地位和社会作用，试作探讨。

“布慕”，系彝语汉译名词，意思是“长老师人”。在人类社会发展的历史长河中，彝族的远古先民们，为着自身的生存而与自然界进行艰苦的斗争。限于生产力的极端低下，科学知识贫乏，在和大自然的斗争中，对自然界的某些力量又往往感到束手无策。因此，同世界上的其他民族一样，逐渐产生了宗教的观念。

川、滇、黔、桂等地彝族社会发展阶段的不平衡性，反映在宗教信仰方面的情况相当复杂。但据现有的部分彝族地区的零散宗教调查资料可知，原始宗教诸如精灵崇拜②和万物有灵，自然崇拜和祖先崇拜等，各地彝族普遍存在。而与原始宗教活动密切相关的人物——“布慕”，各地音译虽异，(诸如“毕摩”“自磨”“贝琶”“奚婆”“觋嚼”“西波”“月杩”等)，人数虽然不多，但在各地彝族社会的历史和现实生活中，曾经产生过广泛的社会作用，迄今还保留着一定的社会影响。

据贵州彝文典籍记载，布慕的出现较早。古代彝族先民在经历漫长的原始社会，开始踏入阶级社会的门槛时，兹、莫、毕三者. 作为奴隶社会统治机构中的代表人物，就已同时产生了。

“兹”，彝语意为权力，是彝族古代部落最高统治者，旧译为君。“莫”，彝语意为长老、调解人，旧译为臣。“毕”或“布”，是祭司，旧译为师，或巫、或军师。兹、莫、毕的出现，标志着彝族奴隶社会统治机构的雏形，也是彝族社会进入奴隶制阶段在上层建筑方面的反映。

彝文古籍记载：“君施令、臣断事、师祭祖”，概括了兹、莫、毕三者的主要职能。说明兹、莫即君与臣掌管政权统治，而毕或布，即所谓的师则是搞天命、事鬼神的神权统治者。由此可知“布慕”在早期的社会地位较高，同属于统治集团的成员。

汉文文献对古代彝族“布慕”的历史地位和社会作用，也多记载。元人李京《云南志略》诸夷风俗条云："罗罗即乌蛮也。……有疾不识医药，惟用男巫，号大奚婆，以鸡骨占吉凶，酋长左右斯须不可阙，事无巨细，皆决之。"大奚婆即大布慕的异译。这是汉文文献中具体提到彝族有大布慕，并把布慕说成巫师的最早记载。后之记述如元《混一方舆胜览》、明万历《云南通志》、嘉靖《贵州通志》、顾炎武《天下郡国利病书》、清檀萃《说蛮》及田雯《黔书》，多因于此。

由此可知：元以来，迄至明清，在云、贵、川三省的各地彝族地区，都有"布慕"的存在，译称"奚婆""觋皤""拜码""白马""鬼师"等等，史书屡见不鲜。他们在政治上是"酋长左右斯须不离，事无巨细皆决之"的重要决策者，又是经济上占断阴晴，祈年祭天，以求保证生产丰收的仪式主持者，他们是能通鬼神的特殊人物，对于人间的世俗生活必然有着广泛的影响。

在历史上，各地彝族统治者奴隶主或封建主，都是宣扬天命，崇礼祀鬼神的。认为他们的权力是天赐神授，他们的福禄靠祖灵保佑。而广大的劳动群众则处于社会生产力低下，科学文化知识落后和被压迫剥削的境地。因此，在彝族社会各阶级和等级的社会生活中，无不与布慕的各种宗教活动，受鬼神祖灵的支配息息相关。

布慕的宗教活动和巫术的表现，主要是：司祭祀、决占卜、主诅盟三个方面。

祭祀，是彝族布慕宗教活动的重要方面，其内容是超度亡灵和祈求丰年，祭祀活动具有普遍性和群众性。诸如"做戛"[④]"作帛"[④]"作斋"[⑤]"撮毕"[⑥]"送灵"[⑦]等活动，就是祖先崇拜的隆重祭典；"祭密支"[⑧]"祭米戛哈"[⑨]"芝固"[⑩]"则士"[⑪]等，就是自然崇拜，祈求丰年的祭祀活动。

占卜，是一种请示神灵预知未来吉凶祸福的巫术。彝族占卜多由布慕主持，凡属战争、械斗、婚姻、丧葬、疾病、播种、狩猎以至出行、贸易等等，事无巨细，莫不求之占卜。占卜以鸡骨卜、羊骨卜最为普遍，此外，还有木刻卜、胛骨卜、鸡蛋卜、草卜、胆卜等，都是在布慕施法后，详察所卜物发生的变化，用来推测所谓吉凶祸福的一种手段。

诅盟，其内容包括盟誓和诅咒两方面，见于文献记载较早。《华阳国志·南中志》说汉晋时期南中地区夷人，"俗征巫鬼，好诅盟"。在彝族地区，举凡战争、议和、个人间的重大纠纷，以及和外族交往商定协议等，皆必须由双方盟誓，借冥冥中的鬼神力量加以约束。《黔书》黑罗罗条载贵州西部彝族社会习俗是："重信约，尚盟誓，凡有反侧，剁牛以谕，领片肉即不敢背。"檀萃《说蛮》亦云："期会用木刻，尚盟誓，剥牛以谕，领片肉不敢背。"

至于诅咒，则纯属一种借用鬼神力量护卫自己、攻击仇敌的巫术。如四川凉山彝族地区的"子克党"[12]"撮日"[13]，就是一种用来诅咒攻击对方仇敌的黑色巫术，"吉觉"[14]"衣此毕"[15]"握古比"[16]则是一种反诅咒的，主要是保护自己的白色巫术。

早期布慕的社会地位尊贵，并不从事祛邪除怪，驱鬼治病的活动，而是由另一种巫师，名叫"苏额"（四川凉山译称"苏桌"、云南译称"苏耶"）来担任的。道光《大定府志》附录安国泰夷书九例云："夷语谓巫为补（按亦即布），最尊贵，丧祭用之，父子相继，其先蛮夷君长突穆为大巫、渣喇为次巫、暮德为小巫，乌所白为乌撒巫，恩苏为墨夷巫，余黑白诸巫，虽由学习，亦各承受于其祖先。突穆、渣喇谪派在宣威。在大定者，其支庶也。其术惟祈祷、占卜，而无隶报鬼怪之说，饮食起居务洁净，以感神明。又别类巫目苏额，不尊重，专治病。"苏额，就是专事跳神驱鬼，念咒治病的巫师，不习彝礼，不识"夷经"，也不是师承学习而来。成为苏额的人，多因患病引起精神分裂，自以为有苏额的鬼魂附体，神志恍惚，胡言乱语，家人以白羊、白鸡到林中献祭，此人以为自己已成苏额，病愈后即可从事驱鬼跳神的巫师活动。担任苏额的男女都有，当其作法时，全身战栗，旋转跳跃，猛敲羊皮鼓，厉声以呵鬼，其巫术活动在川滇大小凉山一带，又称"尼此日"[17]"尼比字哈"[18]"卓尼书"[19]"牛力母"[20]等，都和驱鬼送病有关。

上述可知。布慕和苏额，两者虽是彝族社会中可以通鬼神、施巫术的特殊人物，但有严格的区别。布慕，在彝语中有"教师""长老"的含义，可以说是彝族社会中的有知识者，必须识彝文、习彝礼，掌握文化知识，传授彝文经典，通常是家传并经过学习而成的。布慕的职责严格地说应是祭司，同时兼行巫术。担任布慕的人，虽有阶级、等级出身的不同，但其社会地位较高，受到普遍的尊重。苏额则既非世家承袭，亦非拜业师授，不识彝文，不习彝礼，只能念咒，不会诵经，纯系跳神驱鬼，祛怪治病的巫师，习此业者，在政治地位方面，远比布慕低下，由于不懂彝文和经典，并不受到社会的尊重。

二

彝族有自己的民族文字，汉文献称“爨字”或“韪书”，具有悠久的历史。正如史载史官仓颉创制汉字的传说一样，在彝文典籍中也往往把彝族文字的创制，归功于著名的布慕之类师人。诸如以下记载：

贵州彝文巨著《西南彝志》卷九《勿阿纳家的叙述》说：“恒本阿鲁，创始供奉祖先，明了天地根源，创制彝族的象形文字，从此有了根蒂，永远流传后世，沿着南部山脉，开辟祖宗未到的地方，有疑难之事，就请问军师。”

同书卷十《阿底氏起源的叙述》说：“创造文字的有伊阿伍，聪明无比，能天文地理。南北东西四方，布、默二家较为详明，不论彝族掌权或汉族掌权，都一一记载，明明朗朗如满天星斗。伊阿伍造的书很多，都是有始有终。”

《爨文从刻甲编》收有罗文笔所译贵州彝文经典《说文·序例》则有“三圣”造字之说。其序云：“是篇说文，始于宓阿叠所造，中于白博耿先知所述，终于冉冉一义所赞。”在《帝王世纪·人类历史》中，罗氏又进一步说：“人类始祖希母遮之时，直到撮休读之世，共有三十代人，此间并无文字，不过以口授而已，流于二十九代武老撮之时，承蒙上帝差下一位祭司宓阿叠者，他来兴奠祭，造文字，立典章，设律科，文化初开，礼仪始备。”

云南新平鲁奎山发现的彝文经典，也有“天地混沌，昏昏沉沉，白博耿造字，写来手顺”的记载。

四川凉山传说，比阿西拉吉创造彝族文字，“比”即“毕摩”（布慕），阿西拉吉为其名，但所谓其创造文字，实则只是将原有彝文加以整理，有所增加和发展而已。据调查：凉山最早的毕摩家支叫“尼尼”家，传十代已绝，“格武”家继续作毕摩，传九代又绝，后由“曲布”家作毕摩传了二十代，绝后又有“特别日目”“聂别始祖”“阿底别日”三人做毕摩，不知传了多少代，以后才是比阿西拉吉出来做毕摩，全是黑彝家支，再往后才逐渐出现白彝家支的毕摩。

明清之际，滇黔地方志书盛载马龙州纳垢酋阿町创字之说，清杜锦《爨人阿町论》云：“唐时马龙为东爨纳垢部，其裔有阿町者，能祭日辰、占星象，预期知风雨，未事识灾祥，爰作爨书，厥号曰韪，字母一千八百四十，三年始成，可以究天道，可以定人事。……彝人能习是书而为人祈祷者，加以尊礼，谓之毕摩。”

以上所述恒本阿鲁、伊阿伍、宻阿叠、白博耿、冉冉一义、比阿西拉古、阿町等人物，都和彝文的“创始”有关，并把撰经籍、立典章、制礼仪、司祭祀、设律科等功绩与他们的名字联系起来。在彝文典籍记载和传说中，他们是学问高深、知识渊博、法术精奇、沟通神人的著名大毕摩(布慕)，长期受到人们的尊敬，这绝非偶然的现象。进入阶级社会以后广大群众长期从事社会生产劳动，不仅创造了物质财富，也生产了精神文化，当社会生产力的发展使劳动产品可以满足全体社会成员最起码的生活需要时，社会中的一部分人，才有可能和必要，在或长或短的时期内脱离体力劳动，来专门从事社会精神文化的收集、整理和创造。因此，上述恒本阿鲁、伊阿伍等人物的记载传说，正是彝族古代社会经济、政治在当时历史条件下发展的必然产物，并不全是荒唐无稽的神话，它有着历史的一定真实性和必然性。

历史上又曾有大批的彝文典籍流传，汉文记载称作“夷经”，有竹简、木本和刻本。早期彝文典籍中的一部分，都与设祭奠、供祖灵、占天时、卜人事等宗教活动密切相关，被长期地传播下来。这些彝文典籍中的宗教经典，无疑地其编撰、书写、习用、传播都和布慕的宗教职司及其活动有关。

但是，彝文文献绝不只是宗教的经典，随着彝族社会发展的需要，彝族文字也逐步扩大其使用范围，从宗教生活的领域又广泛地运用到社会生活的各个方面。在彝文文献中还保存着大量的有关历史、文学、哲学、语言、文字、天文、地理、医药、技艺等方面的著作，不仅是研究彝族古代历史文化的宝贵资料，也是中华民族文化遗产宝库中的一部分珍贵瑰宝。

据调查，现存大量彝文典籍和彝文碑刻、契约、书札、布告、柬帖、印章等各种文物，多是明清之际的遗留。这可说明，一方面由于历史上反动统治阶级对民族文化的摧残破坏，加上早期文献、文物本身不易长期保存，而多损毁；另一方面说明直到明清时期，彝族文字和彝文典籍尚广泛流传于社会生活的各个领域。这种现象可能又和明清以来，彝族社会内部政治经济关系发生的重大变化，及布慕历史地位和社会作用的相应变化密切相关。

布慕早期的历史地位，如前所述是属统治阶级集团中执掌神权者，担负布慕职司的人仅属地位较高的贵族等级成员。随着彝族社会内部等级制的日益发展和完备，此时不仅有为贵族“兹莫”（贵州译称“苴摩”）等级服务的大布慕，继黑彝等级（四川凉山彝语称“诺伙”，贵州彝语称“纳铺”）之后，白彝等级（凉山彝语称“曲诺”，贵州彝语称“吐苏”）中也相继产生主要是为各自等级和家支服务的布慕。担任布慕的人数和等级较之早期进一步扩大，在社会生活中阶级、等级身份不同的布慕，却都共同维护着鬼神统治的作用。到明清之际，彝族社会内部又发生重大的变化，主要表现是云、贵、川三省广大彝族地区，封建中央王朝实行的“改土归流”，在凉山腹地则是诺伙崛起取代兹莫统治地位的斗争。

彝族社会在经历了“改土归流”这一刀光剑影、血与火的洗礼之后，各地土司政权、兹莫统治地位就日渐削弱以至消失。过去长期依附于土司、兹莫统治的布慕，政治经济地位相应显著下降，纷纷退居乡里，参加农事活动。在彝族聚居的村寨，仍执行着祭祀祈祷、占卜吉凶之责，同时，为谋生计，布慕们有的改行医道、神药并用。有的则在农闲时候，开办乡学，教授彝文，或专心致力于撰写辑录，译著各类彝文典籍，对于普及彝文和编著整理、保存传播彝文文献，起到极大的作用，所以现在能够见到的大量彝文典籍和彝文文物，多系明清时期流传下来的。这是各地布慕对彝族历史文化遗产做出贡献的佐证。

二

我国殷商奴隶制的国家机构中，就设有巫和史这类职官，他们是神权的掌管者，同时又掌握着文化知识。巫偏重鬼神，史偏重人事，巫史都代表鬼神发言，指导着国家政治和国王行动。巫能歌舞与医治疾病，代表鬼神发言主要用筮法，史记人事，观天象与熟悉旧典，代表鬼神发言主要用卜法。历代的封建中央王朝机构里，也长期设有史官和卜筮之官。

彝族古代社会由于诸种原因，长期停滞在奴隶制和封建制阶段，在各地兹莫统治的地方政权中，早期布慕的历史地位和社会作用，正如商王朝中的巫、史，主要是史，同时兼巫。毋庸讳言，他们曾用宗教、仪礼、典制等来维护奴隶主、封建主的统治。在虔诚的鬼神崇拜和祭祀祖灵的宗教活动里，也包含着残酷的阶级压迫。同时，在彝族古代社会的各个历史时期中，创造社会物质财富和精神文化的是广大奴隶和农民的劳动。但是，古代彝族社会文化的代表主要就是布慕。他们具有二重性：职司通鬼神，又指导人事，既是宗教者，更是知识者。随着布慕后期社会地位的变化，他们既执行着祭祀祈祷，占卜吉凶，念经治病的活动，又在推广彝族文字、编撰整理彝文典籍、保存、传播彝族文化遗产方面，留下一定的功绩。

过去，在国内外一些学者的论著中，对彝族布慕的历史地位和社会作用，未能全面加以分析，只重于批判布慕宗教巫术活动的一个方面。把布慕和巫师画上等号，这似乎已成定论。更有甚者，是把彝族原有文字扣上诸如“巫师文字”“巫师的秘密符号”一类帽子，把大量彝文文献统统斥为“巫师宗教经典”。

实践证明，上述对布慕、彝族文字、彝文文献所作的结论，是很片面而又有害的。其所造成的后果是使彝族原有文字的平等地位，长期得不到承认，群众自发学习和使用彝文的权利，在一些地方受到某些人为的无理干涉。特别是在“十年浩劫”中，大批民间收藏的彝文文献被没收烧毁，人数已不太多的布慕，被打成宗教迷信复辟活动的“牛鬼蛇神”，现今能够幸存下来的，很多已是年逾古稀的老人了。

目前，我国各族人民正在党的领导下团结一致，同心同德，为把祖国建设成为社会主义的四个现代化强国而努力奋斗。整理彝族文化遗产、发展彝族文化，是我们面临的迫切任务，需要各方面的重视和努力。不论是推行普及彝文，整理翻译彝文典籍，培养彝文后备人才，批判继承文化遗产，都有必要考虑如何来进一步调动和发挥现存布慕的积极作用，使他们对此能够做出有益的贡献。这不仅是一个如何看待彝族布慕历史地位和社会作用的学术问题，也是如何正确贯彻执行党的民族政策，抢救民族文化遗产的实际问题。

注释

(1) 江应梁：《昆明境内的夷民》一文，载著者论文集《西南边疆民族论丛》，珠海大学学出版。

(2) 四川凉山彝族，把一些没有生命的物质、如石头，银子、首饰、衣物、认为它们附有精灵，具有保护人的魔力，称为“吉罗”，彝语译音，意即宝贵. 这是原始社会中精灵崇拜的一种遗留。引自《凉山彝族奴隶社会》内部铅印稿第234页。

(3)（清）爱必达‘黔南识略’卷二十四，大定府条；殓用火葬，招魂于野，结松棚设灵幄，谓之翁车，椎牛祭野，击鼓吹喇叭，亲戚会葬者数百人，谓之做戛。”

(4) 作帛，是彝族超度祖先的隆重大典，仪式也较复杂、目的是超度死者灵魂，一般在死后数年内举行，要连续三至七日，家族亲戚必携带牛、羊、猪、鸡前来祭献，引自《凉山彝族奴隶社会》内部铅印稿240页。

(5) 作斋，云南彝族祖先崇拜的一种祭典，分大斋和小斋。大斋合族共祭，斋期各地不一。引自《西南少数民族宗教词目》(油印本)

(6) 撮毕，彝语音译，意为替死者作员牌（即“玛堵”），是彝族祖先崇拜的一种宗教祭祀活动。引自《彝族社会调查》全国人民代表大会民族委员会办公室编第238页

(7) 送灵，彝族祖先崇拜的一种祭祀，父母灵牌（“玛堵”）在家供奉二三年后，举行祭仪，背送大山岩硐巾放存。(嘉靖)《贵州通志》卷二普安州条云：“八纳山，在州治东北七十里……土俗相传，以土酋益智，藏其祖宗魂筒于崖穴间，子孙十年一次登山祭之。每登必椎牛羊，持刀噪(操) 弩而往焉”。

(8) 祭密支，亦称过密支节，是云南弥勒西山，路南圭山等地彝族祈年节日，时间在夏历冬月十日左右。引自《云南宗教问题》第二期，宋恩常《彝族宗教迷信略述》一文，云南民族学院民族研究所编。

(9) 祭米琨哈，彝语音译，意为祭龙。是彝族自然崇拜的一种仪式.盛行于云南峨山等地彝族村寨。引自《云南宗教问题》第二期，宋恩常《彝族宗教迷信略述》一文，云南民族学院民族研究所编。

(10) 芝固，彝语音译，是四川凉山彝族祈求丰年的一种祭祀，也有祈求吉祥的意义，每逢耕种或收获时各户都要举行. 引自《凉山彝族奴隶社会》内部铅印本239页。

(11) 则士，彝语音译，是防雹灾。川、滇大小凉由彝族由一村或几村联合请毕摩念经防雹灾的祭祀活动。引自《彝族社会调查》241页。

(12) 子克觉，系四川凉山彝族毕摩的一种诅咒敌人的法术，即将一只病死的牲畜腰骨和用稻秆扎成的草人一起，指明冤家的姓名、集合全家族进行诅咒，然后丢弃草人于仇敌附近的路上和田野，相信仇敌即将患病慢慢死去. 引自《凉山彝族奴隶社会》内部铅印本339页。

(13) 撮日，彝语音译，意为咒人，凉山彝族毕摩法术之一。凡被偷盗而无法找到窃犯，或打冤家打不过对方时，就请毕摩念经诅咒。见《彝族社会调查》239页。

(14) 吉觉，凉山彝族中所谓反诅咒的毕摩法术。被诅咒一方，扎一草人，打一只公羊，请毕摩念反消咒，并举行一套仪式，相信“祸事”就会飞回到诅咒者家中，而自食其果。引自《凉山彝族奴隶社会》339页.

(15) 衣此毕，彝语音译，意即招魂。《彝族社会调查》第240页。

(16) 握古比，彝语音译，意即祈祷平安。《彝族社会调查》第240页。

(17) 尼此日，彝语音译，意即咒鬼，病人生病时请毕摩咒鬼的一种巫术。引自《彝族社会调查》第239页.

(18) 尼比字哈，彝语音译，意即捉鬼。川、滇凉山彝族地区苏尼给人捉鬼治病的一种巫术。引自《彝族社会调查》第242页。

(19) 卓尼书，彝语音译，意为净宅，凉山彝族地区认为家宅不“干净”时，请毕摩来作的一种法术，引自《彝族社会调查》第240页。

(20) 牛力母，彝语音译，意为送干病鬼的一种巫术，引白《彝族社会调查》第240页。转引自武自立、纪家发《彝文的起源及其字形结构》未刊稿第2页。

(21) 引自杨堑:《关于毕摩创造老彝文的传说和毕摩家支问题》，1960年3月调查资料，存云南省历史研究所民族调查档案61卷第29号.参阅范文澜《中国通史简编》第一编。

试论明初奢香夫人维护促进祖国统一的历史功绩

——纪念奢香夫人逝世六百周年

余宏模

中国是一个统一的多民族国家，它的形成经历了一个渐进的历史过程。毛泽东同志说："今天的中国是历史的中国的一个发展"。[①]，但是，历史上的中国也是在不断继承前代历史的基础上发展起来的。中国形成统一的多民族国家，大体上经历了三个阶段：（1）秦汉时期为统一的多民族国家的形成过程的发端阶段或初期阶段；（2）隋、唐、宋、辽、金、西夏为发展阶段，或不断扩大的阶段；（3）元、明、清为确立阶段，或是最后完成阶段。此三个阶段正是我国统一的多民族国家渐进性的连续的发展过程。

在中国历史上，往往是生活在不同地域的民族先进行自身的统一，然后又经过各民族的相互交往、流动、迁徙、融合。若干交往比较密切的民族形成区域内的统一的政治实体，再进一步会合凝聚，遂形成更大范围、更大规模的统一国家。其间虽有分裂，但分裂之中又包含着局部的统一。也就是说我国历史上经历的统一，大体上有单一民族内部的统一，地域性内部多民族的统一和全国性多民族的统一这样几个不同的层次或格局。

由地域性的内部统一走向全国性的大统一，是中华民族形成的一般规律和必然趋势。地域性的内部统一有上述的两个层次情况，一是单一民族地区内部的统一，如历史上松赞干布统一西藏，成吉思汗统一蒙古，努尔哈赤统一满洲。这三人都是本民族和中华民族的英雄人物。这些地方政权最后都或迟或早地走向全国性的大统一。另一种情况是如我国西南的云南、贵州这样有两个以上人口较多的民族聚居和许多人口较少的民族杂居的地区，实现地域性统一的条件较差，难度较大。因为必须有至少两个人口较多的民族首先联合，并正确处理好各自民族内部反对统一势力的干扰，带动其他人口较少的小民族，才能实现本地域的内部统一。这就要求这些人口较多的民族中出现开明的统治人物，从各民族共同利益的大局出发，审时度势，正确处理好本地域内部和外部的关系，以促进各民族的联合和共同发展，最后走向全国性的大统一。以云南为例，唐代洱海地区"乌蛮"蒙舍诏王族统一"六诏"，与"白蛮"贵族联合建立南诏政权的历史，为我们提供了一个不同民族联合实现地域性的统一，然后经过曲折的道路走向全国性大统一的范例。在贵州明初洪武时期，著名女政治家奢香维护水西地区的统一，为后来贵州的建省打下了基础，促进了西南和全国的大统一，也是一个具有历史意义的范例。一代楷模，永垂百世，值得后世敬慕追思。

一

历史上的水西是以乌江上游鸭池河为界，鸭池河以东称"水东"，鸭池河以西的广大区域称"水西"。后来"水西"的概念又演变为一个特定的政治区域名称，即彝族阿者部贵族长期统治的区域。"水西"之地大抵在今大方、水城、黔西、六枝、纳雍、织金、金沙各县及毕节、息烽、修文、清镇，平坝，普定的一部分。因前八县为水西的本土，故史称"水内"，而后五县之地在鸭池河以东，三岔河以南，是水西的边缘地带，故史称"水外"，即所谓"水外六目"之地。关于彝族阿者部的统治家族，据彝文书籍的记载：其先祖勿阿纳时即由云南东川迁入贵州，曾以大方为中心建立了地方政权；其后裔妥阿者时曾佐诸葛亮南征，献粮通道，助兵有功封"罗甸国王"，统治水西地区的历史十分悠久。元末明初之际，水西土官霭翠曾任四川行中书省左丞兼顺元等处宣慰使，洪武四年与水东土官宋饮归附，并于次年正月入朝，明太祖朱元璋册封霭翠世袭贵州宣慰使。水西境内所辖主要是人口较多的彝族，苗族及仡佬、龙家、"仲家"、蔡家、汉族等。

水东宋氏据史载其先世系真定府大姓望族，宋开宝八年，宋景阳以军功累官至节度使，平定西南夷，诏封大万谷落都总管，子孙世爵兹土。历十四世宋阿重仕元，改任顺元等处军民宣抚使，开治于贵州。至宋钦时，以功升昭勇大将军顺元部元帅。明初内附，与水西霭翠入朝，并被册封为贵州宣慰同知。

宋氏土司的辖地，其私辖地主要是陈湖十二马头。陈湖即王潘，在今贵阳花溪区属地，十二马头在今开阳县境。其公辖地主要分辖十长官司：中曹司、自纳司（今贵阳南郊）、青山司（今修文县境）、扎佐司（令修文县境）、底寨司（令息烽县境）、养龙坑司（令息烽县境）、乖西司（今开阳县境）、大谷龙司（今龙里县境）、小谷龙司（令龙里县境）、虎堕司（令龙里县境）。在其辖区境内主要为苗、仲家、罗罗、汉族等。

明朝初期在元置宣慰司、宣抚司的基础上，在今贵州境内改置的贵州、播州、思南、思州四个宣慰使司，都是各据一方的土司势力。其中的贵州宣慰司是合并水西、水东之地而置，以彝族水西土官霭翠为宣慰使，以水东土官宋钦为宣慰同知，均设署于贵州司城，即今贵阳。水西和水东原来的两大上司，民族各异，文化有别，地域虽邻，统治却殊。如水西土司在政治制度上具有自己的显著特点。即以政权与族权合而为一的宗法制度；以地缘和血缘相结合以及军事和行政相结合的则溪制度；以“九扯九纵”为特征的土官制度。其管理系统的独特性是下属并未设置长官司。而水东土司除私辖地外，下属十长官司，权力分散，不如水西土司具有权力集中的特点。洪武六年，明王朝又下诏“贵州宣慰使霭翠位居各宣慰之上”，使水西土司的政治地位高于水东、播州、思南、思州四大土司，为封建中央王朝的册封而合法化。

明初的封建中央王朝为什么特别重视水西彝族土司霭翠的势力，积极招抚，恩宠有加，不仅采取将水西、水东两大土司辖境改置贵州宣慰司，而且下诏令贵州宣慰使霭翠位于各宣慰之上，这主要是着眼于西南边疆的巩固和对西南地区统治的加强，并从贵州的战略地位和当时的战略形势考虑而决策的。

贵州地处云贵高原东部，高耸于四川盆地，两湖丘陵和广西丘陵之间，境内山岭重叠。形势险要。从地理位置上看，贵州东临荆楚，西接云南，北倚四川，南濒广西。南来北往，东进西出。莫不以贵州为冲要，实为“西南之奥区”。

追溯历史，“贵州”之名，始于宋代。宋太祖曾赐敕霭翠的先祖普贵，有“惟尔贵州”之称，其地在今贵阳，仅是一个羁縻州名。元代以前，中央王朝的统治势力，尚不足以直接控制西南边疆，滇、川、黔、桂各地，仍然通过当地土官进行间接统治。所以，贵州的战略地位并不为人们所重视。元代在西南用兵，贵州成为兵家必争之地。并在湖广、四川、云南建立行省，朝廷直接派官管辖。地处三省之交的贵州，也就成了战略要地，故有八番顺元等处宣慰司都元帅府的设置，借以控扼黔中、黔南、思州、播州、亦溪不薛（黔西北）等地，一跃而为西南的军事重镇。但元朝为时短暂，未能很好经营。入明以来，为实现天下一统。自然要着手经营西南，谋图云南边疆的巩固，同时加强对西南地区的统治，把贵州作为湖广、四川、云南、广西的重要交通枢纽，使整个西南连成一体，成为统一的封建中央集权统治下的地区。

在我国历史上，自周代分封制后逐渐形成的天子至尊和大一统的思想，成为中国传统政治思想的内核和基础。谋求疆域的扩大和统一，是历代封建统治者的最高理想，在中国历史上活跃过的许多民族的统治者都曾有过这种愿望和活动，明太祖朱元璋也是其中之一的开国君主。为了实现天下统一，四海归一，处理境内特别是边疆各民族的关系，是历代统一王朝都面临的重大政治问题。所谓“国之大事，在祀与戎”[②]，“安边境，制四夷，国家大业不可废也”。[③]历代统一的多民族国家的统治者大都意识到处理好国内及周边各民族的关系是国家长治久安的根本大计，十分注意积累这方面的经验。因此，封建统一王朝的统治者，特别是比较开明的统治者从维护统治和巩固统一的需要出发，采取了一些积极的措施妥善处置归附到统一王朝中的各个民族，通过政治的经济的手段改善与各个民族的关系。而各民族如何处理与统一王朝的关系，对统一的多民族国家的巩固发展和自身的发展，又都有着直接的影响。

从明初的政治形势看，全国统一大业的最终实现在于安定云南。但是，云南远在西南边陲，自爨氏称霸以来，保持相对独立。唐朝天宝以后，南诏崛起西南，与中央王朝时和时战。继后，大理虽与宋朝保持友好关系，但仍自雄西南一隅。元代建立云南行省，直接由中央王朝统治，但情况复杂，边事迭起，边防并未巩固。明初，云南尚在元朝梁王的控制之下，朱元璋累次遣使诏谕，皆为梁王杀害或无功而还。梁王负隅顽抗，有碍国家统一与边疆巩固。所以，在明朝大局已定后，朱元璋决心用兵云南，取之比同内地。然其用兵无论取道湖广或四川，势必都以贵州为襟喉之地。于是确定"先安贵州，后取云南"的战略方针，正是基于当时的战略形势和贵州的战略地位，对贵州特别重视。而在"先安贵州，后取云南"的战略方针指导下，就特别重视水西土司霭翠的势力，积极加以招抚，册封霭翠世袭贵州宣慰司，诏位于各宣慰司之上，这是因为霭翠是彝族中势力最大的土司。且与乌撒、乌蒙、东川、芒部、普定、普安、永宁等彝族土司地界毗连，声息相通。倘若霭翠等不能尽服，势必造成中梗。一旦贵州发生动乱，势必有阻进军云南，即令占领了云南，粮道中断，援军不至，"虽有云南，亦难守也"。如若出兵征讨霭翠之地，"必以十万众乃可定也。"所以，要实现统一全国大业，镇守云南，巩固边防，必须全力稳定贵州。首先就要政治安抚争取贵州宣慰使霭翠等土官的支持，以便解除明王朝的后顾之忧。

在此历史背景之下，霭翠和奢香夫妇顺应了历史发展的趋势，奢香"相其夫输忠率土归附"，和明王朝中央统治者保持着密切友好的臣属关系，亲自赴京入朝，或多次遣使"贡方物与马"。当明王朝遣30万大军远征云南时，霭翠和奢香曾备马万匹、毡万领，弓弩、牛羊各一万，以助军资。对稳定贵州局势，协助明王朝平定云南都起了重要作用。云南既平，版图统一，但乌撒、乌蒙、东川等地又先后发动了叛乱，招致明朝军队的残暴镇压，严重破坏了各族人民的和平生活。只有水西地区仍然维护统一和安定的局面，没有卷入叛乱和战争的旋涡中，甚至成为芒部、乌撒等地人民"至夜举火挈家"前来投奔的避难环境。特别难能可贵的是当贵州都督马烨"欲尽灭诸罗，以代流官，故以事挞香，激为兵端"。水西四十八部首领"咸集香军门"，纷纷表示"愿尽死力助香反"。在此关键时刻，奢香能够顾全大局，洞悉奸谋，明确表态"反非吾愿"，和水东土官刘淑贞一起采取赴京上诉的方式，和平解决事端，正确处理了马烨挑衅激化的水西地区与中央王朝的矛盾，进一步发展了水西和水东与明王朝的亲善关系。奢香为维护水西地区的统一和贵州及西南边陲的稳定，也为维护封建国家的统一，在客观上起到了积极的进步作用。几百年来人们交口称赞奢香和刘淑贞两位杰出女土官的历史功绩，并不全是着眼于她们具有其时代烙印的“忠君”思想，而是她们的明智胆识，全局胸襟，以及和平安边，维护统一的决策行动。

二

明初洪武年间奢香在世之时，曾袭职贵州宣慰使。当时贵州尚未建省，基本上是土司统治地区，行政上分属邻近三省所辖。如思州宣慰司和思南宣慰司属于湖广；贵州宣慰司和播州宣慰司及乌撒军民府、都匀安抚司、金筑安抚司属于四川；普定军民府、普安军民府及安顺、镇宁、永宁三州属于云南。此外，还有一百多个长官司和蛮夷长官司，许多地方社会经济发展滞缓，还停留在封建领主经济阶段。

贵州的建省是在明成祖迁都北京之后，于永乐十一年（公元1413)，将思州、思南两宣慰司改土归流，置思南、思州、镇远、铜仁、石阡、黎平、乌罗、新化八府，在此基础上建省，设贵州布政使司于省会贵阳。从全国来看，贵州建省不但早于东北三省、甘肃、青海、新疆，而且在明代时，湖南、湖北还合称湖广。贵州在明代列为十三布政使司之一，主要并不在于经济的原因，而是出于政治、军事的需要，也就是因其战略地理位置及加强对西南的统治和巩固西南边防的需要。

贵州建省时已是奢香逝世之后的17年。从历史和发展的角度观察问题. 奢香曾为贵州的建省创造了条件，增添了基石，对她的这一历史功绩也应给予肯定的评价。

首先，综观明初洪武时期的30多年时间，奢香与其丈夫霭翠附明，夫死代袭其职，以后其子孙承袭的各个时期，始终保持与明王朝中央统治者的臣属关系，在多次重大政治事件风云变幻的关键时刻，明辨是非而忠贞不渝，维护了水西地区的统一和贵州境内的稳定，避免了战争的破坏，有利于社会经济生产发展。

明朝中央决策将原来的水西、水东两大土司辖地合并建置贵州宣慰司，设司治于贵阳。封建王朝统治者的主观愿望是想互相利用，进行牵制，以防后患，以利统治。但是水西和水东两大土司，由原来两个互相毗邻而不相同的政治辖区合并为一个政治实体，彼此之间却能和睦共事，团结相处，共同为维护贵州宣慰司辖境，即原来水西、水东地区的和平统一，安定发展作出积极的贡献。特别是在平息马烨制造的政治事端之后，又进一步发展了贵州宣慰司辖区与明王朝中央的臣属关系，朝贺、进贡、报表、吊祭、互市、报聘、建学等相互活动，往来不绝，促进了民族和地域之间的经济、文化交流，加速了民族之间的接近，增强了民族之间的团结。历史上中原王朝及其统治者的民族政策措施得当与否，固然会给民族的社会历史发展以深刻的影响，而各个民族地方政权及其统治者的政治动向，也会直接间接影响整个国家的安危和国内政治形势的发展。奢香光辉而短暂的一生，不论是佐夫理政、夫死袭职、教子承袭贵州宣慰使的各个阶段，她都致力于水西、水东地区的睦邻团结，长期相安。维护和促进地域性的统一；并致力于加强和增进与中央王朝的臣属亲善关系，维护和促进封建国家的统一。她所作出的杰出贡献，为后来贵州的建省，并把省会置于贵州宣慰司司治之地贵阳，从政治上看早已奠定了历史的基石。

其次，贵州省的建立，与明代贵州交通状况的改善有密切关系。贵州远离中原，山高路险，羊肠鸟道，行旅艰难。在元明以前，与内地的交往受着很大限制，而境内各地的联系也不紧密。元代将今贵州之地分属湖广、四川、云南三个行省，成为三省毗连的极边之地。自元代设立“站赤”以来，开辟贵州境内驿道，明初又大加修整，并派重兵保护，增驿设站。其中的四条驿道：一是由湖广至贵阳的湘黔驿道，二是由贵阳到云南的滇黔驿道，三是由重庆到贵阳的川黔驿道，四是由贵阳经都匀到广西的黔桂驿道，均在贵阳交会，形成以贵阳为中心的交通干线。还有一条由四川叙永经贵州毕节、乌撒到云南的川滇黔驿道，是四川与云南交通的捷径，在战略上亦具有重要的意义。洪武十五年二月，明太祖朱元璋曾诏谕水西、乌撒、乌蒙、东川、芒部、沾益各部：“遣人置邮驿通云南，宜率土人随其疆界远迩开筑道路，其广十丈。准古法以六十里为一驿”。[④]此驿道即川滇黔驿道，自四川永宁驿（今四川叙永）开始，西南经普市驿（今四川叙永境）、摩尼驿（今叙永摩尼）、赤水驿（川黔交界赤水河）、阿永驿（今贵州毕节境）、层台驿（毕节层台）、毕节驿、周泥驿（毕节与七星关间)、黑张驿（今赫章县)、瓦甸驿（今赫章、威宁间)、乌撒驿（今威宁县城)，然后入云南傥圹驿、可渡驿而达于曲靖。奢香率领水西各族群众，为整修川滇黔驿道曾经做出贡献。

但是，奢香的伟大历史功绩，正如《明史·土司传》记载：“（奢香）开偏桥、水东以达乌蒙、乌撒及容山、草圹诸境，立龙场九驿”。据史载：龙场九驿是指龙场驿、陆广驿、谷里驿、水西驿、奢香驿、金鸡驿、阁鸦驿、归化驿和毕节驿。龙场驿在今修文县城，为重要交通枢纽，南有驿道经小阁箐、卜野弩等地而达贵阳的皇华驿；北有驿道经札佐驿、底寨驿、养龙坑驿而通播州与重庆；西有驿道可通乌撒、乌蒙。从龙场驿西行至陆广河，此是明代水西三大渡口之一，陆广驿就在今修文六广。往下谷里驿在今黔西谷里，水西驿即今黔西县城。奢香驿位于西溪河畔，称西溪驿，因纪念奢香开创之功而称奢香驿。往西行约 17 公里即金鸡驿，因其地有金鸡山而得名。阁鸦驿在今大方城西 7 公里许的大小阁丫之间，尚遗留有古驿道。归化驿位于大方和毕节交界的归化河边，今仍有其名。毕节驿是龙场九驿的终点，但它却是川滇黔驿道的所经之地，北可通达四川永宁卫和永宁宣抚司；南可经周泥、黑张、瓦甸、乌撒而达云南曲靖。在龙场九驿道上，还设有：龙场、蜈蚣、陆广、青岗、谷里、垛泥、水西、雨那、杨家海、西溪、乌西、金鸡、阁鸦、落折水、老圹、归化、毕节两铺？头铺等所谓“十八站”：虽称为“站”，实是邮传，也即是铺，主要用以传递信息。

奢香开辟的龙场九驿，虽是一条省内的驿道，但它的意义却非常重要，它不仅把驿道修进了水西地区，促进水西的开发，而且沟通了川滇黔驿道与其他 4 条驿道干线，加强了水西、水东之间及与境外的联系，在贵州交通史上占有重要的地位。

此外，奢香开辟的龙场九驿，还是一条系由贵州宣慰使，彝族土官自己出资开办和管理的驿道，并在相当长的一段时间内沿袭下去。龙场九驿沿途所需的马匹、夫役、供馆等给养，都分别指定沿线的头目、土民负责备办和管理。王士性《黔志》说：“惟西路行苦，奢香八驿、夫、马、厨、传皆其自备，巡逻千辄皆其自辖，虽夜行不虑盗也，彝俗固亦有美处”。除龙场九驿外，川黔驿道在乌江以南地段，亦属贵州宣慰司管辖，所设养龙坑、底寨、札佐、湄河四驿，其供养、管理办法与龙场九驿大体相同，每驿由一头目负责走马，一头目负责供馆。例如：养龙坑驿额定马 13 匹，由头目阿母等并养龙司土官承走，供馆由养龙司苗民自务。威清、毕节两驿虽设在贵州宣慰司地，但因纳入统一管理，宣慰司只出银协济。[5]奢香还在偏桥及容山、草塘之境内修建驿道。偏桥在今施秉县城，系湘黔驿道上的偏桥驿，驿道在城郊的打杵岩一带。容山、草圹在今湄潭、余庆境内。奢香所开的境内驿道未见明确记载。但明代确有驿路东走今湄潭、余庆和施秉县境。此驿道自川黔驿道上的湘川驿（今遵义县南境）起，经湄潭驿（容山）折向，过鳌溪驿在乌江岩门司，再经白泥驿（今余庆）过紫荆关，在偏桥驿（今施秉）与湘黔驿道衔接。

综如前述，奢香生前组织领导贵州境内的各族人民，凿山开道，修建驿路，把三省分管的地域联并起来，将境内的驿路纳入全国的驿道网络，与全国各地连成一气，并起到沟通滇、川、湖，桂的作用，贵州的战略地位亦因此而突出起来，在加强对西南地区统治的形势下，贵州建省就成为历史的必然。奢香为后来贵州建省所创立的条件，增添的基石，其历史功绩亦当光耀千秋而彪炳史册。

三

奢香为维护水西地域性的统一，为贵州建省创立的基础，为促进西南和全国的大统一所建立的历史功绩，适应了明初的政治形势和历史发展的潮流，符合我国多民族统一国家形成发展的历史规律，在客观上对维护和促进祖国的统一，起到了积极进步的作用，她不愧是我国历史上一位爱国的杰出女政治家。

历史上的爱国主义，有着十分丰富的内容。但是，爱国主义的核心主要是表现在对祖国的忠诚和热爱。祖国的利益崇高至上，它超越于一切个人和家庭、宗族和民族、地域和业域的狭隘利益，应该是古往今来用以衡量是否对祖国忠诚和热爱的试金石。奢香忍辱负重，顾全大局；维护统一、反对分裂；维护团结、反对叛乱；自强自立、开发贵州；发展经济、促进交流；培育人才、弘扬文化等等方面的具体表现和贡献，无不闪耀着爱国主义的熠熠光辉，是值得留给后人继承和弘扬的传统和精神。

但是，如同一定的历史条件只能产生一定的历史人物一样，历史上的爱国主义也要受到时代和阶级的局限。而且爱国主义不仅是一个历史范畴，又是一个思想意识范畴，还要受到思想意识的局限。一般地说，历史上的爱国思想往往是与忠君思想互相联系杂糅在一起的。奢香作为历史上的爱国的杰出历史人物，她有忠君意识是时代和阶级的局限性，我们当然不可苛求于古人。但是。在她所处的时代背景和社会条件下，奢香所建立的业绩代表了各族人民的共同利益，顺应了统一的多民族国家形成发展的历史潮流，这是我们应当给予充分肯定和缅怀纪念的。

注释：

①《中国共产党在民族战争中的地位》见《毛泽东选集》第二卷，499页

②《左传》

③《公孙刘田王扬蔡陈郑传》

④《明实录·洪武实录》卷42

⑤《明实录·太宗永乐实录》卷37

（作者单位：贵州省民族研究所）

试论明代"水西"的政治制度

史继忠

有明一代，在今贵州境内，大、小土司数以十计，其中，思州田氏、播州杨氏、水东宋氏和水西安氏是当时著名的"四大土司"。历史上的所谓"水东""水西"，是以乌江上游的鸭池河为分界的，鸭池河以东一片谓之"水东"，鸭池河以西的广大地区则谓之"水西"。不过，"水西"的概念后来起了变化，演变为一个特定政治区域的名称，即彝族安氏贵族统治的区域。"水西"之地，大抵在今大方、水城、六枝、纳雍、织金、黔西、金沙各县及毕节、息烽、修文、清镇、平坝、普定的一部分，因前八县地是"水西"的本土，史称"水内"，而后五县地在鸭池河以东、三岔河以南，是"水西"的边缘地带，史称"水外"，即"水外六目之地"。彝族中的阿者部在"水西"占据统治地位，其先原住云南东川，汉、晋以来在黔西北日益得势，统治其地千年以上，他们本来有名无姓，明洪武二十四年（1391），因其首领霭翠之子霭翠陇第"居水西最为诚洛"，赐名安的，自此始称安氏，并因其住地而称："水西安氏"。洪武四年（1371），合"水西""水东"为贵州宣慰使司，安氏为宣慰使，领水西四十八部，宋氏为宣慰同知，领水东十二马头，皆置司署于贵州宣慰司城（今贵阳）。

大凡土司，皆受中央王朝的封号，或宣慰、或宣抚、或安抚、或长官，其名号、承袭取决于中央王朝。但土司与流官不同，其特点是任用土人做官，"世守其土，世长其民"，不像流官那样随时升降迁调。流官统治的方法是"编户齐民"，即按丁输赋，按地纳粮，而土司地区则不然，其土地和人民皆属土司所有，粮、差一并在土司名下总行认纳。在这些基本点上，思、播、水东、水西别无二致。然而，土司制度并不改变各土司原有的统治方式，因而各土司的政治制度自然有所不同。政权和族权合而为一的“家支”制度、军事和行政组织相结合的“则溪”制度以及以“九扯九纵”为特征的土官制度，三者有机地结合起来，构成了明代“水西”政治制度的鲜明特点。“家支”是“水西”政治制度的根本，它与“则溪”制度互为表里，“则溪”制度是“家支”地域化、政权化的结果，而“九扯九纵”则是建立在“则溪”制度之上的土官政权机构。从历史的发展演变来看，“家支”制度最为原始、古老，“则溪”制度系由“家支”制度派生而出，“九扯九纵”则是彝族的土官制度进一步等级化、封建化的结果。三种制度产生于不同的历史时期，又在一定的历史条件下相互叠加起来，结合而成为一种特殊的政治制度。

一

“家支”制度是彝族社会结构的一大特征。在彝族社会中，基本的社会组织是“家支”，它导源于父系氏族，由同一姓祖先所繁衍的子孙组成一“家”，男性祖先的各个儿子自成一“房”，“房”的增殖和扩大就形成“家”下的“支”，“家”与“支”的总称即为“家支”。一般说来，每传九至十一代便需举行分家仪式，各“支”可形成新的“家”，其下各房又发展为“支”，以后，“支”又发展为“家”“家”又分出新“支”“家”“支”演变，循环不已。每个“家支”都有一个共同的名称，大都是以其男性祖先的名字命名，或其住地命名。“家支”虽然不断分化，但同出一源的各个“家支”始终保持着一定的联系，一方面，以祖先的神灵为旗帜，以父子连名的谱系表明各“家”“支”的血统关系；另一方面，分家以后可以互通婚姻，彼此结成联姻关系，纵横交错，联系紧密，每个“家支”都有固定的地域，并在“家”的势力范围内聚族而居，其成员有相互继承财产的权利，有相互援助和保护的义务，而且共同崇拜一个祖先，构成一个宗教崇拜单位。

“水西”是安氏的家天下，在这里，政权和族权是合而为一的。安氏一族世长“水西”，主要是靠“家支”这条血缘纽带来作维系，靠宗法制度来实行土目分治，其具体表现就是“十二宗亲、四十八部、一百二十祃裔、一千二百奕续（或作夜所）”。

彝文《西南彝志·六祖的起源》说："我们的祖先勿阿纳住慕俄格（按：彝语称大方为慕俄格）管理人民的时候，有四十七慕灌、一百二十八祃裔、一千二百奕续助君管理城池，中军里，有十二祃色，身为阿者家的要人。"在汉文资料中，有关的记载也不少。（弘治）《贵州图经新志》、（嘉靖）《贵州通志》及郭子章《黔记》中均有"安氏亲领夷罗四十八部"之类话语。翟九思《万历武功录·安国亨传》说："于时四十八部酋长、十二宗亲、一百二十麻叶永则、阿体等，皆匍匐于都御史王辑，御史马呈图。"朱燮元《督蜀黔疏草·水西夷汉各目投诚措置事宜疏》说："今卑司宣慰安位之嗣当立，干系地方，时不容缓，就经齐集四十八目、一百二十宗亲、一千二百夜所及掌衙汉把、邻近土司、亿万史童选立亲枝贤能。"类似的记载，清代更多。

对十二宗亲、四十八部、一百二十祃裔、一千二百奕续的形成，（道光）《大定府志》作了如下解释："水西自分三路，称为中水、下水、底水，盖沿三路达鲁花赤。三部土官之归，每路之下有四宗亲，以宗亲领之，故名，后讹为则溪，其制犹唐之州、宋之军也，凡十二宗亲云。十二宗亲各有分地，又别领土目四人，谓之四十八部，合宗亲为六十也。每宗亲及土目之下，又分为一百二十，各有人领之，谓之一百二十祃裔。祃裔之下各有十夜所，谓之千二百夜所。土目、祃裔、夜所，盖即中国之乡里也。"各宗亲、土目分地而治完全符合事实，可是，三（部）×四（宗亲）=十二（宗亲），十二（宗亲）×四（土目）=四十八（部），十二（宗亲）+（四十八部）=一百二十（祃裔），一百二十（祃裔）×十（夜所）=一千二百（夜所）之类数学公式，有明显的人工雕琢痕迹，或恐为后人附会，未必完全可信。我认为，十二宗亲、四十八部、百二十祃裔、千二百夜所，只能用"家支"关系来解释，"家支"的分化是自然繁衍的结果，其间并无等差级数或等比级数的关系，不能用数学推导的方法来强作解释。

所谓"十二宗亲"，就是安氏的十二个嫡系支派，即由宣慰家直接分出来的十二个大的"支"。关于十二宗亲的说法很多，我所知道的有三种：彝文《水西制度》为一说，彝文《西南彝志·六祖的起源》为一说，《大定府志》又为一说。三说互有出入，但皆云十二"家支"，至于名称不同，或因称呼有所改变，或因传闻有误，或因"家支"兴衰，升降沉浮，往往有之，不足为怪。

四十八部，相传为阿可的后裔。即四十八部为宣慰家的庶族支派，是血亲疏远的小“支”。四十八部可能是一个概数，也可能是一个确数，即在某一时期以四十八部之名并著于世，故史书上常以四十八部称之。《大定府志》引《广舆记》曰：“安氏从前所设之四十八目，在府亲辖境内者十有五：曰阿五、曰阿户、曰化沙、曰归宗、曰察革喇、曰务卜底、曰构佐、曰补落、曰以斌、曰总机、曰以支、曰以列、曰得初、曰黑拱、曰罗氏。其在府属及水东者三十有三：曰以筒、曰熊胯、曰得素、曰阿卦、曰黑胯、曰阿戈、曰龙耳、曰龙夜、曰遮勒、曰化那、曰底飞、曰祖尔架、曰陇胯、曰以马、曰阿世卧、曰丙列、曰约虎、曰阿底、曰糯腻、曰密受、曰者代、曰郎白、曰巴架、曰阿乌迷、曰阿筒、曰扒瓦、曰阿坦、曰巴底、曰者社、曰阔波、曰纳额、曰归集、曰内露。今皆徒袭虚名而已”。今据黄宅中《水西安氏本末》和《大定县志·夷书十二则》，知阿戈、龙尔、龙夜、底飞、化那、遮勒住在“水外”，称为“水外六目”，其余四十二目均在“水内”。

至于一百二十祃裔、一千二百夜所，应是十二宗亲、四十八部之下的基层组织，它们既是家族单位，又是军事、行政单位，其数不必拘泥于一百二十或一千二百，可能是言其分支甚众，也可能是故意张大其词，无文可征，难以确定。

“家支”有大有小，血缘有亲有疏，各“家支”大小头目的地位当然不会一样，所以，头目的名号也不相同，《大定县志·土官制》说：“大部曰穆汨，次曰妈裔，次曰奕续，通称为峨。”《黔西州续志》说：“我，译言贵胄。”，这就是说，凡是具有安氏血统的人都统称为“峨”（或我），表明他们是贵族的后裔，但因地位不同而有穆灌、祃裔、奕续等表明其身份高低的名号，前者是血统的标志，后者是地位的标志，两相结合，体现出宗法关系。

嫡长子继承制是“家支”制度的经脉，元人李京《云南志略》说：“正妻曰耐德，非耐德所生不得继父之位。若耐德无子，或有未及娶而死者，则为娶妻，诸人皆得为乱，有所生则为已死之男女。如酋长无确，则立妻女为酋长。”文中有三点值得注意：其一是“非耐德所生不得继父之位，显然有嫡、庶之别”，其二是长房不能后继无人，以防失去中心而使

“家支”溃散，其三是允许“立妻女为酋长，防止宗权旁落”。嫡长子继承制一经确立，自然有嫡、庶之分，长、幼之别，如穆濯死，嫡长子继承穆濯之位，诸子立为祃裔；祃裔死，嫡长子继承祃裔之位，诸子立为奕续，如此等等。时间越长，分支愈多，久而久之，形成了一种树枝状结构，从分支上体现出相互之间的隶属关系。由宣慰家分出来的十二宗亲皆奉宣慰家为“大宗”，由宗亲分出的各穆濯（土目）又奉宗亲为“大宗”，如此等等，总之，嫡长子为“大宗”，其余诸子为“小宗”，在此为“小宗”，在彼则为“大宗”，“大宗”“小宗”相互连结，构成一个严密的宗法系统。《蛮书》云：大部落有大鬼主，百家则有小鬼主”，其实，所谓“鬼主”，无非就是“宗主”《续黔西州志》对此做了正确的解释。按彝族的习惯法，嫡长子不但继承祖业，而且还承袭祖先“灵筒”的祀奉，故特称长房为“以孟”或“艺补汝”，意即承继祖先祭祀，非长房不能作“正祭者”，于是，长房便成为“鬼主”，层层上推，则有所谓“大鬼主”。宣慰是阿者家唯一的“大宗”，自然是最大的“鬼主”，彝语称之为“蔺”，但他又是当地政权的最高首脑，彝语称之为“苴穆”（意即君长或长老），在这里，政权和族权是统一的，所以，“阿者蔺”即“阿者苴穆”，也即是宣慰使。

“家支”制度虽然起源于父系氏族，但在进入阶级社会以后，却因为共同的民族利益、阶级利益、家族利益而获得巩固和发展，它在民族斗争中是团结全民族的一条纽带，在阶级斗争中是维护阶级利益的精神支柱和力量源泉，在处理家支关系时则是平衡各部分的一根杠杆。祖先是团结亲族的一面旗帜，“宗主”则是举旗的旗手，有了旗帜和旗手，才不致群龙无首，各自为政。阿者家（即水西安氏）在“水西”建立政权以后，族权与政权合而为一，因此，伴随着“家支”的分化、扩散，必然要走上土目分治的道路，各“家支”分地而治，以宗法关系互相结合，犹如周代的分封制度。

二

为了确保安氏一姓在“水西”的统治，按照宗法关系分割土地，每一宗亲自占一片土地，形成一个统治区域，这个区域便是所谓“则溪”。“则溪”，又作“宅溪”或“宅吉”，它是彝语的音译汉字，原意是仓库，因为宣慰及十二宗亲各领一片土地，每片的中心地点都需要驻兵屯粮，设立仓库以征钱、粮，因此，十三个片区就有十三个大仓库，每个仓库在一定的区域内征收赋税，由此便演变为十三个行政区，并以“则溪”作为这一级行政区的代名词，形成了十三个“则溪”。各宗亲将本“则溪”的土地分给自己的亲属，遂构成四十八目，而四十八目又按照同样的原则分配土地，致有百二十祃裔、千二百夜所，这种统治方法，谓之土目分治。十三“则溪”、四十八目及祃裔、夜所皆是行政单位，《读史方舆纪要》卷一百二十说：“记云：夷人所据，或菁名、或洞名，皆因险筑垒，如内地之城郭，而所属之地界，多谓之则溪，如内地之乡邑，其号为则溪者十有一，而箐洞之属以累百计，未易悉数也。”《纪要》对“则溪”的解释是正确的，“因险筑垒”，即前面所说的驻兵屯粮，“所属之地界，多谓之则溪，如内地之乡邑”也就是行政区划。

关于“则溪”制度，彝、汉文献均有记载。彝文《水西制度》是一本记录“则溪”制度的专书，书中详载了各“则溪”的名称、官员以及婚丧大事、做斋追荐应缴纳的贡品数目，具体而微，当是“则溪”制度盛行时期的原始记录，是研究“则溪”制度的第一手资料，本文多以此为据。在汉文资料中，虽没有系统、完整的记载，但每每有涉及“则溪”的只言片语散见于各书，寻其蛛丝马迹，亦可证实“则溪”制度确实存在。（弘治）《贵州图经新志》及（嘉靖）《贵州通志》有云：“永安寺，在治城北二里宅溪宣慰司衙前”，可见，宣慰司驻地为“产则溪”。《嘉靖志》卷四记载了贵州宣慰司所纳秋粮数额，其中，“远地宅溪头目阿高下七十九石八斗，远地宅溪把事阿沙下一百一十石”，可见，“则溪”是征收赋税的单位。郭子章《黔记》卷四说：“镇宁州西抵水西化处宅溪界四十里”“水西”有“则溪”之设无疑。《明实录·天启实录》载，天启三年二月甲戌，“将官刘超等率选士兵、镇筸兵拼死冲杀，从龙里经省城，斩逐罗贼，占据宅溪。”又，天启七年己丑，云南征江府举人杨兴南奏：……臣又不得已，自级厅上，贼缚之而去，至火掌宅溪”。刘锡玄《黔牍偶存·叛逆缘起》载，“十五日则凌晨出牛路口截盗粮，及午收兵会食，锡玄复督诸将卒出不意，开北门路宅溪而还。”“则溪”确实存在，故至今黔西北各地仍有“则溪”“宅溪”“宅吉”之类地名。

“水西”有多少“则溪”呢?《大定府志》言有十二“则溪”，今据彝、汉文资料考察，当有十三则溪。彝文《水西制度》第十二章载“水西”的十三“则溪”为戛勒、安戛、胧胯、的独、朵宜、迁底、六慕、惹卧、以著、化戈、苏底、慕胯、火著。今按彝文《西南彝志·六祖的起源》，明末崇祯年间削“水外六目”，取消了迁底、六慕两“则溪”，尚余十一“则溪”，此数与清初记载吻合。《清实录·圣祖实录》载“水西”改流时有胧胯、的都、朵你、阿架、法戈、木胯、架勒、以著、则窝、雄所十一“则溪”。至于“则溪”的名称，除个别有出入外，大都是出于同一彝语的几种音译异字，例如:“的都”与“的独”“朵你”与“朵宜”“阿架”与“安架”“安戛”“法戈”与“化戈”“火著”与“火掌”“木胯”与“慕胯”“架勒”与“戛勒”“则窝”与“惹卧”“六慕”与“洛蒙”“洛慕”“迁底”与“远地”“于底”“胧胯”“以著”之名无异译;唯《水西制度》中只言“底苏”而不言“雄所”,《清实录》只言“雄所”而无“底苏”，是否一地两名，待考。

十三“则溪”如何分布呢?《清实录·圣祖实录》载:“康熙四年五月二十七日，吏部议复平西王吴三桂平定水西请设流官一疏。水西地有十一则溪，应设三府:将胧胯、的都、阿架、朵你四则溪设为一府，建府治于比喇（按:比喇又作毗那，后改平远，即今织金）;将法戈、火著、木胯、架勒四则溪设为一府，建府治于大方;将以著、则窝、雄所三则溪设为一府，建府治于水西城（按:水西城即今黔西城）。”今查《大定府志》，得知各“则溪”的具体分布。大定府亲辖八里，法戈则溪改为悦服里和乐贡里，架勒则溪改为永顺里和常平里，木胯则溪改为仁育里和义渐里，火著则溪改为大有里和嘉禾里。黔西府辖八里:则窝则溪改为黔兴里、崇善里、安德里、西城里，雄所则溪改为敦义里和永丰里，以著则溪改为新化里和新民里。平远府辖九里:胧胯则溪改为向化里、怀忠里和兴文里，朵你则溪改为慕思里和太平里，的都则溪改为敦仁里和崇信里，阿架则溪改为时丰里和岁秽里。雍正十年，割大定府所辖永顺、常平两里及平远府所辖崇信、时丰、多秽三里置水城厅。民国三十年，析大定县西南境即原大有、嘉禾两里，置纳雍县。同年，又析黔西县东北境，即敦义、永丰两里，置金沙县。由此可知，木胯则溪在今大方县西北境，法戈则溪、火著则溪在今纳雍县境，架勒则溪在今水城特区北境，阿架则溪在今水城特区南境，的都则溪在今水城特区、六枝特区毗连地区，胧胯则溪在今织金县东境，朵你则溪在今织金县西境，则窝则溪在今黔西县西北境，以著则溪在今黔西县东境，雄所则溪在今金沙县南境。至于洛慕（六慕）、迂底（于底）两则溪，当是明崇祯三年所削之"水外六目之地"，其地置敷勇卫和镇西卫，清康熙二十六年改并两卫入县，改敷勇卫为修文县，省镇西卫入清镇县、平坝县及普定县，后又由修文县分出息烽县，故洛慕、迂底两则溪应在今息烽、修文县及清镇、平坝、普定三县北境。

"则溪"有哪些职能呢？一是兵马所出，二是钱粮所出，即掌军事和征赋税，为了执行这两项任务，每个"则溪"都设有管兵官兼管粮官，《水西制度》记载了各仓库（即则溪）派有管兵马、仓库负责人。并说："这是十三个仓库的管仓库与兵马的十三位慕濯啊！"可见，"则溪"之设，主要是为了统兵、征粮。

"则溪"的基本特征是军事组织和行政组织合而为一。在这里，"则溪"既管军事又管民政，官有两重身份、两种职责，民也有两重身份、两种义务，《大定县志·土官制》说："每一则溪置一穆濯为祃写，而以一穆魁镇之。则溪之下，又置祃裔、奕续以领散地，咸称祃初。其冲要处，或置二三祃写，而以一吏直统之。苗撩寨大丁强亦为祃写、祃初，自统其兵而隶于穆濯之为祃写者。"穆濯、祃裔、奕续既是地方行政长官，同时又兼任祃写、祃初等军事职务，他们上马管军，下马管民，一人任兼两任。"则溪"之内的人民，既是农民又是土兵，既要当兵又要纳粮，《明实录·天启实录》说："天启五年十月丁亥，贵州巡抚傅宗龙条上屯守方略，其略说曰：……按安酋土地，小半在水外，其盘踞水外为我肘腋之患者，龙、仲、蔡杂种也。平时则输之粟，有急则助之兵。"《明实录·崇祯实录》说："崇祯元年二月甲辰，四川监军参议曹大爱言：……安氏寓兵于农，季春仲夏，民皆趋困，驱之即戎必不能悉众而来，此以实乘虚，天时之不可失也。……"事情非常清楚，"寓兵于农"表明了人民的两重身份，"平时则输之粟有急则助之兵"说明他们有两种负担、两种义务。

"则溪"制度的实质是什么呢？有人曾认为它是奴隶社会的上层建筑，其实非也，"则溪"制度的基础是封建领主经济，因为，"则溪"内的主要居民既要当兵又要纳粮，何曾像是奴隶？奴隶是无权当兵的，他们也无粮可纳，恰好相反，在封建领主制度下，因土地和人民都属于封建领主所有，人民必须当兵、纳粮。“则溪”制度是否可能是地主经济阶段的产物呢？当然不是，因为在地主经济的情况下，土地可以自由买卖，人口可以自由流动，地主与佃户之间存在着租佃契约关系，可是，根据许多资料证明，“水西”地区直到明末清初才有土地买卖和租佃关系发生，这已经是“则溪”制度行将崩溃的时期了。

三

明代“水西”地区有一套独特的、完整的土官制度，谓之“九扯九纵”，明代的汉文资料中已提及“九扯九纵”，《万历实录》卷四八三说：“(水西）四十八目，千五百火头，九扯九纵诸党”，朱燮元《督蜀疏草·水西夷汉各目投诚事宜疏》说：“崇祯三年，差九扯头目前来求亲”。何谓“九扯九纵”呢？明代史书语焉不详，清代“改土归流”以后，人们对此稍有了解，并根据采访资料做进一步的解释。(乾隆)《贵州通志》云：“其等有九，曰九扯。最贵曰更苴，……次则慕魁、勺魁以至黑乍皆有职守。”谢圣纶《滇黔志略》、檀萃《说蛮》、贝荞青《苗俗记》从其说。(道光)《大定府志·水西安氏本末》云：“其官有九扯九纵之目。九扯者，自上而下之等级，犹中国之九品。九纵者，分司掌事，犹中国之九卿，九纵之目不可得详，九扯则更苴、木魁、摧魁、补木、器脉、备所、祃色、貂拔、黑乍是也。”显然，“九扯”是指土官的九个等级，“九纵”是指土官的九种职守。

“九扯”是指哪九个等级呢？《大定府志》谓更宜、木魁、濯魁、补木、器脉、备所、祃色、貂拔、黑乍，是则，上述九种名称当是九个等级的名号，然而，深究此说来由，却又令人生疑。《大定府志》所据系谢绾《新辟水西纪略》。谢绾，平远州人，康熙二十六年中丁卯科武举，所撰《新辟水西纪略》一文云：“……分理则有更宜、木魁、濯魁、补木、器脉、备所九扯九纵之名号，统率则有祃色、木拔、黑乍之类。”不难看出，《大定府志》是将《新辟水西纪略》中所列举的“分理者”六和“统率”

者三相加而成，其中，将“更沮”改作“更宜”，“木拔”改为“拓拔”，同音异字，别无新奇。但是，从《新辟水西纪略》的文气来看，“分理者”似指政权机构中的各种执事官，而“统率”似指军职人员，两者各有体系，并非自上而下之九个等级，而且，“分理者”与“统率者”的官名并没有一一举出，只列举了其中的一部分，因此，《乾隆志》对此含混其词，只言“最贵曰更苴，次则慕魁（即木魁）、勺魁（即濯魁）以至黑乍，皆有职守”云云。由此可见，所谓“九扯”并不是更宜、木魁、摧魁、补木、器脉、备所、祃色、貂拔、黑乍这九个等级，当有别的意思。至于“九纵”，《乾隆志》避而不谈，而《大定府志》则言“九纵之目不可得详”。

（光绪）《黔西州续志》据彝书《土目姓氏仪理论》对“九扯九纵”作了如下补充：“当各君一部之时，称君长为苴穆。……其下执事之人，位分四等；曰阿牧、曰披土、曰园约、曰机那。事分九秩：曰更苴、曰穆魁（即木魁）、曰濯魁，三者，师保也，总为一秩。曰诚慕，掌宗祠之祭祀，修世系之谱牒；曰白慕，掌丧葬之斋醅，为一秩。均坐而议者也，位阿牧。曰诺唯、曰祃葩、言执事左右也；司文书曰慕史，掌历代之阀阅，宣歌颂之乐章，为一秩。曰祃写、曰祃初，犹连帅卒正也，司武事；曰弄余，掌礼仪而专司家务；曰崇闲弘掌夫役以督农耕，为一秩。皆作而行者也，位披土。其次曰濯苴、曰拜苏、曰拜项、司阁事，曰黑乍、曰扯墨，司牲者，为一秩。曰项目，司器物者，曰弄都，司礼物者；曰初贤，司环卫者，为一秩。皆奔走服劳，位园约。此外，一切服役之人为一秩。秩，译言司也，室也，为九室以居之，各司其事。……明史所谓夷官有九扯九纵之目，郡志谓九扯，转译讹也。”（民国）《大定县志》又采彝书数种，作《土官制》一篇，内容与《黔西州续志》大同小异。根据以上资料，我认为“九扯九纵”是同一事物的两个方面：以职能而论，分设九个办事机构，“为九室以居之”；以等级而论，自上而下以相统属，列为九个品级，两相结合，即所谓“九扯九纵”。如果把“九扯”与“九纵”割裂开来强作解释，势必牵强附会，削足适履，结果反而自相矛盾，无法自圆其说，时而谓“九扯”即“九室”，时而又谓“九扯”即“九品”，似是而非，模棱两可，越说越糊涂。

“水西”的最高统治者称为“苴穆”，是最高一级。总理行政的长官为

"更苴"，是第二个品级。"穆魁""濯魁"辅佐"更苴"，参与军机大事，是第三品级。"诚慕"掌祭祀，"白慕"掌丧葬，在彝族社会中祭祀和丧葬皆是大事，地位自然较高，列为第四品级。"诺唯""祃葩""慕史"，皆是"苴穆"的近臣，列为第五品级。"祃初""祃写""弄余""崇闲"分掌军事、礼仪、农耕，皆独当一面之官，列为第六品级。"濯苴""拜苏""拜项""黑乍""扯墨"列为第七品级。"项目""弄都"，"初贤"等列为第八品级。一切服役之人为第九品级。在这里。职务与品级是统一的，担任一定的职务就有一定的品级，"扯"乃"秩"的音转，它系由汉语移入，有"官秩"的意思，如某官秩正三品、从三品之类。

"九扯九纵"的形成，一方面固然与彝族自身的等级制度有关，另一方面又深受汉族官制的影响。明代的土司政策，是要通过"教化"，使土司"向化中原"，接受封建文化，《明实录·洪武实录》载："洪武十五年十一月甲戌……上谕之曰：……当谕诸酋长，凡有子弟皆令入国学受业，使知君臣父子之道，礼乐教化之事，他日学成而归，可以变其土俗同于中国，岂不美哉"在封建文化的熏陶下，安氏土司迅速汉化，弘治十二年六月壬子，巡抚贵州都御史钱钺奏："贵州土官渐被圣化百三十余年，污俗已变，但应袭子孙未知响学，请令宣慰、安抚等官应袭子孙年十六以上者，俱送宣慰司学充增广生员，使之读书习礼。有愿举业者比军职，子孙补旗充贡出身，至袭职之时，免委官保勘，止取亲管并学官结状。其不由儒学读书习礼者，不听保袭，庶可以变夷俗之陋，杜争夺之源。"在这种政策下，土官子弟自幼入学，久而久之，渐变其俗，周洪漠《安氏家传序》说："(安)观，……凡居室、器物、衣服、饮食、婚姻、丧葬、取众待宾、攘灾捍患之事，颇依华夏之礼"，"九扯九纵"正是在"用夏变夷之功日见其甚"的历史条件下日益成熟的。

综上所述，明代"水西"的政治制度，是耸立在封建领主经济之上的上层建筑，它虽然具有一般土司制度的共性，但又具有其个性，有其特殊之点，这个特点就是"家支"制度、"则溪"制度与"九扯九纵"三者有机地结合。

本文发表于《贵州文史丛刊》1984 年第 3 期

罗殿国非罗氏鬼国辨

史继忠

翻开贵州的方志，几乎毫无例外地，开宗明义第一篇就有“贵州，古罗施鬼国，自蜀汉济火从诸葛亮讨孟获有功，封罗殿国王……”之类的话语，足见，罗殿国、罗施鬼国在贵州史上有何等重要的地位。

尽管现在贵州的彝族人口并不算多，据1974年统计，只有47万多人，可是，在长达千余年漫长的历史时期内，贵阳以西的绝大部分地区都是彝族活动的区域，并且，在历史上还建立了有相当势力的罗殿国和罗氏鬼国，贵州的彝族与滇东北、川西南彝族各部有着千丝万缕的内在联系，他们家支相连，亲戚相依，每有战事，往往一呼百应，掀起轩然大波，对西南政局有举足轻重的巨大作用。另外，贵州彝族地区多产好马，宋代时，罗殿、毗那（其地在今贵州织金等地，应是罗氏鬼国的一部分）等都常到广西横山寨（今广西田州境）及宜州（今广西宜山）等处进行马的博易，起到了促进内地与西南边疆各族人民经济、文化交流的积极作用。因此，对罗殿国、罗氏鬼国的研究，是贵州史、彝族史乃至西南民族史上的重大课题之一。

关于罗殿国的记载，最早见于《新唐书·南蛮传》，但明清以来的贵州方志都说始于三国时期的济火，谁是谁非，由于史料不足，一时还难以得出结论。对这个问题，我认为应持谨慎态度，不可轻易地肯定其有，也不可轻易地断定其无，把疑点提出来，让后人进一步去做研究，所以，对唐代以前是否有罗殿国一事，姑且搁下不谈。要讨论的问题是：罗殿国是不是罗氏鬼国？换句话说，罗殿国和罗氏鬼国是一个政权还是两个政权？照我的看法，罗殿国不是罗氏鬼国，它们是两个既有联系而又有区别的政权。

一、关于罗殿国和罗氏鬼国名称的解释

“罗殿”，又作“罗甸”。盖“殿”与“甸”是同音汉字，用汉字记彝音、表彝意，写作“殿”或“甸”都是可以的。又“殿”或“甸”与古书中使用的“赕”或“贻”等字音同而义通，都与彝语有关。按彝语“罗”是彝族中一部分人的自称，贵州的彝族大部分自称为“罗苏”，即古书上所谓“卢鹿”“倮倮”或“罗罗”。“殿”或者“甸”“赕”“贻”等字，可作两种解释，一种认为，氐羌语系的民族称“坝子”（即山间平地）或“地方”为“甸”；另一种认为，“甸”是政区单位的名称。樊绰《云南志》说：“赕者，州之名号也。”《新唐书·南诏传》说：“夷语赕若州”；两种说法虽然有所差别，但基本含义是相同的，因为一般政区的治所多建于平坝地方，所以“坝子”与“政区”两个概念也就往往连在一起，彝族地区的许多地名常常都有“甸”字，例如：贵州威宁古称“巴的甸”，今云南彝族地区也还保留着许多带“甸”字的地名，如寻甸、鲁甸、中甸等皆是。因此，所谓“罗殿国”，完全可以理解成“罗苏建立的政权”，或者是“罗苏占有的地方”，显然，“罗殿国”之名是汉人根据彝语而给予的他称，彝族自己则称为“播勒大革”，意即播勒部大宗。

同样，“罗氏鬼国”之名，也是汉人对贵州另一个彝族政权的一种不确切的称谓。“鬼国”之名，来源于乌蛮尚鬼之说，《新唐书·两爨传》说：“乌蛮与南诏世婚姻，……俗尚鬼，……大部落有大鬼主，百家则置小鬼主。”乌蛮乃是彝族先民，因其尚鬼，并有“鬼主”之设，所以，古书中常称乌蛮为“鬼蛮”，有时也称之为“罗鬼”，并称其地为“鬼方”，称其政权为“鬼国”，犹如人们称佛教之邦为“佛方”“佛国”一样，贵州之所以在明清以后会有“鬼方”之称，依我之见，恐怕与彝族在贵州势力强盛很有关系，这个“鬼方”，决不能与殷周时期的“鬼方”相提并论，混为一谈。“鬼国”一词，在某些文献记录中只是一种泛称，可是，“罗氏鬼国”一词，则是古人对贵州西北部彝族建立的另一个政权的专称，这里的“罗”，就是前面所说的“罗苏”，古人不做深究，误以为彝人姓“罗”，所以，称他们建立的政权为“罗氏鬼国”。不过，还有一种解释值

得注意，有人认为，“罗氏鬼国”当是“鲁斯国”或“罗施国”，“鬼”字是别人外加的，而“鲁斯国”“罗施国”则是“罗苏国”的音变。以上两说都有一定道理，但为了避免因名称过多而产生歧义，本文姑且仍沿袭史书上常见的提法，一概写作“罗氏鬼国”。“罗氏鬼国”也是他称，在彝族内部称为“阿者阐”，意即阿者部大宗。

值得特别注意的是，“罗殿国”和“罗氏鬼国”是很容易相混的，因为：第一，它们都是彝族建立的政权，不仅民族相同，而且地域相邻，犬牙交错，息息相关；第二，按彝族的家支关系和父子连名的习俗，追根溯源，两个政权统治者的先祖都可上溯到六祖之父笃慕俄，乃至其始祖希母遮，两者既然同宗共祖，家支关系又错综复杂，盘根错节，在记录粗略的情况下，自然就会有许多纠缠不清的现象发生；第三、古书上常将“罗氏鬼国”简写作“罗氏”或“罗鬼”，而“罗氏”或“罗鬼”，又往往是对彝族的泛称，“罗殿国”也是彝族建立的政权，所以，有些史书也把它称为“罗氏”或“罗鬼”，这样一来，有关罗殿国和罗氏鬼国的记载也就显得格外混乱了。因此，要解开罗殿国和罗氏鬼国之谜，必须弄清它们的历史发展、家支关系和地理位置。

二、文献中有关罗殿国和罗氏鬼国史实的分辨

鉴于人们容易把罗殿国和罗氏鬼国的名称相混，所以，在记录史实和编纂史书时，也就难免要把许多史实弄错，这种例子，在元人的著述中往往有之，例如：《经世大典·招捕总录·八番顺元》说：“罗氏又名罗殿”，如果单从字面上看，把“罗氏”理解为“罗氏鬼国”的简称，那么，罗氏鬼国也就是罗殿国了；又如：《招捕总录·八番顺元》中还有这样一段；“至元十五年，罗殿国主罗阿察、河中府方番主韦昌盛皆纳土来降。”而《元史·世宗本纪》又说：“至元十五年闰十一月庚戌，罗氏鬼主阿榨，西南番主韦昌盛并内附。”比较这两条资料，时间都在至元十五年，“河中府方番主”虽与“西南番主”的称法不同，但都同是“韦昌盛”，如果认为“阿察”是“阿榨”的音变，那么“罗殿国主”也就是“罗氏鬼国主”了，换言之，罗殿国即罗氏鬼国：再如：《元混一方舆胜览·普安路》说：

“蛮名如是部，即罗氏鬼国，初附后立总管府，领蛮夷诸甸，近又分立镇宁、永宁、习安三州。”同书普定路又说：“蛮名普栗部（按：即普里部），又谓之罗殿国。领镇宁、永宁、习安三州。”若只凭书本，普定路和普安路皆领镇宁、永宁、习安三州，一称罗氏鬼国，一称罗殿国，岂不是罗氏鬼国即罗殿国吗？然而，从事实上看，两者不仅地望不合，而且一为如是部，一为普栗部，根本不在同一政区，记载有误，已是昭然若揭。到了明清两代，罗殿国和罗氏鬼国已不复存在，所以，误甲为乙，误乙为甲的事更是屡见不鲜了。

以上所举的三个例子说明，如果不充分掌握史料，只凭只言片语分析推断，就很可能把罗殿国说成罗氏鬼国，但是，如果全面地运用史料进行分析，那么，罗殿国与罗氏鬼国自来就是两个不同的政权。首先，《新唐书·南蛮传》说：“开成元年，鬼主阿佩内属。会昌中，封其别帅为罗殿王，世袭爵。后又封其别帅为滇王。”“滇王”之事，至今不明，这里权且按下不谈，仅就罗殿王而论，当时的“鬼主”是“阿佩”，而罗殿王则为“别帅”，并非“阿佩”即罗殿王，也并非“鬼主”即罗殿王，而是说，在罗殿之外，还有另一政权存在。其次，《旧五代史》卷三十八说：“天成二年八月乙酉，昆明大鬼主罗殿王、普露静王九部落各差使随牂牁、清州八郡刺史宋朝化等一百五十三人来朝，进方物，各赐官诰、缯綵、银器，放还番。”《新五代史》卷七十四说：“昆明在黔州西南三千里外，……天成二年尝一至，其首领号大鬼主，罗殿王、普露静王九部落各遣使来。”这两条资料，字句有所不同，在《新五代史》中“其首领号大鬼主”是指其政治制度，而“罗殿王、普露静王九部落各遣使来”则是叙述另外一件事，但在《旧五代史》中，似乎“昆明大鬼主”即“罗殿王”，当然，对这段文字可以有两种不同的理解，若把“昆明大鬼主”作为“罗殿王”的定语，那么，“罗殿王”即“昆明大鬼主”；反之，若把“昆明大鬼主”作为“罗殿王”“普露静王”的并列语，那么，“昆明大鬼主”“罗殿王”“普露静王”皆各为一部，可是，无论怎样理解，有一点是不容争辩的，那就是说，《旧五代史》和《新五代史》都同时指出，当时彝族所建的政权不止一个，而是“九部落”，罗殿国只是其中之一。再其次，宋代史籍中，既有罗殿国，又有罗氏鬼国，可是，罗殿国的主要事迹是卖马，而罗氏鬼国的主要事迹是与思、播相联，共抗元军。再看以上所引《招捕总录·八番顺元》的几条材料，在原文中尚有这样一段话："阿察初已纳款，后与鬼国结婚，鬼国言我未降，尔奈何先降，罗氏遂毁虎符以叛，罗氏又名罗殿。"又说："阿察遣阿榨、基麻二人至四川诸蛮夷部宣慰司，自言无反意。"从这些话中可以看出，"阿察"绝非"阿榨，"否则，"阿察遣阿榨"一语就无法解释；再说，"罗氏鬼国"也并非"罗殿"，否则，"后与鬼国结婚，鬼国言我未降，尔奈何先降，罗氏遂毁虎符以叛。"又怎样解释呢？综观历史，罗殿国与罗氏鬼国应是两个政权。唐代是如此，五代时是如此，宋代是如此，元代也是如此。

三、罗殿国与罗氏鬼国的地理考证

从地理位置上看，罗殿国和罗氏鬼国应是两个不同的政区，一南一北，各有分治。在进行考证之前，我们不妨先谈一谈方法。倘若考证的结果是，罗殿国的地域与罗氏鬼国的地域完全相同，即四至及中心点全同，那么，罗殿国即罗氏鬼国无疑了；倘若两者的地域部分重合，而中心点各异，那么，很可能有两种情况，一种是地界彼此交错，另一种是"以大包小"，前者无疑仍然是两个政权，后者则应是有隶属关系；倘若两者地域全然不同，各在一方，那么，罗殿国和罗氏鬼国各是一个政权也就不成问题了。

应当指出，贵州许多方志关于罗殿国和罗氏鬼国地域的记载是不准确的，这里有三种情况：一、府、州、县志大都各持一端，极力强调本府、州、县就是罗殿国或罗氏鬼国的中心所在，借以光彩地方；二、历代省志多半采取兼收并蓄的态度，不论青红皂白，大凡历史上曾经有彝族居住、活动过的地方一概纳入罗殿国或罗氏鬼国的范围；三、更有少数方志的修纂者，望文生义，牵强附会，只要见到有沾上"罗"字或"甸"字的地方，就武断地认定是罗殿国或罗氏鬼国的中心，例如：定贞丰罗蕃甲、册亨罗王亭以及罗甸县为罗殿国的中心等。这三种情况虽然分歧很大，但都存在一个共同的毛病，就是分不清罗殿国和罗氏鬼国的区别，主观上认定罗殿国就是罗氏鬼国，由于缺乏实事求是的科学态度，所以，往往把罗殿国或罗氏鬼国的地域说得或大或小，或此或彼，始终没有定论，为此，我们有必要按照历史事实，对罗殿国和罗氏鬼国的地域进行重新考订。

罗殿国之名，虽然最早见于唐代，但《唐书》中并没有关于罗殿国地理位置的记载，《太平寰宇记》卷一百二十却给我们提供了一条重要线索，它说："南宁州，本清溪镇，唐末置，在黔州西南二十九日行。从南宁州至罗甸王部落八日行，与云南接界"。《太平寰宇记》成书于北宋初太平兴国年间，资料来源于唐代典籍，唐末所置南宁州治味县，即今云南曲靖，由此看来，唐代的罗殿国应在曲靖以东约八天路程的地方，其地与云南接壤，不用说在今贵州西部。

北宋时期，有关罗殿国的记载极其罕见。到了南宋，由于买马的关系，罗殿国的事迹，史不绝书。《宋会要辑稿·买马》说："广西买发纲马，多是西南诸蕃，罗殿、自杞诸国"。《玉海·马政》说："今之买马，多出自罗殿、自杞诸蛮"。《宋史·兵志》说："（绍兴）三年，即邕州置司提举，市于罗殿、自杞、大理诸蛮。"现在，我们根据南宋文献中所记的买马路线，便可大致推测出罗殿国的地理位置。周去非《岭外代答·通道外夷》说："中国通道南蛮必由邕州横山寨。……若欲至罗殿国，亦向横山寨如初行至七源州（按：初行路程请参见拙著《自杞国初探》一文。七源州距泗城州一程）分道，一程至马乐县，一程至思化县，一程至罗东州，一程至顺唐府，二程至罗殿国，凡十九程。"同书《宜州兼广西路兵马都监》说："宜之西境有南丹、安化，三州一镇；又有抚水五峒、龙河、茅滩、荔波等蛮及陆家寨：其外有龙、罗、石、方、张五姓，谓之浅蛮；又有西南韦番及苏绮、罗坐、夜回、计利、流求，谓之生蛮；其外罗殿、毗那大蛮，皆有径路直抵宜州。"又同书《宜州买马》说："罗殿甚迩于邕，自杞实隔远焉。自杞之人强悍，岁常以马假道于罗殿而来，罗殿难之，故数至争然。"绍兴三十一年，自杞与罗殿有争，乃由南丹径驱马直抵宜州城下。李心传《建炎以来朝野杂记·广马》说："南诏，大理国也，去自杞国可二十程，……罗殿又远于自杞十程。"以上各条资料可以看出，当时通往罗殿的道路有三：一、如果从邕州横山寨出发，在七源州分道，西北行十日便可到达自杞（今贵州兴义黄草坝），北走九日则可到达罗殿，这就是说，由七源州（今广西凌云附近）分道，西北行达于自杞，北行则达于罗殿，则罗殿在自杞之东；二、如果从宜州出发，西北行，先经黔、桂交界处的抚水、茅滩、荔波等地，再经惠水一带的龙、石、罗、方、张五姓蕃及韦蕃，然后过今广顺一带的苏绮、罗坐、计利、流求而达罗殿，过了罗殿便达毗那；三、如果从大理（今云南大理）出发，东行二十日可达自杞，再由自杞东行十日便达罗殿，经过罗殿国境则有路通往宜州。三条路线结合起来看，罗殿国当在大理、自杞之东，西南五姓蕃之西北，毗那之南，也就是说，罗殿国抵云南，西南靠兴义，南邻惠水，北靠织金、水城，显而易见，罗殿国应在今安顺地区。

宋元之际，元兵从大理东出，先占自杞，随后进兵罗殿，进而谋取广西，此事在南宋末年李曾伯《可斋杂藁后卷》中多有记述，该书卷七《贴黄》说：“臣近得邕州报，溪洞路城州申，敌修路至都泥江。按地图，此江自大理、自杞、罗殿而出。”卷九《奏边事及催调军马》说：“又据总管谢济状申，昨差间谍探人田进探边，据回归前去路城等州间探，敌寇兴兵打罗殿了，要分一路出莫大王路”。卷九《奏边事已动》说：“又云敌主已差耿低、阿周领兵罗殿，要攻鼠郎沙。”文中提到有关罗殿的三个地名，一是都泥江，二是莫大王，三是鼠郎沙，今考都泥江即红水河及其支流蒙江（在今惠水境），莫大王即广西南丹（按：《岭外代答·并边》说：“南丹者，所谓莫大王者也。”）鼠郎沙在今普安县境（按：《黔南识略》谓普安路有鼠场十二营，故疑即鼠郎沙），由此观之，罗殿国在蒙江流域，地近盘县、普安、又有路通往广西南丹，此记载与宋代基本相同。

至元十五年，罗殿归附于元，立罗甸安抚司及八番罗甸宣慰司，后改为普定府，大德七年改为普定路。《招捕总录·八番顺元》说：“至元十五年，罗殿国主罗阿察，河中府方番主韦昌盛皆纳土来降。……朝廷立八番宣慰使司官赴镇。”《元史·世祖本纪》说：“至元二十六年八月癸酉，以八番罗甸宣慰司隶四川省。……冬十月乙卯，以八番罗甸隶湖广省。”又“至元二十八年辛巳，以湖广省八番罗殿司隶四川省。”又至元二十九年正月丙申，云南行中书省言：“罗甸宣慰，安抚司隶湖广不便，乞罢之，仍以其地隶云南省“。制曰：“可。”又至元二十九年三月，中书省臣言：“亦溪不薛及八番罗甸既各设宣慰司，又复立元帅府，其地甚狭而官府多，宜合二司帅府为一。诏从之……罗甸还隶云南，以八番罗甸宣慰使斡罗思等并为八番顺元等处宣慰使都元帅，佩虎符。”又“大德七年十一月庚子，改普定府为路，隶曲靖宣慰司，以故知府容苴妻适姑为总管，佩虎符。”《元混一方舆胜览·普定府沿革》说：“蛮名普栗部，又谓之罗甸国。”《元史·地理志》说：“普定路，本普里部，归附后改普定府。”注曰：“今云南行省言：‘罗甸即普里也，归附后改普定府，印信俱存‘。”明《寰宇通志·普定卫》说：“按《方舆胜览》，蛮名普栗部，号罗甸国。历代叛服不常，元初置普定路军民总管府，隶云南行省，大德间分隶湖广行省。我之所以不厌其烦地罗列了许多资料，目的是要使人们从大量史料中看出如下几点：一、元代时，罗殿国为云南、四川、湖广三行省势力所及，隶属关系时有变化，但是，大多属云南省，其位置应当是在贵州中部偏西；二、罗殿与八番地界紧连，故同以八番罗甸宣慰司统之；三、罗殿地近顺元路（今贵阳地区），所以，才会“以八番罗甸宣慰使斡罗思等亦为八番顺元等处宣慰使都元帅”。四、罗殿与曲靖相去不远，故大德七年以后改隶曲靖宣慰司；五，罗殿国即普里部，归附后改普定府，后又改为普定路。

元代在罗殿曾设驿站，为湖广通往云南的驿道所经，《经世大典·站赤》说：“至元二十七年四月，四川行省备右丞耶律秃满答儿言：已尝令把总孟皋直抵云南、湖广两省立站地界相视，得普安路迤东罗甸、贵州、葛龙、俱系归附蛮夷，隶四川管下，可立四站，接湖广所辖新添地面安立一站，至黄平、镇远、通辰、沅、靖州常行站道，以达江陵路。”文中所说，罗甸在普安与贵州之间，即在今盘县、普安与贵阳之间，显然，即上面所说的普定路。

元代的普定路，据《元混一方舆胜览》所载，领有镇宁、永宁、习安三州，《大明一统志》载有安顺、永宁、镇宁、习安四州，（弘治）《贵州图经新志》及（嘉靖）《贵州通志》记载亦同，今查《明实录·洪武实录》，知原为三州，后增安顺一州，由习安州分出。明洪武十五年闰二月，改普定路为普定府，仍领永宁、镇宁、习安及安顺四州，寻省习安州入安顺州，又于三州之西设安南、安庄、普安三卫，并置慕役长官司隶于永宁州，十二营、康佐二长官司隶于镇宁州，宁谷、西堡、顶营三长官同隶于安顺州。洪武十八年七月，废普定府，永宁等三州直隶于云南布政司。洪武二十五年八月，将三州改隶普定卫。正统三年八月，又将三州直隶于贵州布政司。万历三十年九月，升安顺州为安顺军民府，永宁、镇宁两州隶焉。清代省“军民”两字，改为安顺府。康熙十一年，改普定卫为普定县，省安庄卫入镇宁州。康熙二十六年，以安南卫地置安南县。雍正九年，以西堡长官司地及水西地置郎岱厅。雍正十年，以康佐长官司地置归化厅。民国三年，改安顺府为安顺县，普定仍为普定县，改镇宁州为镇宁县，归化厅为紫云县，永宁州为关岭县，郎岱厅为郎岱县（即今六枝特区），安南县为晴隆县。所以，罗殿国的地域，概括起来，即元代的普定路，明初的普定府，明代后期的安顺军民府，清代的安顺府大部分，包括今日贵州安顺、普定、镇宁、紫云、关岭、六枝、晴隆等县及清镇、平坝、普安的一部分。

罗殿国的都邑应在今安顺市附近，彝文资料称安顺为播勒，汉文资料皆认为罗殿国的都邑即元普定路军民总管府治所，后改为普定府和安顺府，“普定”之名则来源于平定“普里部。”

今以安顺地区的位置来验证史实：一、安顺距曲靖约二百公里，即四五百华里，古代日行约六十里，大致是八天路程，与“从南宁州至罗殿王部落八日行，与云南接界”相符；二、罗甸国在今安顺地区，宋代时当然是在大理国之东，自杞国之东北，西南五姓番之西北，毗那之南了；三、普安、盘县是由云南入安顺地区的咽喉重地，故由自杞入罗殿必经鼠郎沙；且安顺南行即达广西南丹，即古之莫大王；其南为惠水，长顺，正当都泥江上游；四、安顺与贵阳、惠水相近，故元代时罗殿常与顺元、八番连在一起；五、安顺在贵阳与盘县之间，也与元代的驿站情况相符，因此，罗殿国在今安顺地区是符合历史实际的。

下面，我们再来讨论罗氏鬼国的地域。

罗氏鬼国的事迹，主要见于宋元两代的文献记载。南宋末年，元兵大举入大理，罗氏鬼国首当其冲，极力向宋靠拢，而南宋也力图扶持罗氏鬼国以拒元军，于是，有关罗氏鬼国的记载层出不穷。《宋史·本纪》卷四十四说：“宝祐四年五月甲辰，罗氏鬼国遣报思、播言：‘大元兵屯大理国，取道西南，将大入边。’诏以银万两，使思、播结约罗鬼为援。”《续资治通鉴·宋纪》说：“宝祐四年五月甲辰，帝谕辅臣曰：‘秋防不远，宜事事为之备’董愧曰：‘罗鬼报思、播州，谓北兵留大理，招养蛮人为响导，此甚可忧’，帝曰‘彼不能支骎，驳及我矣！’乙巳，董愧曰：‘泸淑之上盐井，设险以待敌兵，此事不可吝费’，程元凤又曰：‘宜令播州以兵助罗鬼，制司以兵助播’。诏以银万两，使思、播约罗鬼为援。”李曾伯《可斋续藁后卷》卷三《边报事宜乞加备奏》说：“黎州申到，谓敌已破乌蒙，……敌人今在叙、宁相对，若其取蛮路，则吕告之下，过阿永蛮即罗氏，即播州界，由此而通思、播，通沅、靖。”归纳以上各条，元军入大理，一首先就触动罗氏鬼国，并危及播州，对于此事，宋王朝感到十分忧虑，认为“彼不能支骎，骎及我矣。”事关思、播、沅、靖得失，主张在泸州、盐井一带设防，又主张“宜令播州以兵助罗鬼”，最后，皇帝下令：“以银万两使思、播约罗鬼为援”。否则，“吕告之下，过阿永蛮即罗氏，即播州界。”（按：吕告、阿永蛮均在今四川叙永、古蔺一带。）从乌蒙（今云南昭通）而下，过了吕告、阿永便达罗氏鬼国，过了罗氏鬼国即达播州境界（今遵义地区）。由此看来，罗氏鬼国西邻大理，东连播州，北靠泸州地界，其地显然是在今黔西北地区了。

据《元史》记载，至元十六年（1279），罗氏鬼国降于元，十七年二月复叛，致使“思、播道路不通”；三月，诏云南、四川、湖广合兵三万讨之，三路并发，大军压境；六月，“遣吕告蛮部安抚使阿济同万户咨坤诏谕罗氏鬼国”，当是时，元将李德辉坐镇播州，“乃遣安珪驰驿止三路勿进，复遣张孝思谕鬼国趣降。”嗣后，罗氏鬼国主阿察亲赴播州纳款；至元十八年（1281）二月，“诏谕乌琐、纳空等毋扰罗氏鬼国”，但是，战争直到至元十九年（1282）八月，“忙古带征罗氏鬼国还”，才算最后平息。从这一战役的经过可知：一、罗氏鬼国战事兴起，直接影响思、播，致使“思、播道路不通”，而且，指挥作战的元军主将李德辉坐镇播州，足见，罗氏鬼国的地界与播州紧紧相连，二、乌琐即乌撒，在今贵州威宁，赫章及云南宣威一带，既然乌撒常扰罗氏鬼国，当然距罗氏鬼国不远；三、朝廷遣吕告蛮主招谕罗氏鬼国，其地必与罗氏鬼国相近；综合以上三点，可知罗氏鬼国在叙永之南，威宁之东，播州之西，至于它的南界，如前所说，至元十五年（1278）已立八番罗甸宣慰司。

罗氏鬼国于至元十九年（1281）灭亡，灭亡之后的设置，各书记载不一，《元史・张雄飞传》说："乃改鬼国为顺元路"，《元文类・中书左丞李忠公行状》记载略同；《金华黄先生集・刘国杰神道碑》说："八番，古之罗氏鬼国"；《元混一方舆胜览》说："普安路，蛮名如是部，即罗氏鬼国。"若据《张雄飞传》，罗氏鬼国应在顺元路；若据《刘国杰神道碑》，罗氏鬼国又应在八番，若据《方舆胜览》，则罗氏鬼国又应在普安路，但以史实衡量，此三条记载都不可靠，首先，顺元路之设在罗氏鬼国灭亡之前，绝不可能有"可改鬼国为顺元路"的事发生，其次，置顺元路在今贵阳地区，当时为水东宋氏所管，与罗氏鬼国无涉，故不可能为顺元路。至于八番，我在《八番沿革考》，一文中已考订在今惠水一带，其地望与上述史实完全不合，故不可能为八番。普安路当时为如是部（即于矢部）属曲靖宣慰司，也不可能是罗氏鬼国。根据史书记载，罗氏鬼国灭亡之后，元以其地置亦溪不薛宣慰司，《元史・世祖本记》说："至元二十年（1283）七月，立亦溪不薛宣慰司，益兵戍守。……分亦溪不薛地为三，设官抚治之。""按蒙古语，所谓"亦溪不薛"，即"水的西边"，简称"水西"，而"水西"系指贵州鸭池河以西之地，正好在黔西北，即当时罗氏鬼国之地。到了明洪武初年，水西宣慰使霭翠归附，朱元璋为了加强统治，采取"调虎离山""以夷治夷"的策略，将"水西""水东"两部合并为贵州宣慰使司，至是，原罗氏鬼国之地则为贵州宣慰司所属水西安氏地。安氏领有十三则溪四十八部，十三则溪即木胯、火著、架勒、化角、则窝、以著、雄所、的都、朵你、要架、陇胯、六慕、于的。其中、除六慕、于的两则溪在鸭池河以东外，其余十一则溪均在水西。崇祯三年（1630），朱燮元平定"奢安之乱"，以六慕则溪地置镇西卫，以于的则溪地置敷勇卫。康熙三年，吴三桂平水西，以木胯、火著、架勒、化角四则溪地置大定府，以的都、朵你、要架、陇胯四则溪地置平远府，以则窝、以著、雄所三则溪地置黔西府，康熙二十三年（1684），改平远、黔西两府为州，隶大定府。康熙二十六年（1687），又改大定为州，三州同隶于威宁府，又改敷勇卫为修文县，以威清、镇西两卫地置清镇县，省镇西卫所属柔远千户所入平坝县，定南千户所入普定县。雍正八年（1730），复大定为府，平远，黔西、威宁三州隶焉。雍正十一年（1733），割平远、大定间地置水城厅。民国三年，改大定府为大定县（今大方县），平远州为织金县，黔西州为黔西县，水城厅为水城县，修文、清镇、平坝、普定四县依旧。民国三十年，析大定县地置纳雍县，析黔西县北境置金沙县。所以，原罗氏鬼国地，元置亦溪不薛宣慰司，明为贵州宣慰司水西安氏十三则溪地，其地在今贵州大方、纳雍、水城、织金、黔西、金沙、修文等县及清镇，平坝、普安的一部分。

罗氏鬼国的都邑，按彝文《西南彝志》的记载，应在慕俄格，即今大方县。

通过以上考证，罗殿国在今安顺地区，都邑在安顺附近；罗氏鬼国在今毕节地区及安顺地区的一部分，都邑在大方，一南一北，各有分治。

四、罗殿国和罗氏鬼国家支关系的梳理

要弄清罗殿国和罗氏鬼国的关系，还必须从彝族的家支关系着手，因为，彝族社会组织结构上的最大特点，就是有严密的家支制度，所以，如果不将其家支关系梳理清楚，也就不可能解决罗殿国和罗氏鬼国的关系问题。

“家支”是一种宗法关系，彝语叫作“娄于”，它是“家”和“支”的总称。彝族以男性祖先为中心，按血统关系紧密结合而成若干血缘亲族集团，由于子孙不断繁衍，其后裔各自滋衍成若干“家”，以后，各家又分成许多“房”，即所谓“支”。由于实行嫡长子继承制度，“家”和“支”之间，存在着“大宗”与“小宗”的宗法关系，“家”对“支”来说，“家”是大宗，“支”是“小宗”，但是，“支”对它所分出的“小家”来说，“支”又成为“大宗”“小家”则是“小宗”，这就是古书中所说的“大部落有大鬼主，百家则置小鬼主”。

按彝文《西南彝志》记载，始祖希慕遮传三十一代到笃慕俄，其后裔“六祖”各部不断开拓疆土，分散在滇东、黔西及川南，以后，由于家支发展不平衡，各有兴衰。

在今贵州境内的彝族，大抵皆恒、布、默三部的后裔。恒部分为两家；住在昭通的一家，彝族叫作乌蒙，又叫作法德歹琳卧；在永宁的一家，彝语叫扯勒，扯勒的势力达到贵州毕节及水城、金沙的一部分。彝语

叫毕节为洛根，水城为底所。布部又称德布氏，势力最强的有四家；住在沾益的一家，彝语叫作阿佐赤；住在威宁的一家，彝语叫作乌撒又叫纪俄格，住在宣成的一家，彝语叫作古若格，又叫笃摩；住在安顺的一家，彝语叫作播勒；贵州盘县、普安一带，是播勒，阿佐赤等几家的势力范围。默部又把德施氏分为三家：住在水西地区的一家，彝语叫作阿者家；住在东川的一家，彝语叫作阿于歹家：住在镇雄的一家，彝语叫作芒部家。

"水西"地区是阿者家的势力范围，安顺地区是播勒家的势力范围，阿者家属于默部，播勒属于布部，两者家支关系完全不同，按照彝族的制度，阿者家不可能拥戴播勒家为大宗，播勒家也不可能拥戴阿者家为大宗，因此，阿者家和播勒家必然要分别建立自己的政权，阿者家所建的政权就是所谓"罗氏鬼国"，而播勒家所建的政权就是所谓"罗殿国"。罗殿国自改为普定路以后，逐渐改土归流而成为州、县。罗氏鬼国则成为元代的亦溪不薛宣慰司及明代的贵州宣慰司以及清初的水西宣慰司，直到康熙三十七年才最后改土归流。罗殿国与罗氏鬼国的历史发展不同，更足见它们各是一个政权。

综上所述，彝族在贵州曾建立了两个政权：一个是阿者家所建的"罗氏鬼国"，以慕俄格（大方）为中心，大本营在"水西地区"；另一个是播勒家所建的"罗殿国"，以播勒大革（今安顺）为中心，大本营在安顺地区；罗殿国和罗氏鬼国的领地在清镇、平坝、普安、普定等处都有交错。罗殿国与罗氏鬼国的历史发展不同，地理位置不同，家支关系不同。所以，它们一直是两个各自独立的政权，历来方志中所说的罗殿国即罗氏鬼国的正统观念必须打破，恢复历史的本来面目。

自杞国再探

史继忠

一九八〇年秋，我在《贵州文史丛刊》创刊号上发表了一篇《自杞国初探》，初次提出了自杞国的问题，并从宋人范成大《桂海虞衡志》、周去非《岭外代答》《玉海》《宋会要辑稿》及李曾伯《可斋续稿后卷》等书中引出若干资料，对南宋时期活跃于西南买马道上的自杞国进行了初步探讨，提出了它的国号、年号及国王姓名，论证了它的地理位置，指出了它在历史上的地位和作用。然而，当时由于资料不足，许多问题一时还难以深入，论断也未尽妥当。最近查阅资料时，偶然发现《文献通考》上有一条关于自杞国的记载，觉得颇有新意，足以说明自杞国的族属，并可校正《自杞国初探》中的一些观点，由此使我对自杞国的探索找到了一条新路，草成《自杞国再探》一文。

一、自杞国为彝族的先民所建

《文献通考·四裔考·蕃蛮》说："自杞本小蛮，尤凶狡嗜利。其买马于横山，少拂意，即拔刃向人，亦尝有所杀伤，邕管亦杀数蛮以相当，事乃已。今其国王阿已，生三岁而立，其臣阿谢柄国，善抚其众，诸蛮比多附之，至有精骑万计。阿已年十七，阿谢乃归国政，阿已犹举国以听之。诸蛮之至邕管卖马者，风声气息，大抵略同。其人多深目长身，黑面白牙，以锦缠椎髻，短褐徒跣，戴笠荷毡，珥刷牙，金环约臂，背长刀，腰弩箭，箙腋下佩皮箧，胸至腰骈束麻索，以便乘马。取马于群，但持长绳走前，掷马首络之，一投必中。刀长三尺，甚利，出自大理者尤奇。性好洁，数人共饭一钵，中植一匕，置杯水其傍，少长，共匕而食，探匕于水，钞饭一哺许，搏之拌令园净，始加之匕上，跃以入口，盖不欲污匕妨他人。每饭极少，饮酒亦止一杯，数咽始能尽，盖腰腹束于绳故也。食盐、矾、胡椒，不食彘肉，食已必刷牙，故常皓然。甚恶秽气，野次有秽，必坎而复之，邕人每以此制其忿戾；投以秽器，辄跃马惊走。”

这一材料的可信程度如何呢?《文献通考》为马端临所著，马氏生于南宋而殁于元初，其人强闻博识，学有根底，治学严谨，考证精赅，所著《文献通考》与唐人杜佑的《通典》齐名，堪称不刊之书。是书“用心二十余年”，上自古初，下至宋宁宗嘉定年间，尤着力于唐代中叶至两宋史实，实为马氏呕心之作。《四库全书总目提要》称其书条分缕析，使稽古者可以案类而考。又其所载宋志最详，多《宋史》各志所未备。案语亦多能贯穿古今，折衷至当，虽稍逊《通典》之简严，而详赡实为过之，为郑樵《通志》所未能及也。”《通考》记事，“信而有证”，“其所载宋志最详”，详赡超过《通典》《宋史》，所记自杞国事必有所本，是一条不可多得的宝贵史料。参照周去非《岭外代答》，更觉事迹可信而翔实。《岭外代答·宜州买马》记云：“马产于大理国，大理去宜州十五程尔，中有险阻，不得而通，故自杞、罗殿皆贩马于大理而转卖于我者也。罗殿甚迩于邕，自杞实隔远焉。自杞之人强悍，岁常以马假道于罗殿而来，罗殿难之，故数至争。然自杞虽远于邕而迩于宜，特隔南丹州而已。绍兴三十一年，自杞与罗殿有争，乃由南丹经驱马直抵宜州城下，宜人峻拒不去，帅同为之量。买三纲，与之约日，后不许此来。”自杞之人强悍，“少拂意，即拔刃向人，亦尝有所杀伤”，又有“精骑万计”，其国虽小而“尤凶狡嗜利”，因此可以雄踞一隅，横亘于买马道上，西阻大理通往广西之道，东闯罗殿而累起纷争，罗殿不能难，宜人不能拒，横冲直闯，其势难犯。两相对照，《通考》所记之事，令人深信不疑。

自杞的族属，《文献通考》和《岭外代答》虽无一字点明，但所记史实却提供了一条重要线索。元人李京《云南志略》说：“罗罗即乌蛮也。男子椎髻，摘去须髯，或髡其发。左右佩双刀，喜斗好杀，父子昆弟之间，一言不下，则兵刃相接，以轻死为勇，马贵折尾，剜木为镫。状如鱼口，微容足指。……男女无贵贱，皆披毡跣足。”《云南志略》中描写的罗罗人形象，似觉与自杞之人相仿。查有关罗罗的记载，真相大白，自杞族属之迷，昭然若揭。明人田汝成《炎徼纪闻》一语道破："自罗甸东西，若自杞、夜郎、牂牁则以国名，若特磨、白衣，九道则以道名，皆罗罗之种也。"夜郎、牂牁是否为罗罗之种，姑且不论，而自杞确乎是"罗罗之种"。何以见得呢？是书在记述罗罗习俗时有如下一段话语："其人深目长身，黑面白齿，椎结跣脚，荷毡戴笠而行，腰束苇索，左肩拖羊皮一方，佩长刀箭菔，富者以钏约臂。悍而喜斗，修习攻击，宽则以渔猎山伐为业，急则以屠戮相寻，故其兵常为诸苗冠，谚曰：'水西罗鬼，断头掉尾'，言其相若率然也。亦有文字，类蒙古书者。坐无几席，与人食，饭一盘，水一盂，匕一枚，抄饭哺许，搏之若丸，以匕跃口，食已，必涤牖刷齿以为洁。"此段记载，行文虽与《通考》不尽相同，而所记事实却大同小异，其中，"深目长身"一段、"悍而喜斗"一段及"坐无几席"一段，尤其吻合，由此可知，自杞国的主体民族当是罗罗，即今彝族之先民。

从民族学的角度来看，自杞之人应是彝族。彝人在体质上确乎与其他民族大不相同，"深目长身，黑面白齿"八字，可谓传神，彝人的形状亲切可睹。彝人的打扮，也与其他民族判然不同，头扎"英雄结"，身披"察尔瓦"，着短衣，喜赤足，腰胯长刀，英姿飒爽，一派武士气概，而文中所记自杞之人，"以锦缠椎髻""短褐徒跣""戴笠荷毡""金环约臂"，"背长刀""腰弩箭"，不正是彝人特有的打扮。彝族是"马背上的民族"，惯于骑马，精于驯马，文中所说"胸至腰骈束麻索，以便乘马。取马于群，但持长绳走前，掷马首络之，一投必中"，不正是对彝人善骑的绝好描写吗？彝族尚武，秉性刚强，遇有争执，常起械斗，文中所说"少拂意，即拔刃向人"，大体刻画出了彝人的这一性格。彝人进餐，围坐而食，使用木匕，食后刷牙，文中所说，自杞人的习俗，与彝人一模一样，事事逼真，由此可证，自杞的主体民族确乎是彝族。

从历史上看，彝族在西南各族中最为强盛，武功之盛为其他各族所不及，而且人多势众，家支相连，声息相通，进入阶级社会的时间比较早，较长时期处于奴隶社会，长于争战，历史上曾经建立过许多地方政权，唐宋以来，宗族枝蔓，自为一部，各立疆场，由此观之，自杞国为彝族先民所建，完全是情理之中的事。

二、关于于矢部建立自杞国

贵州的彝族，主要有四大部分：其一为阿者家，占有“水西”，即今大方、纳雍、织金、水城、金沙等地，宋代建立了“罗氏鬼国”；其二是乌撒家。占有黔西北一隅，即今威宁、赫章一带，宋时称“乌撒部”；其三是播勒家，占有“普里”，即今安顺、普定、平坝、清镇、镇宁，关岭等地，宋时建有“罗殿国”（又作罗甸国）；其四是阿旺仁家，占有“普安”，即今盘县、普安、晴隆、兴仁、兴义、安龙等地，宋时称“于矢部”。在此四部之中，建立自杞国的当是于矢部。

从地望上看，自杞国在黔西南。据《岭外代答·通道外夷》所记：“中国通道南蛮，必由邕州横山寨。自横山一程至古天县，一程至归乐州，一程至唐兴州，一程至睢殿州，一程至七源州，一程至泗城州，一程至古那洞，一程至龙安州，一程至风山村僚渡口，一程至上展，一程至博文岭，一程至罗扶，一程至自杞之境名曰磨巨，又三程至自杞国。自杞四程至古城郡（当是石城郡），三程至大理国之境名曰善阐府，六程至大理国矣。……所以，大理欲以马至中国，而北阻自杞，南阻特磨道，其道里固相若也。”结合上文所引：“罗殿甚迩于邕，自杞实隔远焉。自杞之人强悍，岁常以马假道于罗殿而来，……然自杞虽远于邕而迩于宜，特隔南丹州而矣”，可知自杞国在大理之东，特磨道（今云南广南一带）以北，罗殿国以西，地近广西南丹，考其路线，横山寨（令广西田东县）至龙安州（今广西隆林县）一段均在今广西境内，风村山僚渡口当在黔、桂界河红水河之上，过河行四日程即达自杞之境磨巨，磨巨乃磨溪之异写，其地在今安龙县境，从磨巨至自杞国都邑行三日路程，从自杞都邑又行四日路程即达石城郡（今云南曲靖），又三程至大理之境善阐府（今昆明市），再六程方至大理国都城（今云南大理）。显然，自杞国在今贵州与云南、广西毗连之地，而且地处由云南通往广西的交通要道上，以此相衡，非于矢部无以当自杞。

嘉靖《普安州志》有云：“普安，按上世为羁縻之国”，在元代置普安路之前为“羁縻之国”，非自杞又为何国呢？该书又云：“罗罗摘去髭，不欲蔽唇，以为美观。妇女束发于顶，高结缠以青带，乃以幔毡、竹笠加于上，出遇官长则除笠悬之于臂，以为敬重。”又云：“其性悍戾倔强，好斗杀，服食、居处、婚丧、嗜好皆与他处夷俗同。”与上文所引自杞人及罗罗习俗相对照，更令人坚信自杞国即于矢部。在兴义县捧鲊镇内，有清代所雕石马一具，马高 1.5 米，长 1.75 米，与真马同大，昂首嘶鸣，形象逼真，其旁原有两人牵马，酷似彝人打扮，可见，当地彝族颇善养马，对马有特殊的情趣。

关于“于矢部”的由来，彝文《西南彝志·六祖的起源》称，始祖希母遮之后，传三十一世至笃慕俄，娶三妻，生六子：长子孟雅怯为武系祖先，次子孟雅苦为乍系祖先，三子孟雅赛为糯系祖先，四子孟雅卧为恒系祖先，五子慕克克为布系祖先，六子慕齐齐为默系祖先。默系又称德施氏，自慕齐齐之后十九世至必额勿，生三子：长子勿阿娄迁居皮嫩博纪，即明代的普安州；次子勿阿克承袭阿于歹（即东川）君长；幼子勿阿纳迁往慕俄格（今大方）。彝文《水西地理城池考》说：“住在濮吐仲益地区的阿旺仁家，家住皮嫩博纪，是德施氏的子孙，做彝语说是叫皮嫩博纪，做汉语说是叫普安州。”普安的彝族统治者，原无姓氏，明代以降，始有汉姓，其正宗为龙氏，其支庶为陇氏，今盘县羊场区簸箕乡天生桥有一通彝族土司龙氏祖墓碑，题有“皇清特授光禄大夫左都督总兵官大柱国显考龙公天佑之墓”，其碑文曰：“自神龙相沿至今，黔疆未设，悉皆先人故地。水西、东川共同宗派，及后分茅兹土，始招元授怀远将军以开其先，二世祖授宣慰司以守其土，明授安宁宣抚司，管普安州同。”以上三条资料证明，普安彝族乃由默系（德施氏）分出，与云南东川及贵州大方的彝族同宗共祖。勿阿娄一支，历魏晋而下，子孙繁衍，拓土开疆，至唐代始称于矢部，为南诏三十七部之一，今云南曲靖有《三十七部会盟碑》，其文可以为证。《元史·地理志》说：“普安路，治在盘町山阳，巴盘江东。蒙氏叛唐，其地为南诏东鄙，东爨乌蛮七部落居之。其后，爨蛮阿宋逐诸蛮据其地，号于矢部，也为酋长。”（弘治）《贵州图经新志·普安州》说：“蒙氏时为南诏东鄙，东爨乌蛮居之，号于矢都，或作榆市部。其后，爨酋阿宋更号齐弥部，寻复称于矢部。”《大明一统志》、嘉靖《普安州志》与此略同。显然，于矢部的出现，当在南诏反唐以后，即唐玄宗天宝年间（公元742—756），其发展的关键人物为阿宋，在此以后，其势大长。不过，在南诏强盛之时，于矢部自然只能作为三十七部之一而附于南诏，成为南诏的支持者之一，不可能自立为国。

南诏衰落以后，段氏大理兴起，然其国势远不如南诏时期，于是，所辖各部纷纷自立，故至宋代始有自杞国的出现。自杞国在南宋初年已见于史籍，是时，北方半壁河山已为金人所占，北方马道以此断绝，而朝廷求马心切，遂开南方马市，在广西设场博易，招买西南各地之马，谓之“广马”。大理素来以产马著称，是“广马”的主要来源，然而，大理马欲至广西，其道路为自杞、特磨道、罗殿所阻，在这种特殊的历史条件下，自杞乃以贩卖而富强，成为横亘在西南马道上的一雄。南宋末年，蒙古军入大理，自杞国首当其冲，成为蒙军与宋军必争之地，蒙军占领自杞，在其地驻兵屯粮，窥视黔、桂，而广西的宋军不时派出间谍到自杞刺探情报。从整个历史发展的情况来看，自杞国存在的时间不长，大约起自北宋末年，终于南宋末年，前后不过百余年时间。

三、自杞国的地域

元初，自杞国归附，在大一统的形势下，西南诸国相继覆灭，一律纳入统一的行政建置。《元史·地理志·普安路》载：“元宪宗七年，其酋内附，命为于矢万户。至元十三年，改普安路总管府。明年，更立招讨司。十六年，改宣抚司。二十二年，罢司为路。”由此可知，自杞国归附以后，以其地置普安路。明洪武十四年（公元1381），征南将军傅友德等率大军往征云南，军至普安，普安始入明朝版图。（弘治）《贵州图经新志·普安州》载：“元改置普安路，领和能、八纳、习归、普定四部，隶云南省。洪武十四年克服，十六年置普安军民府，以土酋那邦妻适恭为知府，佐以流官。适恭卒，以子普旦为知府。二十一年，普旦与越州阿资、本府马乃等连兵叛命，袭陷普安府。二十二年，天兵讨平，罢普安府，置普安军民指挥使司，领其地，移治今城，隶云南都司，寻改隶贵州都司。永乐元年，置普安安抚司，以土酋慈长为安抚，隶普安卫。十三年，慈长谋为不轨，改安抚司为普安州，隶贵州布政司，领罗罗夷民十二部，号十二营，谓部长曰营长。”元代的普安路，几经沧桑，演变为明代的普安州及普安军民指挥使司。

于矢部、自杞国、普安路、普安州，当是一脉相承，因此，可以明代普安州的疆域，推求自杞国的境域。据嘉靖《普安州志·舆地志》载：普安州“东西相距一百九十五里，南北相距六百三十里。东至盘江巡检司一百九十里，西至云南平夷卫界一百里，南至云南广南府罗利寨四百五十里，北至贵州宣慰司水西革迹寨二百五十里，南至广西安隆长官司界五百四十里，东北至普安卫顶营长官司三百三十里，西北至云南沾益州界二百一十里，西南至云南曲靖府亦佐界一百八十里。”明代在此范围之内，实行“军政分管”，设普安州以治人民，设普安卫及安南卫以管军事，普安卫领有平夷、乐民、安南、安笼四千户所，后又增设新兴、新城两所。

清顺治十八年（公元1661），云贵总督赵廷臣平定马乃土司，析普安州属的马乃、鼠场、楼下、阿计、安逸五营地置普安县，设治于新城千户所，隶于安顺府。康熙二十二年（公元1683），省新兴千户所入普安县，并割安南卫属之兴仁、兴让二里归普安县管辖、移普安县城于新兴千户所驻地。康熙二十六年（公元1687），裁安南卫，改设安南县，隶于安顺府。同年，省普安卫入普安州，又裁于安笼、安南二千户所，安笼所驻地设南笼厅，移安顺府同知驻其地。雍正五年（公元1727）升南笼厅为南笼府，以原属安顺府的普安州、普安县及安南县隶府。是年，始将泗城府、西隆州在红水河以北的属地划入贵州，置永丰州（包括今贞丰、册享、望谟、罗甸四县），亦属南笼府。鉴于普安州地域辽阔，乃添设州判一员，分驻黄草坝地方。嘉庆二年（公元1797），改南笼府为兴义府。嘉庆三年（公元1798），于黄草坝地方置兴义县，乃将原驻黄草坝的普安州判改为普安县丞，移驻新城所。嘉庆十四年（公元1809），升普安州为直隶州，以兴义县属之。嘉庆十六年（公元1811），兴义县还隶兴义府。光绪三十四年（公元1908），降普安直隶州为盘州厅，隶兴义府。从上述沿革可知，明代的普安州，几经变革，演变为清末的兴义府及兴义县、安南县、普安县及盘州厅，而永丰州所属之地原属广西泗城，不在其内。

民国元年（公元1912），以原普安新城县丞辖地置新城县。民国二年（公元1913），将府、州、厅一律改县。以兴义府为南笼县，改盘州厅为盘县，又改新城县为兴仁县，兴义、普安、安南三县不变。民国二年（公元1913），改南笼县为安龙县。民国三十年（公元1941年），改安南县为晴隆县。1970年，撤销盘县，改设盘县特区。

根据建置沿革考察，宋代自杞国的境域，包括今黔西南布依族苗族自治州的兴义、兴仁、晴隆．普安、安龙五县及六盘水市的盘县特区。

四、对自杞国社会的探索

关于自杞国的社会状况，史书记载不详，目前尚难找到直接的材料加以说明，但其地域既明，可根据明清两代方志中有关的记载做一些有益的探索。从方志得知，在当年自杞国的范围内，民族情况复杂。(弘治)《贵州图经新志·普安州》记云："部落有罗罗、仲家、仡佬、僰人。"《黔南职方纪略》卷七记云：兴义府亲辖地有苗二种：一曰仲家，散处怀化，永化二里；二曰倮㑩，居怀、德二里；兴义县有苗四种：一曰倮㑩，居归顺、狗场诸寨；二曰仲家苗，居南里、北里诸寨：三曰僰人，居中左，中右诸寨；四曰侬家苗，居捧鲊诸寨，与汉人杂处"；安南县有苗三种：一日仲家苗，二曰侬家苗，三曰倮㑩，俱处境内各里"；普安县苗四种：一曰白倮㑩，二曰黑倮㑩，三曰仲家苗，四曰僰人，俱处境内各里"；普安厅有苗六种；一曰仲家苗，二曰黑倮㑩，三曰白倮㑩，四曰刚夷倮㑩，五曰僰人，六曰仡佬，皆错处境内各里"。《纪略》所言黑倮㑩、白倮㑩、刚夷倮㑩均属彝族，仲家苗、侬家苗皆属布依族，其记载与《图经》完全一致，实则为罗罗、仲家、仡佬、僰人四种。

从民族关系上看，仲家、仡佬皆为彝族土司、土目治下之民，惟僰人的地位较高，嘉靖《普安州志》谓僰人"喜佛老，尚文"，"语言不相谙，以僰人为通事译之"。在倮㑩内部，等级制度十分严格，《贵卅图经新志·普安州》说："其倮㑩则有黑白之异，黑者为贵，白者为贼。"又说："白蛮巧佞，专市商贾"。《黔南识略》卷二十七说："倮㑩有黑白之分，黑倮㑩称大姓，为贵；白倮㑩称小姓，为贱。一切婚嫁，贵贱不相紊也。"同书卷二十九说："倮㑩有三种：刚夷最贱，世为臣仆：白夷次之，世为把目；黑夷即乌蛮，最贵。"显然，上述的情况，早在明清以前就已形成，相沿已久，由此推之，自杞国的政权为黑倮㑩所掌握，白倮㑩专事商贾，僰人为其通事，刚夷（又称干夷）及仲家、仡佬皆为其奴仆，他们的社会地位各不相同，而且等级界限森严，互不通婚，并以“贵贱不相紊”来保证血缘不混、等级稳定、社会地位凝固不变，借以实现阶级压迫和民族压迫。

黑倮㑩的统治，是通过“家支”制度来实现的。彝族有严密的家支制度，它以血缘关系为纽带，以财产和权力的嫡长子继承制为基础，按其亲疏关系分成许多家支，但分化出来的家支并没有因此与原来的家族割断联系，它们仍以父子连名的谱系来表明彼此之间的关系，并从谱系中分辨出亲疏厚薄，结成宗法组织。为了维护阶级的利益，黑倮㑩将其家支分到各地，实行“土目分治”，分片管理土地，统治人民，于是形成所谓“四部”“十二营”。从文献记载来看，早先分为和能（又作乐龙）、八纳、习归、普安四部，而以八纳为中心，嘉靖《普安州志》说：“八纳山，在州治东北七十里，高二十里，上有平顶，……土俗相传以为土酋益智藏其祖宗鬼筒于岩穴间，子孙十年一次登山祭之，每登必椎牛羊，持刀弩鼓噪而往焉”。其后子孙益众，家支益多，乃由四部演变为十二营，并有两个小营。据嘉靖《普安州志》记载，其所属十四营是：黄草坝营（在州南二百里）、木夸营（在州北七十五里）、狗场营（在州南一百二十里）、归顺营（在州南六十里）、楼下营（在州东南二百里）、毛政营（在州西南一百二十里）、鼠场营（在州东南一百一十里）、鸡场营（在州西北八十里）、卜容营（在州南二百四十里）、普陌营（在州西北六十里）、马乃营（在州东南二百里）、鲊希黑营（在州北一百二十里）、善德营（在州西北三十里）、芦塘营（在州东南一百二十里）。同书将上述各营分为三组：黄草坝、归顺、狗场、木夸称“上四营”，楼下、鼠场、鲊希黑、鸡场称“中四营”，卜容，马乃、普陌、毛政称“下四营”，而善德、芦塘两营不在其内，故只称“十二营”而不言“十四营”。清代方志如《黔南识略》《兴义府志》《宣统贵州舆地图说》诸书，所记各营名称不尽相同，计有黄坪营、布雄营、捧鲊营、马乃营、楼下营、鼠场营、簸箕营（又作保基营）、狗场营、鲁土营（又作鲁础营）、毛政营、归顺营、普陌营、安逸营、阿计营，凡十四营，其中，马乃、楼下、鼠场、狗场、毛政、归顺、普陌七营未变。黄草坝营改作黄坪营，卜容营改作布雄营，鲊希黑营改作捧鲊营，其余四营的因革尚未查清。以此反证，自杞国实行“土目分治”是无疑的。

自杞国建立在封建领主经济的基础之上，这一点，在清代初年还留下许多痕迹。《黔南识略》说：“倮夷在昔为土目之佃户，即土兵也，分地而耕，纳租于主者是为公田，其余众苗通力合作，土目按亩收利者则属私田。自改土以来，其公田已属粮册而私田存于土目为口食之资，苗民耕种粮田，输纳外，出谷一半斗予土目，至今主佃之名犹存也。”又说，其民“惟所土目之子孙约束，以种土畜牧为生”，又说：“各营旧有土司龙氏管辖，……世代相承，盖犬羊之性，各服其主，虽改土归流，仍留土目名色以资弹庄。”从以上各条中可以看出，土司、土目统治由来已久，根深蒂固，影响至深，虽已改土归流，其残余依然存在。看来，当年的土地概归土酋所有，土地分为两类：一类是所谓“公田”，分配给农奴耕种，作为他们维持生活的“口份田”，种田的人既要“纳租于主”，又要为土酋服兵役，所以，“土目之佃户，即士兵也”。另一类是所谓“私田”，由土酋直接经营，作为他们的“口食之资”，而私田上的耕作则由“众苗通力合作”，显然，农奴除了纳租、服兵役而外，还必须服劳役。不难看出，这里的劳动者是被束缚在土地上的，世代皆为“臣仆”，天长日久，“各服其主”，所以，直到改土归流以后，“主佃之名犹存”，“惟听土目子孙约束”。

以上所引资料，虽出自明清方志，但所记史实却是明清以前长期形成的，由此及彼，由近及远，由表及里，对自杞国当年的社会情况，可以略知其大概。对于自杞国的探讨，目前尚感不足，期待着不久的将来，又有新的资料发现，那时再作《三探》《四探》……

彝濮关系考略

翁家烈

先秦及秦汉时期，在我国西南辽阔的领域内活动着两大族群：当地的“濮”和自北方移入的“羌”。濮、羌两大族群是当时西南地区的重要成员。他们长期的社会活动是西南地区政治、经济、文化的重要组成部分。他们的后裔日益发展、衍变为若干民族，对推动西南地区的历史发展以及现代化建设有着重大贡献，现仅就这一地区彝濮关系粗略进行探索，作为引玉之砖。

一、地理分布

濮一作“卜”，一部分写为“僰”。《史记·西南夷列传》索引云：“僰……音蒲化反”。《逸周书·商书》谓其在南方，“伊尹受命，于是为四方令曰：臣请正南，瓯、邓，桂国、损子、产里、百濮、九兰”。古文献对西南地区濮的具体分布略有所载。扬雄的《蜀都赋》说：“东则左绵巴中，百濮所充。《三国志·蜀志》载：“广迁蛮濮，国用富强”。《华阳国志·巴志》谓：“其有濮、賨、苴、共、奴、獽、蜒之类”。《蜀志》载：“堂狼县，故濮人邑，今有濮人冢”，“南域处邛，本五夷之表，不毛闽濮之乡”，“兴古郡……多鸠僚濮”，“建宁郡南有濮夷”。《吕氏春秋·恃君》载：“氐羌呼唐，离水之西；僰人野人，篇笮之州”。《史记·平准书》载：“散币于邛僰以集之”。《司马相如传》载：“南夷之君，西僰之长，常效贡职”。《汉书·地理志》载：“僰道县，故僰侯国，胜休……莽日胜僰”。《太平御览》卷791引《永昌郡传》：“朱提郡治朱提县……有大象池水口，僰名千顷池”。彝族史诗《古侯》有“濮人”巴人赶石尔克吉锁的记载。石尔在今四川凉山州雷波县璜螂区。凉山彝族传说，在该地原有一种古老民族，叫“濮苏乌乌”。据说这种人住在洞内，很能睡，一睡竟达一年。某日，一位客人来玩，玩了一阵后，主人说想睡一会儿，请客人也休息一会儿，遂关门睡觉，谁知竟长睡不醒。醒后一看，客人早已饿死，成为一堆白骨。从此传说可见濮人分布于巴、蜀等广大区域内。

春秋时期，秦国强盛，西北地区的羌人受到秦国驱赶，一部分南下，逐渐流入“西南夷”，而形成“昆明”人。“秦献公初立，复欲穆公之迹，兵临渭首，灭狄戎。忍季父卯畏秦之威，将其种人附落而南出赐支河曲数千里，与众羌绝远，不复交通。其后，子孙分别各自为种，任随所之”，其中一支“或为牦牛种，越巂羌是也”[①]，继续南进的分布在“西自同师以东，北至楪榆”[②] 以及“蜀之西”等众多地域，或称为“昆明”，嗣称为“叟”，其后的一部分又有称为“串”者，即史书所谓“昆明子居滇河中”[③]，“夷人大种曰昆，小种曰叟”[④]，“南中曰昆明，汉嘉、越巂曰筰，皆夷种也。”[⑤]“西串白蛮也，东串乌蛮也。当天宝中，东北自曲靖州，西南自宣威城。”[⑥]“昆明”中的一部分后逐渐形成彝族，漫布于西南三省。

“西南夷”的濮人，曾于战国至秦汉时期建立起夜郎、滇、勾町、僰、邛都等若干奴隶制地方政权。其中，夜郎王乃是“兴予豚水（今北盘江）”，“遂雄夷濮”的竹王之后[⑦]，勾町县，“故勾町王国名也。其置自濮，王姓毋，汉时受封迄今。”[⑧] 僰道县，“故僰侯国也”[⑨]。南下羌人也有巂、昆明、徙、筰都、冉、犹、白马等若干大的部落。《史记·西南夷列传》说上述部落的成员“皆氐类也”。

南下的羌人进入西南夷，与濮人杂居邻处，他们之间的相互交流、渗透，不仅推动着西南地区社会历史的发展，也促使两大族系自身的衍变，

---

① 《后汉书·西羌传》
② 《史记·西南夷列传》
③ 《蛮书》卷4
④ 《史记索隐》引荀悦语
⑤ 《华阳国志·蜀志》
⑥ 《华阳国志·南中志》
⑦ 《水经注》卷36
⑧ 《华阳国志·南中志》
⑨ 《汉书·地理志》引应劭语

尤其对两者后裔的社会生活产生了深刻的影响。

二、民族关系

西南夷地区的濮人与越人相融合的部分，自汉代渐渐形成新的族类——僚人。僚人又于唐宋之际发展为若干民族，其中含有濮的成分较多的为仡佬族，故彝族一直称呼仡佬族为濮。彝族先民进入今之川南、滇东、桂西北和贵州西部，与原居该地的濮人发生冲突。双方历经长期的争斗，彝族先民终于以强大的武力打败了这里的濮人，对这一辽阔地区的民族包括濮人实行统治。彝文《西南彝志》对此有很多记载。如《叙乌蒙》载："四边的土地，被彝族讨平，到处征赋税。"《扯勒祖代的兴起》载：川南"有濮属法蒙"等地的"濮人来投主"。《扯勒珍藏》载："外记扩地域，扩展于濮地"。《恒的另一家》载：昭通地区"恒捕濮的人……恒以矛杀濮……取濮九个城"，以至"濮裔以万计，久为彝所平"。《德布氏源流》载：于乌撒地区"攻濮地而居，基业大发展"。《德布氏源流》载：彝族"从扒默迁去，到濮吐珠液""濮吐珠液"指北盘江，"濮"在彝文中写作[illegible]，此字既指濮人，又有奴隶之称谓。贵州省毕节、安顺地区及六盘水特区的苗族，呼仡佬族为"克"，"克"，苗语意为奴隶。《普里本末》载："普里之先，出于昆明。罗殿、普露静皆昆明也。"罗鬼夷书曰："一世孟赿，自旄牛徼入居于邛之卤，为卤氏。"其三十一世视明"居泸阴之山，生子……六人，各居一邑。�世守乌，怯居于笮，赛居于泸，卧居于协，克居于濮，齐居于闽"，即分布于后川滇黔三省交界之威宁、盐源、凉山、乌蒙、普安、水西等地。贵州省毕节地区彝族传说：水西原为濮地，有"濮兹穆"——濮王，后濮王昏庸，濮人听说东川彝族的勿阿纳是彝王的幺儿，闲着无事干，遂派人自东川将其接来水西当濮人的王。彝族虽然战胜并统治了濮人，但濮人及后之仡佬族人多势众，正如《水西传全集》第一回所说："当时满地住的都是俾仡族。他们掌握大权，瓦如天高，谁都惧怕，一步步地蔓延，占据了各处地方，有牢不可破的势样。"为了缓和阶级矛盾和民族矛盾，彝族统治者遂以政治联姻形式安抚之。《爨文丛刻》述及彝族的一百二十代统治者中，从三十一代的卜美起至七十四代的不足直巴止，就有十余人以濮命名。四川省凉山地区彝族传说中射太阳英雄支格阿鲁的母亲为濮不勒惹。《西南彝志》卷19的“能沽濮姑娘，穿铜袍铜衣，着钢裙铜裳，嫁给纪木纠，又嫁给朱堵纠，生八个女儿，使八支黑箭，居住于地极”，即记载彝濮通婚事。贵州省毕节地区仡佬族中流传着这样一个故事：土司接亲，当接亲队伍簇拥着新娘至一箐沟时，新娘被鬼怪摄走。接亲者遍呼无应，四寻不见，焦急无措。后见一美丽的仡佬族姑娘在小溪边浣衣，遂强拉其充作新娘与土司完婚。彝濮两族长期密切的交往，在彝少濮多之地，众多彝人渐渐衍变为濮人或仡佬族。《西南彝志》载：黔氏一支有迁“到朵鲁打去，成了司米濮”的，恒氏一支有迁“到纳姆妥巧，变濮人去了”“迁往东方去……变成了濮人”的。德氏“有纳娄二姓，变为仡佬族”。德施氏之第六世祖乌姆纠的长子也“变为了仡佬族”。贵州省毕节地区有部分仡佬族人说彝语，唱彝歌，行彝礼，彝族认为他们“彝不彝，濮不濮”，汉族呼之为“彝仡佬”。贵州大方县青山区拉普乡仡佬族老人张吉人（八十岁）用彝歌唱述该处仡佬族的历史，其中一段是“更糯（贵阳）的黑羊大箐，大箐阴森。播勒（贵州省安顺县）城的四方，是君主的住处。城门十二道，仡佬子孙住，仡佬子孙住处好。街道十二条，大河哗哗流，真是个好地方!”《黔记》卷59载：“罗罗本卢鹿……以绵缎毡衣裹死者，尸焚于野，招魂而葬之，名曰‘火葬’”。《西昌县志》卷12载：“倮夷死，不棺殓，得以火葬为幸……烧已，收骨殖于瓮”。在彝族的影响下，仡佬族中也有行火葬者。“安顺西堡司旧志：部落皆仡佬……死丧不用棺，积薪焚之”[①]，“仡佬死，积薪焚之”[②]。嘉靖《贵州通志》卷3载：“石阡府苗民司仡佬……丧葬击鼓唱歌，男女围尸跳跃，举哀而散，亦置之山洞间”[③]。至今遵义、仁怀等地仡佬族老人亡故后，亲族男女仍围尸，边走边以脚蹉地，口中还不时“呵颗！呵颗!”地吼，这一礼仪名为“踩堂舞”。贵州水城彝族也有人死安埋之后，分别集中做道场的习俗。做道场时，各家依次于各自灵堂中，持刀边吆喝边蹉脚，表示给亡灵驱赶乌鸦，踩踏蛆虫，类似仡佬族之“踩堂舞”。

① 《安顺府志》卷22
② 嘉靖《贵州通志》卷3
③ 《大清一统志·贵州》

在滇桂黔毗邻地区散居着一种俗称“奶子”的待识别的族体，有的方志称为“倈子”，“赖子”或“倈苗”。《浔州府志·纪人》谓：“倈人，浔府皆有之，惟贵县尤多”。《兴义府志·黄氏族谱序》谓，明初，大将军傅友德率大军由黔入滇时，曾于普定等地“征平倈苗”。彝族称倈人为“濮”；布依族称之为“普央”或“普审”；壮族称之为“濮乃”；苗族称之为“蒙傣”；倈人自称为“布流”。滇桂黔边区正是勾町、夜郎故地，“奶子”即勾町、夜郎濮人之遗裔。《岭外代答·经略司买马》记载：宋代于广西设买马司，所买之马来自大理、自杞、特磨道、罗殿、毗那、罗孔、谢蕃、藤蕃等”地。《宋会要辑稿·买马》亦载；“广西买纲马，多是西南诸蕃、罗殿、自杞诸国”，指出北宋王朝前来购买的军马，均出自上述的若干地方政权。其中，地处贵州省黔西南州的“自杞国”的主体居民即奶子。当地民间公认，这里的居民以奶子来此最早，其次是彝族，再次是布依族，汉族最晚，故当地汉族称奶子为“老户”。元明时期，彝族于矢部隆氏世辖斯土。元为普安路总管府，明为普安安抚司，后降为土判官。弘治年间土官隆畅因年老，以子代掌职权。土营长欺其父老子幼而串通隆畅之妾米鲁（沾益州土官安民之女），起兵夺权，肆意滥杀，并“欲攻普安、安南城”①，朝廷征调广西土兵助官兵围剿，弘治十二年（1499）乱平。俘虏或被“枭首”，或“发辽东边卫充军”，并将所俘获妇女给有功营长及附近所抚村寨无妻者②。大批奶人恐祸及而南逃投奔隆林、广南等地奶人住区。《贵州通志·土司志》亦谓官兵与五姓士兵“合于鲁础营，协力年余”，镇压乱事后，“其男子逐出境外，五姓即以奶子之妇配给所带兵丁。”“五姓”即陆、王、周等大姓。嘉庆二年（1797）《五姓报亩升科》手抄本载：“册享在昔……深山箐林，为郎卧之地，有土人，之前不归王化，日相攻击。”这里的“土人”当即奶子。奶人在出逃之前，将宋代卖马及长期所积累的金银就地埋藏，并做了特殊标志，待日后归还故里时启用。标志之一是在埋藏地点的石头上镌刻若干楔形，按各楔形石刻组合方向定位，即所谓“楔眼对楔眼，银子隔不远”。标志之二是编制若干谜语，谜底即埋藏地点。如“一里三洞桥，中间有个石拱桥。离三丈狮尾

① 《贵州通志·土司志》

② 《新编麻栗坡地理志资料》中卷

子，有对金鸭子”，“上七里，下五里，银子打泼问老李”等。贵州黔西南州流传着许许多多关于奶子的传说，保留着许多遗迹。奶人行石棺葬，七月吃新谷，三月三拜山神。这支濮人的遗裔，仡佬族的同类——奶子，散布在云南境内者，因长期与彝族相处，已改说彝语，奉行彝族习俗。

在云南省文山州的彝族中有“濮标”“濮喇”和“僰人”三个支系，他们都是受彝族影响较深的濮人。

“濮标”亦作“普标”，自称“濮满”，分布在云南省麻栗坡县遍布崇山峻岭的国境线上，当地其他彝族称之为“磨壤”，而濮标则称当地其他彝族为“卡”。中华人民共和国成立前，濮标男子挽髻于顶，插以木梳，身着花边大袖对襟衣，前胸为一圆形图案，两侧各有一方形图纹，后背有一大古钱图形。女子挽髻于后，戴银质项圈耳环，穿右襟青布花边短衣、青布筒裙长及脚背。在20世纪期间，“濮标”的青年男女以自由社交方式，成群结队地在山林里通过对唱方式选择配偶。随着封建意识的深入，“父母之命，媒妁之言”渐渐替代那传统的牧歌式择偶方式，但其婚姻礼仪仍有其特异之处：订婚礼物系粽子一挑（8—12个大粽子）、糯米饭一挑、猪肉10斤。迎亲那天，新娘由亲哥哥反背出门，然后由伴娘们陪伴哭泣着步行走向婆家。途中须将母亲赠予的用芭蕉叶包的一团糯米饭吃完方能进入婆家。“魔公”端四碗酒分送新郎新娘各喝一口后即算完婚。新婚夫妇不拜堂，不与亲友见面，遂自去休息，宾客们则各自饮酒高歌。尊贵者亡故行火化，以竹筒盛灰，由“魔公”盖符一道，带回挂丧家神龛上（神龛不在堂屋而在灶房）。一般人则用棺行土葬。送葬时，女婿持火把在前引路，死者子女不戴孝，仅各自反背一顶笋壳叶编的斗笠为标志。葬毕归家“祭灵”。灵以竹扎架，套以死者穿戴，上悬一面簸箕，内盛糯米粑七个和汤圆大小的糯米面团七八斤。当魔公杀鸡领祭时，亲友跟着七手八脚地取饭团投灵，又于门外悬挂铜鼓，鼓上方所吊簸箕置酒八碗，随着鼓声咚咚，四男四女各拿手绢两条，踏着鼓点，绕鼓起舞，直至灵焚鼓始停，此即《开化府志》卷9所谓“普剽……亲亡，令子婿跳舞，亲属击鼓鸣锣吹角祭献，名曰娱尸”的遗风。云南省富宁县的普梅（今名普阳）乃濮标人传说中的圣地。传说他们的祖先出生在普梅大洞里，过着使用木器、石器，不上租，不纳粮的群居生活，后因遭汉族统治阶级的突然袭击，向西逃往中越边境之董干至八布这段山岭两侧，形成“九濮三大坝十三湾”这一新的居住区域。因普梅大洞是濮标人发祥地，故丧事“开路”时，须将亡灵送回那里。全年仅有端午、七月半和过年三个节日，皆以鸡、肉、糯米饭置筛内献祖。因濮标习俗上多有与彝族近似之处，故有“濮标倮㑩”之称，“普标倮㑩，其类，女服青色长衫，衫脚绣红线狗牙，耳环以银丝穿。”①

“濮喇“又作“普腊”，自称“阿杂”，呼其他彝族为“勒赛”。在云南文山州，人数众多，《马关县志》卷10谓：“濮喇，滇南原有蛮族也，无地不有。”“濮喇”在古代曾建立过地方政权，名“红衣国”，故《新编麻栗坡地理志资料》中卷说：“濮喇人，系本地土司，为昔日之地主及地方执政。”“濮喇”的“男子服红经白纬衣，妇女衣白，衣白麻布，妇人以绳束发，青线磁珠，杂海贝环饰，项垂璎珞。”② 男女均着大裤脚裤，可装粮食百斤。濮喇的婚姻系青年男女自由选订，再请媒通报女方父母。结婚当天，“男不亲迎”③，请男性亲友前往接亲。新娘须假哭，由两位女伴拖拉着交接亲者，再由男女老少近一百人组成的送亲队伍簇拥步行至婆家。拜祖后，主客双方亲友对歌。次日拜见公婆，第三日下厨烧洗脸水。婚期新婚夫妇不同房，新娘与送亲女伴同寝。第四日即告知公婆回娘家，一两月后再由新郎接归，始过夫妻生活。生子满三天，由父母给婴儿取名，男孩名字前定冠以“杂”音，女孩名字前定冠以“抡”音。老人去世当天殓棺，停置堂屋，夜即宰猪或羊聚亲戚祭奠，次日土葬。埋葬后的第二天，孝子跪坟前，“鬼师”杀鸡献祭，用黄竹根熬汁染红的麻线一段、麻布一片，缝制成口袋，再将竹根截为寸长数段（段数与儿子数等），装袋内带回挂神龛上，作日后献饭用。濮喇有白、花、黑及孟武、箐箕等濮喇之分。其中白濮喇丧“不用棺，以木架扛送火化”④。节日有：过年，正月初一黎明，于屋前后插椎栗树，早饭群集坪上观斗牛。二月祭龙求雨。三月扫墓。六月廿四日火把节，宰公鸡献财神，宰母鸡祭祖。绑扎火把于门

---

① 康熙《云南通志》卷27
② 《开化府志》卷9
③ 《开化府志》卷9
④ 《马关县志》卷10

前，年轻人入夜持火把于寨旁，以火把打斗游戏，祈祷丰年。八月草把节前夜，各家以茅草扎成草马，马上驮着南瓜叶包的灰两包，然后杀鸡献祖并以肉、饭塞马口。节日当天清晨，由各家小孩抬放寨外路旁。中饭后，各家人背锅、米，抱大公鸡，吆牛上山放牧。一家人或两三家亲友宰鸡、喝酒会餐，玩至入夜兴尽方归。“当秋谷既登，农事既毕，月白风清之夜，逸兴遄飞，男女咸集以为跳乐之戏。”① “跳乐”是男女成群挽手按照三弦的节奏前三步后四步地环舞，间歇时，或吹箫、吹口弦，或谈天、谈情。因“濮喇婚丧与倮㑩同而语言不通”②，故又有“濮喇倮㑩”之称。

古僰人曾活跃在西南夷的历史舞台上，“巴、蜀民或窃出商贾，取其筰马、僰僮”③。《正义》曰：“今益州南戎州，北临大江，古僰国。”西汉末年王莽乱政，僰奋起反抗，王莽大兴，有“今胡虏未诛灭，蛮瑟未绝焚”④ 之叹。川南一带僰人悬棺葬从 1974 年首次清理发掘之后，中外学者广为注目。我国史学家自元代以来，就曾有人对僰的族属产生过误解。李京的《云南志略》一书指出：“白人，有姓氏。汉武帝开僰道，通西南夷道，今叙州属县是也。故中庆、威楚、大理、永昌皆僰人，今转为白矣”。《元史·信苴曰传》载：“信苴曰，僰人也，姓段氏。其先世为大理国王”，将僰人与白族混为一谈。《明实录·英宗实录》谓：“金齿西南极边，洪武时屯宁汉军不下二万余，僰人士军不下千余”。李元阳的《云南通志》说：“在黑水之外者曰僰，在黑水之内者曰爨”。《明史·云南土司传》说：“景东部皆僰种，性淳朴，习弩射，以象战”。《云南通志稿》引《清职贡图》说：“僰夷，一名摆夷，其部落接壤缅甸、车里”，则将僰人与“摆夷”（傣族）相混同。其实僰既非白族，也不是“摆夷”，僰人就是僰人，亦即濮人的一支。名噪一世的僰人今何在？他们散布在滇东南的泸西、罗平、丘北等县境内。其中丘北县双龙营区有 891 人，官寨区有 941 人，楼皮区有 304 人，舍得区有 629 人，共计 2665 人，呈点状分布在 24 个村寨里。当地彝族称之为“古僰（音 Bó）”或“葛莱”；壮族呼之为“布莱俄

① 康熙《云南通志》卷 27
② 《师宗州志》卷上
③ 《史记·西南夷列传》
④ 《汉书·王莽传》

马”，意即戴海巴（即海巴）的莱人；白族称之为“晒巴”；僰人则自称为“葛”。有赵、何、刘、李、毕、张、顾、朱、袁、称……若干姓氏。僰人男子装束与汉族同，女子无论老幼皆着传统民族服装：头戴一笼头式的花帽，帽檐缀海贝一圈，帽身缀海贝四条，两头各系有红绒球若干团。身穿右衽长衫，罩以麻布绣花对襟无袖外套，围以长约 67 厘米、宽约 40 厘米麻布线挑花围腰。古代着裙，后改为穿裤。青年婚姻悉从“父母之命，媒妁之言”，婚期届临，由四十岁以下男女亲友送新娘步行至婆家后，新娘须先入厨生火洗锅，再至堂屋转三圈，新郎即出与之拜堂。婚期一般为三天，这三天内，双方亲友日夜对歌为乐。第四日新娘随送亲者回娘家，日后再由新郎偕小姑一起将新娘接回，新婚夫妇方同宿，开始过夫妻生活。人死殓棺（昔日行火葬），丧仪毕，鸣枪放鞭炮抬葬岩上。有过年、祭龙石、端午等节日。祭龙石尤其肃穆庄重，富于民族特色。二月初二，全寨男子聚集寨旁古树前，由一人从山洞里将一根上尖中圆下粗、长 100—133 厘米的光滑石头——“龙石”取出，恭敬地背至树下。树前垫青杠叶一层，叶上铺白布一块，置“龙石”于布上。各家集资购猪一头，各自带米、酒做成饭菜放于“龙石”前，由伙头（寨老，僰语称“卡谢”）领祭，祈佑全寨清吉平安，子孙昌盛。祭毕，议定不准砍伐龙山的树木，不准偷窃别人的东西等规约。商议毕，用红布将“龙石”包裹背回洞内密藏，嗣由十一人一桌就地会餐。餐毕，青年男女开始“跳乐”。十月献“祖筒”，僰语称为“青阿色西”，“青”是十月，“阿色”为“祖筒”，“西”即献，合谓“十月献祖筒”。祖筒由女婿用桃树镂成，一老人亡故即剪一铜片装入筒内，平时以红布裹放岩洞内，祭时，用新麻布围腰背出置岩脚大石板上，将铜片倒出献祭。祭毕，拾铜片放入筒内，用红布裹背放回岩洞。据传，这里僰人先祖自云南省陆良迁往师宗，一部分与“白沙”女子成婚，变为沙人；一部分迁罗平县，与彝族女子结婚而成了彝族；另一部分迁广南与苗族女子婚配而变成苗族，到丘北的这批僰人至今已有七代。《太平御览》卷 53 引《郡国志》曰：“乞子石，在马湖江南岸，东石腹中出一小石，西石腹中出一小石，故僰人乞子于此有验，因号乞子石。”古僰人这一特有的习俗，一直保存至今，即祭“龙石”，乞求子孙昌盛。当地父老传云，在两辈人前，曾发生过偷窃“龙石”事件。六湾寨的人为使子孙长得好，悄悄将新寨的“龙石”偷走。新寨的人得知龙石被盗，千方百计于次年找到龙石而将其取回。僰人受彝族影响，行火葬，祭祖筒，其语法是谓语后置，中华人民共和国成立后将其归入彝族。

云南省楚雄、玉溪等地彝族中普姓者多，彝族内部认为普姓系由濮人变为彝族的。

三、小结

彝濮关系是十分密切的，两者间有着悠久的历史关系，自先秦迄今，历时已达两千余年。两者在纵横千里的广袤区域里错居杂处，经济、政治、文化以至血缘诸方面相互交流、影响、渗透。我国南北这两大族系在西南地区广泛深刻的交互关系，不仅对彼此历史发展有重大影响，对西南各民族的历史文化发展也很有影响。

彪悍的彝族先民，以其强大的战斗力逐渐由西南夷居住地区之西部向东推进，约在东汉初年，其势力已达川南、黔西北一带，成为这片濮人聚居区的征服者。自此之后，彝族历史发生了重大转折。首先受濮人地区原有社会制度的影响（在战国、秦汉时期，滇、夜郎、僰、邛等都已进入奴隶社会），彝族开始由“毋君长”的原始社会末期迅速发展到奴隶制社会，东汉末年出现了拥有相当政治实力的高定元、孟获、济火等大奴隶主——“叟帅”。到了唐代则建立起南诏、罗氏鬼国、罗甸国等奴隶制地方政权。其次受到濮人地区“耕田，有邑聚”的社会经济影响，从原来“随畜迁徙，毋常处”的游牧民族渐渐变为农耕民族而定居下来。再次，由于农耕、定居及奴隶制地方政权的建立，对文字的需要及产生的可能性提供了物质基础与社会条件，彝族文字应运而生，明清两代出现卷帙浩繁的各种彝文经典，彝族历史赖以得到较为系统的保存。

选自何耀华主编：《西南民族研究彝族专集》云南人民出版社 1987 年版

贵州彝族古代妇女的婚姻家庭

李平凡

（贵州省民族研究所，贵州贵阳 550001）

一、彝族妇女生活的历史背景

彝族妇女作为彝族社会性别上的另一半，她们所处的社会及其历史的地位，既与彝族社会紧密相关，又是彝族社会的一种特殊反映。

按父子连名推算，我国历史上的东周末年之际，大约为彝族先祖笃慕时代。笃慕上推31代，即是迄今所能知道的彝族最远古的父系始祖希姆遮时代。希姆遮是被神化了的男性，以他为标志，彝族的原始社会父系制达到了鼎盛时期，并萌生了宗法奴隶制。彝族文献巨著《西南彝志》载，希姆遮的第六世孙密乍拐时彝族即“创立了君业，创立了臣业”，说明那时彝族不但有父系制的高度发展，而且进入了宗法奴隶制的初始阶段，母系制则已衰亡。希姆遮之前的漫长岁月里，尽管无法确定大致年代，然越向上推，母系制的色彩越浓，即逐渐进入婚姻形态上的“男的不知娶，女的不知嫁，知母不知父”的时代去了。当然，对于彝族母系制的寻根，文献上是难以找到可靠的实证的。即使有所提及，也是后代对前人传说的一些记载，和实际状况也相去甚远，能够索取的只有神话和传说以及文化习俗中隐含的史影。《彝族创世纪》和《训世经》记载，在雯治世烈之前，尚有4个王朝33代，都是母系氏族王朝。这4个母系氏族王朝是：尼女尔、舍什、姑乌、嫫弥。

此外，战争之前举行的“集团誓词”中，也提到上古之时的12个王朝，其中11个是母系氏族社会，其称为：阿斯牛里、阿母波可、尼女尔十子、姑乌九子、舍什八子、嫫弥六子、宜尼尔世、拉女尔、斯猛乌母比母、斯曲羊呼几母、罗富曲何、曲布尼此。最后曲布尼此时才到了父系社会。从上述资料看，彝族的母系氏族社会似乎在原始社会中所占的时间比父系氏族社会长得多。

在彝族的神话中，有个云贵川彝族都知晓的支呷阿龙，是整治妇女的能手。他骑着一匹白马到处游走，遇到女人管男人，他便千方百计地制服她，以致自他以后，"聪明的妇女不聪明，愚蠢的男人不愚蠢。"他是神话中使妇女失败的代表人物。据推断，支呷阿龙是上述提到的希姆遮、雯治世烈、曲布尼此之前的父系制代表人物。他处在彝族社会母系制失败而父系制确立的交错时代。在支呷阿龙之前，再也没有能够整治妇女的神化了的男性人物，那时的彝族先民的妇女社会地位和作用如何？一些传说告诉我们：当时女性在社会生活中的地位，几乎达到了主宰一切的程度。这种主宰是通过典型化反映出来的，这些典型化的女性都是一些被彝语称为"曹祖碍"或"曹祖阿妈"的人物，"曹"即人，"祖"即吃，"碍"即醉，"阿妈"指婆婆，全译即为"吃人狂"或"吃人的婆婆"，这些吃人魔王，全是女性，无一个男子，也无男子跟随。她们披头散发，周身妖气，随风飘游在人间，专门喝人血。所到之处，无人不受其害。显然，这些传说是父系制对母系制的歪曲反映，其目的是否定妇女和母系制，肯定以男子为中心的父系社会。同时，也说明了男性对于女权的忌恨。但是，父系文化对于母系文化的强烈否定，并没有让后世忘却在今人看来是怪诞的女权世界，反倒使这些传说代代相传，成为彝族的宝贵文化遗产。

彝族进入父系社会的历史很早，处在中国商朝时期的希姆遮，是父系社会的典型代表，我们有理由说商时的彝族父系制已经普遍确立。彝族父系制是在氏族酋长制的基础上建立起来的，后来发展为家庭奴隶制，进而走向宗法奴隶制，构成彝族社会独具特色的政治制度。由于宗法奴隶制的超稳定特性，彝族奴隶社会如同汉族的封建社会一样极其漫长。在这种社会形态下妇女的婚姻与家庭生活，也别具一格，妇女的一切活动，都打上家庭奴隶制的烙印。当然，分布在贵州的80多万彝族，其社会历史的发展从古至今都很不平衡。探究其原因，有社会发展进程上的快慢有别的因素，有彝族内部支系存在的因素，有山区地理环境的因素，有历代封建王朝“以夷治夷”而导致的彝族被分割统治的因素，纷纭复杂，难以三言两语概括之。在古乌撒地区今威宁、赫章一带，直到中华人民共和国成立前夕，还处于封建领主制衰亡和上升时期的地主经济并存的阶段，属于过渡型社会形态。在水西故地今大方、黔西、织金等县，又显示出相当发展的地主经济面貌。着眼于小区域的分析，彝族社会的不平衡性也较为明显。无论处在何种社会形态下，总体上说都是父系文化，只是在各种社会形态下父系文化的强弱、表现形式和意识形态显现出区域的、支系的差别而已。这些差别反映在不同地区妇女婚姻家庭生活的各个方面，致使彝族姐妹的命运在相同的同时又有差异。未婚时受父母和兄弟支配，仅作为家庭或家族的从属成员而存在，结婚后受丈夫及其家庭、家族的男性支配。一般妇女的活动限于家庭内的农活、家务和生育的范围，如有家外活动，则限于男性无法涉足的女性之间的交往，如“吃满月酒”等的相互交往。封建社会的妇女婚姻家庭生活，明显比有浓厚奴隶制残余的社会的妇女好得多，妇女的活动在很大程度上能涉及经济与文化的领域。

中华人民共和国成立前，尽管贵州各个地方的彝族社会存在着政治、经济、文化等方面的发展进程的不平衡性，但不影响其传统文化的整体性。彝族妇女在婚姻家庭中的地位及其表现，也存在着整体的面貌。总的来说，妇女处在从属于男子的地位。

二、恋爱与婚姻的统一对立

贵州多数彝族地区都有婚前自由恋爱的习俗，因此彝族妇女婚前一般都有过恋爱史。按礼俗，婚前的恋爱次数不但不受限制，而且可以同时存在现代人所说的多角恋爱。不过，这种多角恋爱的深度往往不是等距离，谁主谁次，只有姑娘自己清楚，旁人很少能觉察。主次之分，虽然相对稳定，但不是固定不变的，此时主，彼时次，是姑娘交男友的人之常情，社会舆论一般是许可的。但无论是多角恋还是单角恋，都非常隐秘。倘若一个姑娘所交的男友之间发生了纠纷，则意味着姑娘的男友被别人所知，说明她不会处事，那她就难以逃脱社会舆论的非议和父母及家族的痛骂。因为父母认为女儿的不稳重是自己教育无方的明证，家族认为那是败坏族风之举。同时，舆论将会造成姑娘失去他的男友和女友。作为小伙子，婚前的恋爱即使公开化或引起纠纷，社会舆论都能原谅他，甚而归罪于他的女友。显然，在恋爱自由方面，女性的自由和男性的自由不能同等看待，真正自由的是男子。看来，现在能看到的婚前的社交自由，已经完全具有父系制的特征，而不是原来的女性与男性完全平等的意义。

贵州大多数彝族中，青年婚前的恋爱方式，主要是夜间相约到寨外的岩洞、箐林去对歌，而忌村里人听闻，否则遭骂受打，甚至采用习惯法惩罚。在黔西南州兴仁、兴义等彝族中，则可设“唱歌台”或“花园”于寨中。到夜间，青年们相约到花园对歌作乐，寨中老人听见，装作不知，认为是青年人的正当社交活动。只要在老小面前不谈“花园”的事就不犯忌。

青年们的对歌，通常有“曲谷”、山歌和白话三种，俗称“三叠式”。“曲谷”为彝语，“曲”即声，“谷”即吟或唱，全译即“唱声”，意即唱歌，被民间文艺工作者称为彝族情歌。“曲谷”的词为彝语，曲为彝族民间音乐，有时曲被称为“调”或“调子”。词分三段，称“三段一歌”，前两段叙述生活中的哲理，起比喻作用，后一段点题，叙依恋嬉戏之情。如有首叙歌场上“独姑娘”左右为难的歌：垭口上的独木树，南风要吹它，北风要刮它；坪地上的独石头，有人要打它，有人要撞它；歌场上的独姑娘，有人要推她，有人要拦她。“曲谷”的调由词而定，词长则调长，词短则调短，一段词结束，调即结束。一歌完毕，调重复三次。

山歌用汉词表达，一行七字，四行一首。有开声歌、猜歌、盘歌、人意歌、送妹歌等数十种，一般都通俗易懂，即使没有受过汉文化教育的女子也能熟记和运用。如：韭菜开花毛茸茸，有心跟哥不嫌穷；只要二人情意好，冷水泡茶慢慢浓。岩上画眉叫一声，岩脚笋子发一根；多出一根成双对，少出一根打单身。

山歌的曲调是彝族音乐，婉转而深沉。为抒情的需要，常加彝、汉语衬词。这种汉词彝曲的山歌，随意调配词曲，既可用一曲说唱若干首词，也可用一首词吟咏若干首曲。这一极富生命力的彝汉文化的有机整合体，产生于清中晚期，是青年男女谈情说爱时最常用的歌种。

白话，是抒情诗，用朗诵的形式出现，句可长可短，可一气说完，亦可分段抒发。可用彝语，亦可用汉语，甚而汉、彝语间隔使用，灵活多变，极为风趣。如有一首用彝语表达的白话，翻译成汉语是：院子里出现了老鹰的影子，其实是老鹰在飞过；阿妹叫喊老鹰要飞来，为是的传话给过路的阿哥。能交替使用“曲谷”“山歌”和“白话”的女歌手，算是歌场老将，深受男性爱慕。

在威宁、赫章一带，还有一种被称为“批帕达”的情诗，语言特点是前一句最后一字与后一句最前一字音同或音谐，类似汉文学上的“顶针”手法。目前，这种歌逐渐失传，知者不多了。

过去，以对歌为突出形式的青年男女之间的婚前社交，始于女性14—15岁之时，盛于17—18岁，一直到结婚。婚后，女性的歌场生活一去不复返。有首歌略述了她们的歌场生活史：十七十八正唱歌，二十四五琐事多，三十四五当家去，有心无脸来唱歌。

在父母包办婚姻的时代，对歌生活是妇女一生中最幸福的时期。作为男子，婚后还有几年乃至十几年的歌场生涯。当然，男性的歌场对象不是自己的妻子，也不是其他已婚妇女，而是未婚的姑娘。这里，远古时期遗留下来的群婚制的影子在男性方面得到间接的体现。女性对这种男女的不平等的反映，不是以反抗的形式体现出来，而是以争夺男性的方式体现实质。比如，一个已婚男子经常出现在歌场，并因而有外遇，发展到威胁家庭存在的地步，这时他的妻子所采取的态度，往往不是限制她丈夫，而是对付“勾引”他的那位姑娘：或私下劝说，或在大庭广众之下“揭底”，使她离开自己的丈夫。这种办法往往生效。如果对方非要争夺她的丈夫不可，她就有可能被遗弃。这里实质，是男性自由建立在妇女的不自由之上，可从不少的山歌中了解这方面的内容：生要跟来死要跟，不怕哥妻眼前争；不怕哥妻眼前在，先打官司后来跟。争夺的结果是女性加害于女性，男性却退居在矛盾的次要位置上。

对歌是男女社交、恋爱的主要方式，歌的多少，在姑娘心目中的分量是很重的。凡姑娘中受欢迎的男性，十之八九都是歌手，即使相貌、身高、健康等俱备的小伙子，若不能在歌场上献技，他在姑娘心目中也会大为失色。作为姑娘自己，也必须具备歌手的条件，方能在歌场中成为男性追求的对象。于是，自步入歌场起，她们必须花费较大的工夫去向过来人学歌，尽其所能成为一名歌手。在一个特定的地域范围，姑娘们犹如百花，争奇斗艳，盛开于“花园”。经过长时期的练技之后，又常常出现超群的女歌手。那时，她能满足的不是一般的歌场情郎，而是久经考验的“老叫雀”。若在她的生活范围内，没有她的对手，那对她来说无疑是一种失望与悲哀。

除对歌外，还可乘赶集、节庆等活动进行社交。婚前恋爱能发展到盟订终身的程度，则男女双方约定，由男方托媒到女方提亲，获得成功，恋爱和婚姻能达到统一，双方共结百年之好。若提亲失败，恋爱和婚姻则相脱离。就中华人民共和国成立前彝族社会来说，恋爱与婚姻不但无必然联系，而且几乎相互脱离。就如彝族谚语所说的那样：“恋不恋是自己的事，婚不婚是父母的事。”婚姻纯属包办性质。早在姑娘恋爱社交前，她已经被父母许配给了她完全陌生的男性，她“嫁鸡随鸡，嫁狗随狗”的命运已经定了。彝语无未婚和已婚的概念区别，未婚夫和丈夫都称为“苏雨”，妻子和未婚妻都称“妻”。一个姑娘许给了谁，谁就是她的“苏雨”，而她就是谁的“妻”了。不论年龄大小，不论同居与否，都是被当作一样看待了。父母在给女儿订婚时，把婚姻的本质视为纯生物意义的生儿育女，繁殖后代。除此，着眼于社会关系的考虑，而没有考虑当事人的意愿。事实上，从父母给儿女包办婚姻时所考虑的有关内容看，彝族婚姻的制约因素是多方面的。以下，我们就来看彝族包办婚的有关内容。

等级内婚：黔西北威宁、赫章等县，直到中华人民共和国成立之前，还有等级内婚制残余存在，被认为是不同等级的人们之间严禁通婚。在这样的等级社会里，父母给自己的女儿考虑的婚姻，先决条件是同一等级。因为有不同等级的青年有婚前恋爱的可能性存在，就产生了禁止不同等级的青年婚前恋爱的不成文习惯法，严惩那些越过等级恋爱并由此引起性关系的青年男女。比较而言，等级内婚给未婚妇女尤其是低等级的妇女造成的灾难往往甚于未婚男子。其一，妇女在性关系中处于被动地位这一特点，致使她有可能成为被不同等级的男子所追逐的对象，而造成的后果，只要违反等级内婚制原则，女方都有跳进黄河洗不清的罪过。其二，不同等级的男女因性关系而致使女方怀孕，男子可以溜之大吉，女子则无以逃脱，也不能与对方结婚，只有被习惯法所处罚。

等级内婚制的严格执行以及对不同情况的处理，一方面是为了维护高等级的统治地位，贯穿着奴隶主义的思想原则，另一方面也反映了父权制下形成的在同一等级内部对男性的制裁要比女性为轻的重男轻女原则。

等级内婚制的对立表现，则是青年男女为了追求爱侣，敢于藐视种种束缚，甚而在死亡的威胁面前仍坚贞不屈。因此，企图用等级内婚制来保持所谓血统的纯洁，其有效度不是绝对的。在实行等级内婚制的彝区，各等级妇女的身价亦体现出等级序列，妇女世界也是个等级社会。

姑舅表婚：彝族通行姑舅表优先婚原则，凡姑舅表有相当年龄的男女，舅家都有权直接提出娶姑家女子，而女方只能同意，一般不能另择配偶，否则姑舅双方会变亲家为冤家。若舅家另有考虑，表示不要女方后，女方才能另作选择。因此，姑舅表婚所限制的都是女性的婚姻自由，对男性则无限制的意义。姑舅表婚的原则，表现在舅家有娶姑家女的优先权上，说明了舅权意识在其中作怪，因此它和彝族姨表禁婚同出一辙，共同说明了彝族婚俗中有浓厚的母系制残余。

家势因素：父母包办婚的第三因素是家势因素，它和等级内婚制有内在的相通，只不过家势因素是从阶级角度去分析，而等级因素是从血统上的贵贱意识上着手。攀上一门家大势强的亲，则算有了依附，可以改变家庭在社会中的地位和影响。因此，家势弱的人户，父母常通过婚姻关系来建立家业，当然成功的事例也不少。

家势是比较而言的，同时家势大的人家毕竟居少数，故攀附大家势也往往只是一种愿望，大多数的家庭是难以实现的。若能实现，媒介是妇女，并且往往是出众的女子，谁家有好女子，就有可能给谁家带来生机，但对女子本身来说，往往是婚姻的牺牲品，故彝族也有“红颜薄命”的谚语。为了逃脱不幸的婚姻，有不少丽质少女通常不出远门，或穿着破烂衣服，或用锅烟擦面，而后出现在集市、节庆等场合，生活是极为艰难的。攀附家势的婚姻，与形形色色的政治婚姻有内在的必然联系，因此它在今天的彝族社会中也大有市场。

彝族婚姻的缔结，经提亲、订亲、烧鸡吃、择婚期、送聘礼、嫁和娶等过程。一般的情形，是男方请媒人联络，由双方父母进行一番买卖式的商量后办理，男女双方当事人不参与，充其量只有男青年在父母支配下，参与一些活动。提亲是男方父母所托的媒人对女方的联系，它是被包办的妇女不自由的先兆。订婚是男方父母所托的媒人和女方父母之间的联系初步获得成功，它是被包办的妇女不自由的开端。“烧鸡吃”是彝语“戛取阻”的汉语直译，“戛”即鸡，“取”即烧，“阻”即吃。届时，男家备礼物到女家，女家杀公鸡、母鸡一对，招待男家客人。席间，两亲家吃股肉，用鸡股骨卜卦，依股骨上的小红点的多少及其位置判凶吉，看后用红、绿彩线缠好，对方各持一对，作为婚证。“烧鸡吃”后，男女两家均一般不得悔婚，否则被社会舆论所不容。由此可知，烧鸡吃的目的就是加固婚姻，深化这桩婚姻中的女性的不自由。择婚期、送聘礼的程序，是对已经算为成功的婚姻的事前准备，它说明妇女的不自由的婚姻完全形成。之后，女方等着嫁，男方等着娶，双方均忙于嫁与娶的准备。嫁期，男方前来迎娶，女方派人送亲。时间一晚一早，晚上办正酒，次日中饭后发亲。妇女婚姻的不自由，在嫁前的“绝食”和嫁日之夜所哭唱的内容中体现得淋漓尽致。按贵州彝家礼俗，嫁前的十几天，嫁女开始减食到禁食，寨中邻里的未婚姑娘们夜夜前来做伴，安慰即将出嫁的姑娘。正酒之夜，每来一批客人，女伴们都随出嫁姑娘用哀哭声迎接客人。哭声讲究节奏，甚为凄凉。传说，彝族古代还有教哭之俗。当晚饭毕之后，从姑娘家堂屋开始，继而转到屋外，举行出嫁歌舞，彝语称“阿麦概”“阿树”或“阿麦妻讨”，直译即为“为妇女唱的歌”。是时，女歌手们排成一行，由两个老歌手各持一块手巾在两边导演，全体且歌且舞。其内容包括生活歌、悲伤歌、感谢歌、艰嫁歌、诉苦歌、祝愿歌、孝敬歌、惜别歌等。时而是姑娘随母撒麻、除草、收麻、织麻、织布、缝衣等生活再现，时而是姑娘与同伴采花、放牧、学歌、出入歌场的欢乐追忆。最为凄凉的是妇女们对于古往今来的自己姐妹们婚姻不幸的声声控诉。如姑娘在堂屋回答家人的“拒食拒衣”歌：阿爹擀的这披毡，擀毡为了撵姑娘，不是想我才擀毡，不披哟，我不披；阿妈办的这顿饭，做饭为了赶姑娘，不是我饿才做饭，不吃哟，我不吃；阿哥做的这件衣，做衣为了送姑娘，不是想我才做衣，不穿哟，我不穿。

又如有首叫“姑娘的阿爹”的歌，是直接对买卖婚姻的控诉：

有个姑娘的阿爹，他的金银堆成山，还嫌金银实在少，常到姑娘的婆家把钱找。等到三年后婆家来要帐，阿爹出嫁姑娘把钱还。可怜啊可怜——姑娘是金银。有个姑娘的阿妈，她的布匹箱箱满，还嫌布匹实在少，常到姑娘的婆家把布找，等到三年后婆家来要帐，阿妈嫁出姑娘把布还。可怜啊可怜——姑姑是布匹。有个姑娘的哥哥，他的牛羊遍山坡，还嫌牛羊实在少，常到姑娘的婆家把羊找。等到三年后婆家来要帐，哥哥嫁出妹妹去还羊。可怜啊可怜——妹妹是绵羊。

出嫁歌中，还有出嫁姑娘到婆家后倍受虐待的声声哀吟，莫说嫁女自己，就是听者亦不能控制自己，热泪长流。难怪彝谚说："嫁女伤断肠，娶妻笑满堂"。歌会进行到高潮，往往出现高手，于是有盘歌、猜歌等主要形式的赛歌，通常进行到天明也难断胜负，或说和收场，或另约相赛。妇女们难得有这样的机会，当然要在男性面前显示她们的才华，诉说她们的苦衷。

歌会结束，一般已接近发亲时辰。到时，嫁女要在哭声中到乡亲父老面前发烟、敬酒，以示其"不愿出嫁又不得不出嫁"的离别之礼。完毕，嫁女回屋中，做离家准备。当迎亲者在女家门前进行训马时，意味着要发亲了。此刻，屋内的女伴们陪嫁女再次行哭礼，并包围着嫁妇，意即不让她出嫁。迎亲者只好用武力去抢嫁女出门，扶其上马，就向婆家进发。在马后，女伴们痛哭尾随，整个场面处在难以言状的悲痛之中。

嫁女到婆家后三天，男家行送亲回转仪式。届时嫁女又要行哭，一则为娘家来的送亲者送行，二则为自己以后的生活处境担忧。送亲回转后，嫁女就是新妇了。

乌蒙山区彝族婚礼中的"禁食"和"哭嫁"及所举行的出嫁歌会，成为彝族习俗中的特色。对于今天来说，并非所有姑娘都认为出嫁是悲伤或不自由的开始。探索这些习俗文化现象，其基因导源于母系制的失败而父系制的胜利，从而使妇女在婚姻上处于只能服从的背景下所产生的消极反抗的表现，它不仅仅是意味着对"抢婚制"的反抗，同时还意味着对男性主宰婚姻现象的反抗，所以这种反抗表现为系列性，诸如"打亲""泼水"等习俗，也属这些系列反抗的构成部分。

"夫妻感情是捏造的"。这句谚语道破了彝族先结婚后恋爱的婚恋倒置的特点。先结婚后恋爱是由倒置婚姻与恋爱的统一上说的。事实上，结婚的双方早在结婚前就可能谈过恋爱，但那时的恋爱对象不是结婚对象，包办婚姻使恋爱和结婚没有发展为必然，而是彼此脱离。现在谈的恋爱，是结婚之后的恋爱，结婚和恋爱的对象都相同，也有希望达到统一。如果因结婚而引发恋爱，则婚姻和恋爱达到了统一。从实际生活看，这种统一的成功率是高的，而且“爱”所能达到的程度，往往使不懂彝族婚姻的人难以相信。由于共同的婚姻命运，把完全陌生的缔婚双方紧紧地捏在一起。首先，是使男女双方特别是女方彻底结束过去的一切，面对他们所组成的“家”。其次，作为这个家的成员，尽管命运注定了女性是丈夫的从属品，但他必定是这个家的一个积极成员。这种乐观的心态，会较快地促进他和丈夫之间的融洽，进而萌发她的婚后恋。因此，已婚妇女不同于未婚姑娘，前者是彻底的现实主义者，而后者是天真的浪漫主义者。彝族妇女的现实主义态度，使她和丈夫组成的家庭极为稳定，而且往往能幸福美满。稳定，是男主女次的格局所决定的。妇女想脱离婚姻，一般不太可能。男子虽然可以脱离婚姻，但他不必以脱离的方式解决，若有可能，他可用纳妾的办法填补原有婚姻的不足，以此尽力保持家的稳定。中华人民共和国成立后特别近年，婚姻的稳定性受到冲击，再婚女性的比例有所上升。传统婚姻家庭的稳定，除伦理道德等因素外，还有财产的因素，即女性作为包办买卖婚姻的牺牲品，已经变成了男人的财产。美满，是因为有了婚后的恋爱，并达到了巩固婚姻基础的目的。“美满”这个词，从理论上讲，似乎与包办婚无缘，而实际生活中，却存在着包办的美满婚姻。

有极少数的婚姻，无法达到先结婚后恋爱的要求，势必导致解体。若是女方主动离婚，就乘机逃回娘家或她早已物色好的新的夫家，即意味着她和原夫脱离关系，只要娘家或新夫家退回原夫家的聘礼就行。若是男方主动离婚，则他可直接赶走妻子，但不能退回聘礼。这是离婚的一般的处理原则。复杂的离婚案，则不能简单对待，会有诸多社会关系在左右。如妇女逃走的，夫家不是以退回聘礼为满足，而是要兴师动众到女家问罪，女方妥协，则女方被带回夫家，在百般虐待中苦度一生。女方抗拒，就发展成为冤家械斗，结成仇敌。一般而言，敢于在夫家逃走的女子，必有其势力强大的后家，能以势力迫使夫家只退聘礼，不致生非。

三、妇女在家庭中的角色与转变

当好彝族的新妇是不容易的。自姑娘变成新妇的第一天起，她便扮演了家庭中的重要角色。这个角色演得如何？婆婆看她，公公看她，丈夫看她，姑子、叔子也看她，甚而邻里、亲戚也看她。演得不好，不仅影响她在婆家的地位，而且影响到她娘家的声誉。因此，彝族谚语说："媳妇不争气，既是自己的错，又是娘家的错"。无论嫁前的"禁食"造成的体力怎样疲惫，她都必须拖着身躯，为她完全陌生的家庭的所有成员效力，挑水、做饭、洗衣、农活，她必须抢着干，而且按习惯，全家起床前，她必须扫完地，备好洗脸水，全家就寝后，才该她入睡。这样的日子，一直延续到分家另居为止。

对于新妇，彝族还有许多禁忌。如新婚未满月之前，新妇不准走亲戚串门。对此，有解释为"新妇身上不净"，指的是新婚期间夫妇性生活频繁。这个解释，不能揭示出新妇不能串门的原本意义。禁止新妇串门，还留有母系制失败后抢婚制盛行时期为防止妇女逃走而禁止其走动的影子。以月为禁期，则大概是妇女一月有一次孕期的缘故。

与新妇不能串门同出一辙的，还有新妇不能上楼。对于彝族的媳妇不和公公、伯伯同桌用餐和言笑的禁忌，川黔彝族相似，按彝族学者岭光电先生的说法："其不近程度，与等级成正比例。如白彝翁媳间，不能接近到六步以内。如一方不知距离过近，则另一方即须高呼'请让'，恐怕闯羞。待对方避让，始能往。倘突然接近，则打破羞耻，过失方须买酒去耻，或杀牲洗羞。否则认为不祥……唯弟媳与伯姊间，则不仅不能接近，欲遥笑相谈，亦不可能。即使过去曾有情侣历史之男女，一旦双方变成伯父与弟媳关系，亦须立即板起面孔，不再谈笑或接近。又黑彝土司，则其界限更严，始终不能相见。"岭氏所言，指大、小凉山彝族社会，但整个彝族都有此俗，仅禁忌程度不同而已。考其来源，有认为其与抢婚制有关。可靠的解释是：这种媳妇与翁伯相回避的习俗，是对群婚制的一种否定方式。

在神权领域，凡上有翁伯者，妇女都不能敬神，甚至"神饭"都由男子做，故过年等节庆，妇女一般手不沾饭菜，美其名曰让妇女休息。至于祠堂前祭祀，则与所有的女性无关，更轮不到新妇。也许是对新妇限制很多的缘故，新妇总有分家另居的趋向，这是彝族青年一般结婚即分家的动因之一。在社会生活中，分家另居的妇女，她所服从的对象只有丈夫一人，故从自由角度来说，处境也往往比与公婆居住的新妇好。

黔西北彝族的新婚夫妇，有第一次发生性关系时的普遍“困难”现象，原因是新妇的强烈反抗。为作好反抗的准备，新妇往往多穿衣裤，并作床上的挣扎斗争。对于新郎来说，无疑是件棘手的事，但他必须在新娘作第一次反抗的当晚，无论采取何种手段，都必须达到目的，否则被新妇所小看。当然也不可避免地存在着因为第一次的失败而导致悲剧的事例。但是，新婚夫妇的这种“初夜现象”是一种风俗，它对于婚姻的破坏性几乎接近于零，不能用“强奸”之类的眼光去看待。对这种现象，可能有新妇为说明自己是处女的解释，但对多数新妇来说，不是这样以为的。因为，她是否属于处女，一般而言不反抗也能在第一次性交关系之后得到证明。况且，如前所述，彝族妇女有婚前社交、恋爱自由的习俗，这种“自由”本身就无论如何也无法保障所有的新妇婚前一定是处女。同时，据彝族聚居区调查，传统社会中彝族男子对贞操观念极为淡薄，一般不会去追究其妻在婚前与异性交往的历史，新妇亦不必担忧男子对她婚前生活的寻根问底。那么，新婚“初夜现象”当怎么样解释才较为科学？笔者认为，它是抢婚制时期妇女抗婚的一种历史遗留，后来演化成为习俗，同时有反抗包办婚姻的因素。

首次性生活成功，夫妻间的性交流转入自然，就一般而言，双方都能得到应有的满足。但在言语上，即使是夫妇关系，也很少提及自己对于性生活的经验，叫“只做不说”。纵然有窃窃私语，也是谈论他人的一些风流事，以此增进体验，而难于启齿谈论自身的感受。性经验的获得，不是在夫妻之间，而是在同性那里。只要女性们在一起，谈笑风生，彼此透露自己的体验，也询问对方一些自己以为是异常的现象。获得启示后，回来与丈夫作无声的实践，久而久之，达到了协调。由于性经验的交流在同性之间进行，故夫妻间发生的事，都会在女性中传播，并且产生出绰号来。在文化生活极为贫乏的山区彝族社会中，有关男人的事成为女性们常常谈论的娱乐性话题，应当说是毫不为奇的。对为数不少的妇女来说，她们能用乐观的态度对待自己由包办而缔结的婚姻，表明她们对生活还没有完全失望。

《峒溪纤志》有彝族“男女贵者，寝不同席，至夜半密通之”的记载，但未指明是新婚夫妇还是老夫老妻。据调查，彝族的新婚夫妇同寝，但不齐头寝，而是交叉寝，这可能与山区气候或忌谈性事有关。儿女长到五六岁后，夫妇一般不同寝，意即不让儿女知道他们有性关系。既不同寝，“夜半密通”就不可避免，也不是什么奇俗。

基于夫妻之间对性生活的表面的冷漠，日常生活中的夫妻关系也表现为极为冷淡，似乎彼此无多大相干。平常赶集、走亲串友等，均一前一后，无并排而行之礼，连彼此言语也很少。若非说不可，则用“你”字相称，不叫姓名。更不宜用亲密之语，也不谈冗言。违反这一切，都会被社会视为轻浮之举。彝谚说：“今天笑，明天闹，不言不语不会闹”。可见，彝族夫妇之间的表面冷淡，是社会伦理道德的一种规范。

在彝族社会里，一夫多妻一直与一夫一妻制并存，在少数统治者中间流行着。恩格斯说：“一夫多妻制，显然是奴隶制度的产物，只有占据特殊地位的人物才能办到。”中华人民共和国成立前的威宁彝族社会中，有几十位被称为地霸的彝族土目和地主，均实行多妻制。比较而言，凉山彝族社会中多妻现象更为严重。如中华人民共和国成立前夕的金阳安柯小坝子里，有 300 来户人，27 个男子是多妻，其中 5 妻的 1 人，4 妻的 2 人，3 妻的 5 人，2 妻的 19 人。通过典型调查，尽管在纳妾的过程中，借口各有不同，但作为妇女，无论大妻小妻都仍然是以依附丈夫和生儿育女的工具出现的。诸妻中，第一妻虽然在家庭中有较高的地位，却没有管理其他妻子的权力，这与黔西北地区汉族的妾媵制有所不同。男子纳妾，事先必须依次取得前一妻的同意，这又有前妻大、后妻小的事实存在，把古代的家庭奴隶制引进了作为人妻的女性之间，使她们之间按彝族古代等级制的逻辑建立了等级制。为了解决各妻之间的矛盾，不让她们时时处在敌对状态，丈夫通常把各妻分开居住，自己则轮流与之同宿。有的地方，多妻制家庭中的各妻所生子女，不论年龄大小，都称第一妻所生的子女为兄姊，小者为弟妹。

妇女转房制也是彝族社会普遍存在的现象，但各地的转法既有共同之处又有区域特点。一般来说，有生育能力的妇女亡夫，都可以转房，按照“兄终弟继”原则，先尽同胞兄弟后按血缘远近顺推而转。有的地方，有“弟死兄接”的习惯，但不如“兄终弟继”普遍。文献记载，古代社会的彝族有寡妇可转给亡夫的长辈或晚辈的习俗，只要上下不超过三代均可通行。因此，侄媳可以转嫁给叔姑舅为两兄妹，所以姑舅表亲实行转房时不能转给亡夫的父亲。古代转房中的这种习俗，在近现代凉山彝族社会中仍有保留。据昭觉县附城区 1951 年到 1956 年的统计，在 97 对转房中，兄弟间有 58 对，翁媳、后母转前妻之子的各 18 对，侄孙媳叔祖的 3 对，以兄弟间互转寡妻为多数。

转房是一个家族内部的事情，选定人时妇女本人的意见是难以作数的，因此它完全是对妇女的一种残害。彝族之所以实行转房制，是因为把妇女完全视为亡夫家族可以转让的财产，这财产的转让只能在族内，而不能外流。若族内无法转嫁，外族人可与亡夫家商议后，用送聘礼娶走她。这里，又一次暴露了买卖婚姻的黑暗。为了实现族内转房，把寡妇嫁给年龄差距很大的男人，这样拼凑的婚姻，感情是很难融洽的，故它残害的不仅仅是妇女，也包括男方在内。

转房还是亡夫家族的一种义务，若男方不行转房，又不嫁出寡妇给外族人，女方就觉得是一种耻辱，于是跑回娘家，从此不回亡夫家来。按礼俗，亡夫家不能逼寡妇转嫁，若寡妇已有儿子，则意味着她给亡夫家族尽到了传宗接代的义务，故不能违反妇女意志而强迫转嫁。

任何一个彝族女性，不管她处在一夫一妻家庭或一夫多妻家庭中，只要他结婚并能生儿子，只要她正常活到老，都要经过从媳妇到婆婆的过程。这个过程依年龄而递增，贯穿于女性生活的不断丰富之中。

彝族女性在当姑娘的时候，她从母亲那里获得生活知识，并用之进行青春期的歌场、恋爱等社交活动。在与同辈男女交往中，她较为自由地追求到了自己所需要的东西。这些追求往往使她与同性的上辈人之间产生了代沟，从而不管会用什么方式表示，也不管表现得强与弱，她都要对父母对她的种种限制产生或多或少的反感，尤其对包办买卖婚姻的反抗，几乎持续到她出嫁之时。当她进入了媳妇的角色之后，随着生活对她的约束力的增强，她改变了姑娘时候的反抗精神，逆来顺受，忍气吞声，顺应着夫家的生活模式，履行为人之妇的职责，这个转变是在平静之中进行的，然而具有传统习惯的强制性。这个转变，充满着痛苦，因而在这个转变时期，她被不断地接回或自行回到娘家过年。极少部分地区，这个转变是通过古代“不落夫家”的影子表现出来的，即由数年的逐渐往来夫家到定居夫家的时间来完成。这个转变与其说是妇女反抗的不彻底，不如说彝族父系文化的机制过于强大，以致妇女们不得不屈从。

彝族妇女在家庭中的第二次转变是由媳妇到婆婆的转变。这次转变的时间很长，经历从当媳妇到受孕、生育并把儿子养大成人结婚的过程。同时，这次转变因寓于生活经验的不断丰富之中，故具有潜移默化的作用，她们自己和旁人往往都难以觉察。到她们当上婆婆的时候，她们不再是做媳妇时期的角色了。最明显的特点是：她们积极参加了儿女的婚姻买卖与包办活动。接回儿媳后，又以婆婆理所当然的逻辑去干涉、教训甚至刁难自己的儿媳，让女儿和媳妇重走自己当年的老路，过一段痛苦的为人之妇的生活。彝谚说：“当媳妇的时候怨恨婆婆，当婆婆的时候虐待媳妇”，这次转变，妇女已经完全走向了当姑娘时候的对立面，这无疑是女性争取男女平等的一次大的失败，也是女性自身的一种悲哀，只不过她们自己没清楚地认识到这点罢了。

彝族的家庭是父权制家庭，其结构有核心家庭、直系家庭、联合家庭和家族家庭及鳏寡孤独户。处在不同家庭结构中的妇女，其地位和作用各有区别，但依传统分工，男主外女主内，由此妇女的家庭地位也主要体现在家内的管理上。核心家庭中的妇女较为自由，她完全有可能在与丈夫同等的地位上，参与管理家庭事务。处在直系家庭中的妇女，因有年龄、辈分、义务的不同，而显示出地位和作用的不同。老年妇女即婆婆，处在家庭中的最高辈分上，故其名誉上的权力不仅大于处在媳妇地位上的妇女，而且大于除了与之结成夫妇关系的男性之外的所有男性，即大于她的所有儿子。因此，她有参与家务管理的权力。这种权力主要表现在家庭内务中，即主要是管制媳妇料理洗衣、做饭、喂猪等。青年妇女即媳妇是家务中的主要劳力，但其权力在公公、婆婆和丈夫之下。由于婆媳共处在家务的关系中，同时两者的地位和贡献出现倒挂，所谓“权力是婆婆的，活路是媳妇的”，故婆婆与媳妇的关系融洽的家庭较少。深究其历史渊源，直系家庭中存在着女性奴役女性现象。如果婆媳之间出现了矛盾，往往是通过男性才能解决，原因是相对于男性来说，她们都是天然的从属人物。

联合家庭和家族家庭在彝族社会家庭中的比例很少，而且一般出现在统治阶级中，但这两者家庭结构，是彝族古代家庭奴隶制社会的缩影或残余，故家庭中除了直系家庭的特点外，还有丫头、娃子或奴隶，家庭关系复杂，有主奴关系，男性和女性的关系，老小关系，男性与男性的关系，女性与女性的关系，各种关系交叉，形成一个小社会。就阶级或等级而论，主管奴；就性别而论，男管女；就同性别而论，老管少；处在最高权力地位上的是男性家长，处在最低权力地位上的是最年轻的媳妇。属于奴隶或丫头、娃子的家庭成员，只在名义上被当作家庭成员看待，从实质上说是无家庭成员资格的。从女性均直接受控于她们的丈夫这一角度看，联合家庭的和家族家庭中总的情形是男性统治女性，妇女的地位比直系家庭更低。

生育问题对妇女地位有直接的影响。如前所述，彝族社会中的婚姻之目的是通过生育达到传宗接代。这种婚姻的必然逻辑是尽力繁殖后代，直到妇女无生育能力为止。传统习惯以为，生与不生，生多生少，生男生女，都是妇女的事。于是，生育直接关系到妇女的地位。一个久婚不育的妇女，无论其品德如何高尚，无论其如何貌美迷人，都不会改变其在家庭中的日渐低下的处境，要么丈夫通过纳妾的办法，使之退出婚姻的本质意义之外，仅作为一种满足于丈夫欲望的女性而存在，要么被丈夫赶走，沦落别家。为解决生育问题，她到处求医，医而无效，则她的命运注定在其他妇女之下。有的妇女久婚不育，遂求神拜佛，或用红布做腰带，以求那红布给她带来彝语所说的“即六”即身孕。婚后一至两年内生育，婚姻的目的初步得到实现，则该妇的地位随着婴儿的降生而提高。但是，生男和生女的地位不同，生男即实现了夫家的传宗接代，生女则没有实现接代之目的，两者对其地位有着直接的影响。如果接二连三地生女，其地位会降低到最低限度，厄运会接踵而至。如果连续生男，她的地位的上升是不言而喻的。生男又生女，则属于人之常情，不会影响到她的地位。只要生和多生男的目的达到，养育上的义务尽管只属于妇女，但她们会任劳任怨，用勤劳的双手改变沉重的负担，把孩子培养成人。

简析彝族土司统治区的土目组织

——以乌撒彝区为例

李平凡

一、乌撒土目的产生及组成

乌撒，指今黔西北威宁、赫章两县和水城县、钟山区、盘县、七星关区及云南宣威、会泽、彝良的部分区域，是彝语“俄索”在汉语书写过程中发生的音变。乌撒原是彝族共祖笃米的第五子米阿克的第二十五世孙之名，系乌撒宗法政权从今云南宣威分支入今贵州威宁、赫章等地的第一代始祖和第一位君长[1]，其生活的年代相当于隋唐之际。后来，乌撒这一人名，被其第九世孙娄朴蔼即折怒王，用作统一周边七部后的大部之名，号称乌撒部，遂成部族名。唐宋时期，置羁縻统治。元明土司制时期，先后设乌撒路、乌撒安抚司、乌撒招讨司、乌撒乌蒙宣慰司、乌撒军民府、乌撒府、乌撒卫等。

彝族曾在漫长的父权制一夫一妻社会历史条件下，存在着一妻多妾的婚姻家庭，而优先承袭父权的人，则是正妻所生的嫡长子，正妻所生次子以下及妾（妃）所生之子，一概纳入庶子之列。就一般的家庭而言，这样一种承袭方式形成了人们常说的家支组织制度，为彝族社会的基层组织。然而，这种社会组织的尖端就形成了宗法制度，通行于彝族古代社会，黔西北水西、乌撒地区的则溪制度和黔西南地区的营长制度等，都是彝族宗法制度的典型表现。有学者认为，因彝族古代社会与中原的周代有类似的宗法政治制度，对于各代庶子的安排，也采取周朝的分封法，分别划给区域不等的地方及臣民供其经营，并授予其在所辖地方管理军、政事务的权力，世长其土，世管其民[2]。最先分封和后来财势膨胀起来的庶子，成为作为君长的父或兄政权的重要支柱。被“分封”后的“庶子”，仍沿其父或兄之法，立长子继位，而将庶出之子划地分封，并将其作为依靠的骨干和辖地政权的支柱。于是，由一个嫡长子衍生出来的家支或家族，便形成了一座尖塔形的宗法制度，占据了彝族整个奴隶社会和封建社会阶段相对地域的统治地位。

彝语称“土目”为“俄”，意即“庶出之官”，原本没有“土”的含义，是土司制度下与“土司”同时出现的汉称，民间习称“官家”。因此，土目的历史渊源即是彝族君长制时代的“俄”。

彝族社会中的土目多为土司血统的庶出，即次子以下之子，为宗法制度的产物，它是以血缘关系为纽带的父权制发展的结果。到了土司制时代，新的生产关系不断发展，土目仅限于庶出的现象被打破，除嫡长子衍生的庶出之辈被分封为土目外，尚有社会名流和姻亲关系跻身于土目行列者。如乌撒政权中的阿底、阿维、阿姐、洛戛四大首目，虽非乌撒政权君长的庶出，却成为彝族社会中势力最大且识文善事的望族。他们曾在乌撒政权中长期辅佐君长，建有大功，因而受到重用和擢封，其中清末被称为乌撒“八大土目”中最大者的阿底，是乌撒君长的姻亲今云南东川“默部”家族的分支。然而，这些非庶出成为土目，并没有改变整个彝族社会宗法制度的根本性质。

乌撒政权中的土目，有三个方面的来源：一是君长的庶出和庶出中的庶出，这是根基和主体；二是受土司重用及土司家族的姻亲特例入目，这是民族内的补充；三是与君长关系特别密切并已拥有一定势力的汉族，这是土目分治向族外的延伸。就其职能和地位而言，乌撒的土目有以下几个层次：第一，是辅佐君长分理军事、行政、祭祀、手工业等事务的大臣，彝语称“摩口”，汉文借音“慕魁”。其中，掌管政务的叫“摩”（臣），负责祭祀或军机的称“布”（师），领导手工业的称“构”（匠）。他们是乌撒核心政权里祖、摩、布、构（君、臣、师、匠）四位一体的重要组成，总体不超出“目”的范畴。第二，是以山脉划分地域的四大部首领。乌撒辖境因地貌地形、生态植被和气候特征，分耐恩（云雾）、色翁（杨梅）、色托（檜树）、鹿洪（草场）四大山脉，并以这四大山脉划分的四大行政区，最先由非庶出的“四大首目”分治，即耐恩区域长官由“阿维”氏担任，色翁区域长官由“阿底”氏担任，色托区域长官由“阿祖”氏担任，鹿洪区域长官由“洛戛”氏担任。这四大区域的首目，是乌撒四大封疆大吏，曾被称为乌撒政权的四大朝臣，民间彝称四大“沟则”，即汉称的“四大白彝”。他们辅佐君长决策施政、沟通辖境属民，同时又与周边各部政权协调关系，发挥着桥梁纽带作用。第三，是“八大土目”，由四正四副组成，四正系非庶出的四大首目，四副则由君长分封的“庶出”担任。据彝文资料介绍，乌撒的第九世孙祖摩阿纪（折怒王）执政时，乌撒政权因拥有四大牧场和十一坝良田而畜旺粮丰，君长便根据山脉的风水和吉祥的数理，设置九大“则溪”（粮仓），并制定典章，委任四大首目和庶出大目分别管理。正部称摩口（慕魁），副部称濯口（濯魁），两者连称摩濯。第四，是“二十四属目”，系八大土目的下级，多由八大土目之庶出辈担任，具有基层政权职能。据彝文献记载，乌撒政权的疆域，西至米嫩奏凯，即今威宁县西牛栏江和西可渡河上游；南至色翁博菊，即今水城、纳雍两县边境；北至蒙保热，即今云南省镇雄、彝良等县边界；东至毕节市西部地区；中心在那娄，即今威宁县盐仓镇为中心的威宁东部、赫章西部。这种行政区划，是彝族崇尚五行数理的体现[3]。并且又以十二兽生肖（地支）分正、副列定“二十四目”进行管理，每一片区设列六目。第一为耐恩大区，所列六目是：尺吐、雄姑、勺朵、勺依、觉洛、勺娄；第二为抱都大区，所列六目是：耐书、麻博、阿依、布雄、野依、姆堵直；第三为益吉大区，所列六目是：鲁洪、俄补、阿切、省奏、妈姑、瓦尼；第四为那娄大区，所列六目为：雄所、构飞、阿雄、阿铺、茨洪、桌多。

乌撒境内最基层的小土目，系八大土目和二十四属目繁衍分化出来的分支，虽属贵胄，但仅分得衣食之田土，而不具有基层行政权力。他们之所以成为“目”，一是属于“正宗”土目的分支，民众不敢轻视；二是他们之中的少数确有上升为“正宗”土目者。如此，乌撒地区的大小土目曾有近百家之多[4]。几个层次的大小土目，构成了乌撒统治区域的贵族阶级，大小土目统治区均为军政合一组织，各“首目”的治所通称则溪，各“属目”的治所称苏博；大的驻军之地称骂恒，小的屯兵之所称“恒所”。

上述军政合一机构内部，共设有四十八“尼余”，择姑舅姻亲充任；十三姓“庶吉”，由最忠实的属民担任；十六家“汝额”，择子女多且无夭折者充任；十三家“陡杰”，由武艺高可作保镖者担任；三十四家“朵柔”，由祭祀或节庆时掌灯者担任。这些底层的社会组织者，之所以为确数，是因为它可以世袭，未经首目或属目调整，不可更改。

二、乌撒土目势力的流变

乌撒君长辖区土目的几个层次中，前几个层次土目的数字，是依据自然环境和五行数理列定的原始机构设置，设定之后是不能随意进行增减的。但是，随着时间的推移和社会政治环境的变化，到了土司制的后期，各级土目的成分、职能、数量都时有变化。

其一，“四大首目”，最初是由与君长或土司没有嫡庶关系的四大白彝即阿底、阿维、阿姐、洛戛四家支担任，后来阿姐和洛戛不再担任首目，而专任了君长身边的臣和师；阿维已降级为二十四属目之列；阿底的大宗虽续任首目，然其分支的卓多已改任了骂色（军职）。

其二，“八大土目”原系“四大沟则”（白彝家支）兼任正部，君长的庶出担任副部。后来，除阿底仍留在八大土目中并为最大者，直至延续到清末和民国期间，其余的七大土目已全部改由君长的庶出家支担任。它们分别是：以鸡，彝称益吉，汉姓安，清代威宁州遵化里首目，居今赫章县北境；尺吐乌，又称扯处乌，汉姓安，清代威宁州德化里首目，居赫章县南、水城县东北境；举予，汉姓安，清代威宁州性化里首目，居地在今威宁和云南宣威两地边境；马摆，又称麻博，汉姓安，清代威宁州致化里首目，居今威宁与云南会泽、宣威接合部；启处，汉姓安，清代威宁州大化里首目，居今威宁与云南昭阳、彝良三地边境；妈姑，又称骂谷，汉姓颜，清代威宁州归化里首目，居今赫章县东北和七星关区西北境；雄所，又称恒索，汉姓安，清代威宁州顺化里首目，居今威宁、赫章两县接合部。

其三，四大首目区域所设二十四目，后来变化更大，调整后既有新任，又有袭任，还有停任。后来的二十四目分别是：（1）那苦阿恒；

(2) 那苦鲁汝；(3) 那苦益吉；(4) 那苦勺体；(5) 德歹；(6) 苏能；(7) 兄姑；(8) 马摆（麻博）；(9) 勺佐；(10) 阿甲；(11) 朱歪（卓歪）；(12) 妈兄块（马洪克）；(13) 勺洛多；(14) 葛姆（古木）；(15) 赤吐乌（扯处乌）；(16) 古达；(17) 口卧；(18) 妈纠；(19) 阿扣；(20) 奢渣；(21) 沟鲁；(22) 阿底（卓多）；(23) 举予（火姆戛）；(24) 此处[5]。

由上观之，二十四目的原始设置数虽无增减，但其世袭格局被打乱，如阿甲、朱歪等属于新增之目，举予等系原来的大目降任。变化之因：一是彝区贵族等级内部各等第势力的消长所致，总趋势是走向衰落。二是土流并治后各土目与流官关系的疏密及其在守土抚民中作用的大小不同所造成，流官已左右着土司势力的升降。据史记载，明代正统年间，对乌撒二十四属目实行调整，此前二十四属目中的阿飞、论诗（耐书）、阿依、卜兄（阿铺）、勺得魁（勺娄）、兄姑、勺多（勺朵）、威家（阿维）、柏握（口卧）、瓦尼、阿甲、法窝、布魁、果木（葛姆）、古达、奢渣、阿克（阿扣）、拉呼（腊福）等十八家土目已被排除在二十四目之外，自然免去了这些土目的基层行政权力[6]。调整中，原属八大土目的此处（启处）、马摆（麻博）、雄所（恒所）、妈姑（骂谷）、举予五家，已被降级为属目。另外新任命了江半坡、雄依两家进入二十四属目的行列。江半坡是一个汉语地名，居住该地的土目姓氏无考，其族属为汉族。及至清初，乌撒统治中心区盐仓的蔡银匠、费麻、赵打狗、邓者得四家汉族被任命为具有基层行政权力的土目，说明在彝族土司制度的末期，不仅流官已控制了乌撒彝区大局上的权力，而且在乌撒政权下属机构中，也渗入了外来汉族客家的势力。这时乌撒地区的土目虽有五十七家之多，但其原有的实力已被大大削弱。

清朝初中期改土归流后，乌撒地区“土目”户数锐减，仅剩下卓多（阿底分支）、五所博（乌撒布）、阿底、多俄、火姆戛（举予分支）、江半坡、居家、则雄、亲兄、阿雄十家，而且基本上失去了基层政权职能，仅以传统世俗社会的影响力对彝区产生作用[7]。乌撒“土目”失势的主要原因：一是反抗流官统治而被剿灭，职权被流官替代而逐渐淘汰。二是到了清朝后期，乌撒地区的封建地主经济有了大幅度发展，致使土目赖以生存的农奴制失去了存在的社会基础。至此，原有的土目大多数蜕变为封建地主。威宁县中华人民共和国成立前财势较大的大官寨、牛棚子、黑土河、龙街子等几家，他们虽是土司旁系土目的后裔，但其存在社会形态和剥削方式都属于封建地主经济的范畴，而不再具有原来土目的权力和意义[8]。至于土目户数锐减的原因，情形较为复杂，有因门当户对的等级近亲婚配导致人口素质退化以致绝嗣的因素，也有因富户争强好斗如争地盘、吃绝业而被杀者，还有被打富济贫的民变武装诛杀者。总之，清末民国之际，土目已没有存在发展的社会历史条件，乌撒地区土目就此而退出政治历史舞台，仅在意识形态上被尊称为土目官家而已。

参考文献

[1] 王明贵等. 彝族源流·纪俄沟二十四苏博 [M]. 北京：民族出版社，2009.

[2] 陆思明. 略论我国彝族古代社会及其发展 [M]. 贵阳：贵州民族研究，1980.

[3] 王明贵等. 彝族源流·纪俄沟二十四苏博 [M]. 北京：民族出版社，2009.

[4] 威宁彝族回族苗族自治县民族事务委员会. 威宁彝族回族苗族自治县民族志 [M]. 贵阳：贵州民族出版社，1997.

[5] 贵州省毕节地区地方志编纂委员会点校. 大定府志. [M]. 北京：中华书局，2000.

[6] 贵州省民族研究所. 明实录·贵州资料辑录 [M]. 贵阳：贵州人民出版社，1983.

[7] 禄绍康主编. 威宁彝族辞典·历史类·土目 [M]. 贵阳：贵州民族出版社，2009.

[8] 国家民委民族问题五种丛书之一. 黔西北苗族彝族社会历史综合调查 [M]. 贵阳：贵州民族出版社，1986.

历史文化认知与彝民族认同

李平凡

长期以来，彝学研究中彝民族的认同即彝族内部的认同，是个被“冷漠”的话题，甚而成了敏感的问题。然而，随着彝学研究的深化和彝族地区改革开放的推进，彝民族的认同是需要思考和议论的。有感于此，本文试从历史文化视角对彝族认同作探析。

一、彝族社会历史概况

彝族是一个分布面广、人口众多的民族，据2000年普查，全国共有776.23万人，分布在滇、川、黔、桂四省区。贵州的彝族共有90余万人，主要分布在毕节地区、六盘水市以及黔西南的兴仁、兴义、普安等地。安顺、遵义、贵阳等市有少数散居。彝族又是一个历史悠久，文化源远流长，有着自己古老文字的民族。彝族先民从秦汉以前就进入了贵州，约在两汉时期，彝族社会就进入阶级社会，创建了独具特色的家庭奴隶制，进而发展成为宗法奴隶制社会，步入立国之门槛。彝文古籍《彝族源流》《益那悲歌》[1] 记载，彝族先民中的“武僰”支系就建立了夜郎国。蜀汉时期，彝族首领妥阿哲助蜀相诸葛亮南征，后被封罗殿王。唐、宋、元时期，见于史书和地方志记载的彝族方国有在今大方、黔西、织金等地的罗氏鬼国和比喇国，在今安顺市至贞丰一带的罗甸国，在盘县、普安、兴仁一带的自杞国。此外，还有乌撒（今贵州威宁、赫章以及水城的部分）、芒部（在云南镇雄和贵州赫章部分）、播勒（今安顺、普定一带）、扯勒（今四川古蔺、叙永和贵州毕节的部分）等若干地方政权。元、明两代在这些地区又出现了水西宣慰司、贵州宣慰司、乌撒土知府、普安土知府、普定土知府等彝族土司政权，[2] 彝族社会进入封建领主制阶段。明末清初以前，彝族分布在今遵义、贵阳、都匀一线以西的贵州广大地区，北靠四川扯勒部彝族地区，西连云南东川、乌蒙、芒部诸部，彝族君长或土司林立，人口众多，为贵州西部举足轻重的族群。因此，自秦汉至明清，中原王朝为有效实施统治而对西南的用兵，客观和主观的主要打击对象都是彝族地方政权和势力，这种状况延续到清雍正年间的“改土归流”结束止[3]。“改土归流”是清王朝彻底废除土司制度的一项重大政治举措，长达十余年的战争，结束了彝族君长到土司近两千年的地方统治历史。以此为标志，贵州彝族历史出现了大的转折。首先，彝族分布区域的大收缩和人口的剧减，今黔西南州及清镇、开阳、息烽、西秀、平坝、普定、赤水、习水、仁怀、都匀一带的彝族或被屠杀，或大量逃亡，向西或向北进入今六盘水和毕节地区，有的长途迁徙到今四川凉山属地，余下者被迫融入其他民族（主要是汉族）。自此，贵州彝族由坝区到山区，由大聚居到大杂居的分布格局基本形成。其次，彝族传统文化的变迁加速，除部分点状分布的彝族聚居区长期保留原有的彝文化外，散居区的彝族传统文化，在几代人百余年时段内，几乎被汉文化所取代，预示着彝族文化走向衰落。其三，彝族政治势力的削弱，仅存受制于汉族地主的地方小土目，历史上那种有实力反抗中央王朝的斗争状况不复存在。其四，催生了彝族地区封建领主制向地主经济的转化，土地买卖由此盛行[4]。贵州彝族清中晚期这段历史，也是加速变革的历史，一方面彝族社会外部的形势在剧变，清王朝衰退，外国帝国主义不断强化对中国的侵略，国内各种矛盾突显，军阀林立，战乱不断，深刻地影响着彝族地区。

另一方面，彝族古代社会遗留下来的生产关系不断消失，有的奴隶主转变为地主或新生的地主阶级势力逐步上升，农牧民的积极性得到了发挥，社会生产力有大的发展。同时，出现了部分地主武装，族内恶霸之争日益激烈。

中华人民共和国成立以前，贵州彝族地区的社会情形是分散区已与汉族同步，属地主经济的社会形态，大致包括今贵阳所属修文、开阳、清镇，今安顺所属普定、关岭，今遵义所属仁怀、赤水、习水，今黔西南州所属兴义、兴仁、安龙、晴隆、普安等县市。杂居区的毕节、六盘水，大多处在地主经济的上升阶段，同时存在不同类型。水西故地大方、黔西、金沙、织金、毕节、纳雍、六枝及水城南部一带，地主经济处在主导地位，阶级矛盾为地主阶级和农民阶级之间的矛盾，但残存有土司制时代遗留下来的“土目”势力，两者常有争斗，各有胜败，不可调和。属古普安地区的盘县一带，又是另一种类型，这里同样以地主经济为主导，同时仍有土司制残余的土目蜕变的地主，两者均为地主，却有新旧矛盾，“老”资格和“新”势力，经实力较量相互妥协，常常达成政治婚姻。同时，下层农民阶级中，还有“黑彝”“白彝”“甘彝”等支系区别，说明旧时代的社区组织界限未被彻底打破。属古乌撒故地的威宁、赫章等县，除有日益上升的地主经济存在外，尚有旧时遗留下来的而且势力很强的奴隶制残余。俗称的威宁“八大土目”，新兴地主是不敢触犯他们的。社会普遍认为，土目是彝族的贵族，血统高贵，非一般有钱有地之地主能比。这一区域内的彝族农民，存在着历史上承袭下来的“黑彝”“白彝”“青彝”（干彝）、“红彝”等严格的支系界限，并同时存在着明显的等级意识，正如《民国威宁县志》所云：“黑贵白贱，干彝最贱。”[5] 不仅如此，在汉[6]语所称的“白彝”范畴，又有“大白彝”和“小白彝”之分，均属等级社会现象。该区域的彝族社会，无疑带有浓厚的等级制度和古代奴隶制残余，还间接影响到汉、苗、白、布依等民族社会，汉、苗、白、布依等民族亦受制于彝族土目，不得不认定土目为“官家”。苗族社会中的“六色”“六巴”制，即是彝族奴隶制残余势力直接延伸的产物。威宁、赫章一带的这种社会历史现象，20 世纪 50 年代到贵州的中央民族访问团团长、社会学家费孝通先生称之为“乌撒的馀留”。

以上即是贵州彝族社会历史的大概。从中可知，彝族在贵州的历史源远流长，有数千年的阶级社会史，并自蜀汉以来建立过若干“国”和地方政权。同时，其古代社会的历史如同中国的封建社会史，跨越近两千年，显得极其稳固而漫长，直到清初“改土归流”而寿终正寝。同时，我们注意到土司制度结束后的彝族社会，受外族特别是汉族社会的影响日益加深，外因通过内因而起作用，内部的发展有先有后，区域性差异在数百年间不断加大，一定程度上影响了彝民族内部的认同。这种社会历史的不平衡性表现在多方面，又有多种形式的表现。在经济领域，是生产力发展程度上的表现及其生产关系的适应性调整；在文化领域，是衣、食、住、行、婚、丧习俗的区域差异的并存，体现得丰富多彩；在语言文字方面则是方言土语的划分和大量异体字、通假字的产生。贵州彝族的这种社会历史状况，使我们在进行彝民族认同研究时，随时不忘历史的纵向和地域的横向两个角度，把握好时空坐标。

二、贵州彝族的区域文化差异

（一）人口分布导致区域文化差异

如前所述，贵州的彝族呈散居、杂居、聚居三种分布状态。散居指人口比例少的彝族居民分散在人口比例大的民族之中，修文、开阳、清镇、普定、兴义、普安、安龙等县市的彝族地区属散居区。杂居指地域较大范围内彝族人口比例与其他民族人口比例相差不大的地区，毕节地区、六盘水市所属各县、市、区是贵州彝族的杂居区，此区域内人口较多的民族除汉族外，尚有苗、白、回、布依等。聚居区指以彝族人口为主的地区，这样的地区已呈点状分布，区域不能大到以县域为单位，多数情形下只存在乡、镇或乡镇连片区域，很多的是以村或自然村为单位的村落。目前，贵州彝族连片的聚居区主要有盘县淤泥乡、普古乡、松河乡；威宁龙场、新发和水城玉舍等乡镇；威宁板底和赫章珠市、兴发、松林、雉街、妈姑等乡镇；威宁雪山、龙街、大街、云贵；金沙石场、太平、马路等乡；毕节大屯、阿市、千溪等乡；大方安乐、凤山、普底、三元、沙石、核桃、八堡、百纳等乡；黔西仁和、定新、花溪、协和等乡；纳雍新房、库东关、董地等等。绝大多数彝族聚居区的概念，主要指彝族居民占80%以上的村和自然村，有的自然村的彝族人口达95%以上，如盘县的淤泥河、普古，威宁的板底、雪山、马街，赫章的珠市乡所属多数村，毕节的大屯，都是贵州彝族地区有名的彝族聚居村寨。值得注意的是，与彝族有关的现行行政区划名称与彝族人口分布的数量或比例不大相符，如威宁彝族回族苗族自治县的彝族人口少于盘县的彝族人口。以彝族挂名或与其他民族联合挂名的民族乡的彝族人口，不是一定多于非彝族乡或与其他民族联合挂名的民族乡的彝族人口，亦即说彝族人口的多少与比例，不能从乡名出发定论。从民族学和文化学的视角，最值得我们关注的是历史上已形成的彝族分布状况，包括散居区、杂居区和聚居区，而不是现行行政区划中的彝族分布。

（二）方言土语划分

彝族的语言，属汉藏语系藏缅语族彝语支。汉、藏即指汉族和藏族，用汉、藏命名语言，在语言学、社会学上含有很深的理论。同理，藏缅语族指与藏和缅有关的若干族群，藏缅语族中的彝语支包括10余种语言，如彝语、白语、纳西语、哈尼语等。彝语分六大方言，即北部方言、东部方言、南部方言、西部方言、东南部方言、中部方言。贵州彝语指贵州彝族人民使用的彝语，属东部方言中的滇黔次方言和盘县次方言。滇黔次方言包括乌撒土语、水西土语；盘县次方言分盘南土语和盘北土语。贵州彝语次方言和土语的分法，从实际使用看，未必是科学的，但它是中华人民共和国成立初期大规模语言调查的成果，具有很高的权威性，至今学界仍采用当时的分法。[7]

彝族语言的次方言和土语分布，与贵州彝族人口的分布相统一。彝语的使用频率状况，聚居区以彝语为主；杂居区彝、汉语并用，因时因地因谈话对象而分别择用；散居区通行汉语，彝语已消亡。据抽样调查统计，贵州的彝语使用者目前不超过30万人，主要分布在上述所谈的聚居区域，尤以点状分布彝区的彝语使用频率最高。如此看来，贵州彝族的语言，按国际测定评估标准，是一种濒危语言，再过两三代人，它将面临消亡。一种语言的消亡比一种物种的消失更有损于人类的发展，彝族语言的现实状况，值得关注。

（三）支系间的文化差异与隔阂

彝族社会历史中的支系问题，由来已久，至今在部分地区客观存在着，这又给彝族传统文化打上了支系的烙印，在开展彝民族认同研究中还须顾及支系因素，才能得出符合历史唯物主义的结论。

所谓支系，指贵州彝族中历史上遗留下来并至今在观念形态上存在着的“黑彝”“白彝”“青彝（干彝）”“红彝”之分问题。支系之间存在着文化差异，因而存在着一定的隔阂或排他性，具体表现在服饰有别、互不通婚等方面。旧时还有行业分工上的差异，如“红彝”从事铁制，“青（干）彝”善于编篾，“黑彝”喜好武装，“白彝”精于文史等。散居区现已无支系存在；杂居区有支系的残留意识；聚居区支系界限分明。

（四）衣、食、住、行上的差异存在

在古代，彝族被史家称为“马背上的民族”，意指彝族是传统的游牧民族。实则，至迟在明代以后，彝族游牧的历史已经结束，以农为主、农牧兼顾，经长达六百年左右的发展，定耕农业的经营与同区域的民族处在平行的水平上。长期以来的演化，使各地彝族的衣、食、住、行有了明显的差异，有的差异已看不出内在的联系。

衣，即常说的服装，据《中国彝族服饰》分类，现存的贵州彝族妇女服饰被分为威赫式（威宁、赫章沿边的服饰）、马街式（威宁云贵乡和雪山镇的“青（干）彝”服饰）、盘县式（盘县、晴隆、兴仁等县的彝族服饰）、龙场营式（毕节龙场一带的彝族服饰）等，可见区域服饰差异是存在的。如果再细分，还可再分出若干“式”。在一个区域如威宁彝族回族苗族自治县，彝族各支系的服装，还有男女老少及性别、等级上的差别。

饮食内容一定程度上决定于自然地理所出的物产。贵州彝族大多居住在高山和高半山，以旱地农业为主，兼营林、牧业，主产主食玉米、土豆、荞麦及各种豆类，其食品加工受制于食物结构，并因各地习惯而进行。居住在低山、坝区的彝族，有相当比例的稻作农业，饮食内容和习惯有其特点，不同于山地彝族。

居住上，房屋建筑结构及其功用主要体现在区域差异上，民族差异很小。山地彝族以土墙和石墙为主，盖草、瓦居多，而居住在坝区、河谷的彝族以木结构和砖墙居多，盖瓦或钢筋混凝土。因居住环境条件不同，房屋建构自然有别。

行，传统意义指交通状况。旧时以人背马驮为主，山区以畜力为主，

坝区以人背居多。现时条件下，交通状况大有改观，但地区差距拉大，坝区已发展到机动车运输时代，山区通路村寨不多，而且晴通雨阻现象严重，畜力运输不可缺。

（五）婚丧习俗差异

贵州彝族古代社会，因君长制政权林立，后演化为土司制，各土司统治区的习俗差异较大，彝族君长播勒（以今安顺为中心）、水西（以今大方为中心）、乌撒（以今威宁为中心）、于矢（以今盘县为中心）各部婚丧习俗各具特点，即使经“改土归流”后的数百年演化，至今仍有地域差别，常有此地不知彼地礼仪的现象。近百年来，彝区文化变迁加速，多数彝区的婚丧习俗渐同汉族，已无本族特点，如丧葬中的布摩（经师）已由汉人的道家先生替代念经了。而且部分彝区，如威宁、赫章一带彝区，基督教盛行百余年后，现在的婚丧习俗中，已有不少基督教的教规教义掺杂其中，“土”俗已“洋”化。

仅以上所述内容，足见贵州彝族传统文化的区域性差异。因此，彝民族认同研究，首先要剔除区域差异文化。

三、共通性传统文化是彝民族认同的基础

彝族传统文化的共通元素，无疑是彝民族认同的历史底蕴和坚实基础。贵州彝族共通性传统文化元素有哪些呢？这要从彝族传统文化的“根”或民众认可度上去挖掘。所谓“根”，即文化源头，从源头开始，梳理分“流”，才能找到共通性文化元素。所谓大众认可度，指影响大的全民族共同认知的文化元素。

（一）古老通用的彝文

文字的创制和使用，是一个民族发展史上的里程碑，也是民族高度统一时期的产物。彝族的文字，有悠久的历史。彝文献卷帙浩繁，内容博大精深。

汉唐以来，由于彝族地方政权的相继建立，彝文的使用与推广有了政

治上的保障，使彝文广泛流传于各地彝族民间，保留了大量的文献。反过来，彝文的推广使用和彝文献的流传，对彝族政治制度的建立和社会的稳定发展起到了积极的作用。然而，彝文及彝文献最大的功劳是彝族传统文化的传承与发展。贵州彝族丰富多彩的历史文献和金石碑刻，全靠彝文的记录与传承，这是无文字的民族不可比拟的。据有关专家分析统计，贵州彝族有万余卷文献[8]，部分流散到国外，多数被收藏在国家和云、贵、川三省所属地、县的有关科研、图书、翻译机构，部分至今仍藏存在彝族民间。另有碑刻、岩刻等金石铭文数千。各地彝族文献所记载的内容，无多大的地域差异，大多可归纳在历史、政治、天文、历法、文学、宗教、医药等学科中。彝文常用的五六千个文字，不但能在贵州还可在滇川黔桂彝族中通用，这些通用彝文是全国彝文统一的基础，是彝族整体认同感的根源。凡有古彝文之彝族支系，无疑是彝族的一部分，这是彝族人民的共识。因此，彝文和彝文献对彝民族的认同而言，具有寻根的意义，无疑得到全体彝族人民的首肯。

同时，彝文及彝文献的传播者、传承人“布摩”（经师），是彝族社会历史中的“文史”职业群体，他们集“史官”“经师”“祭师”于一身，至今仍有较高的社会地位，他们的职能作用被彝族社会全民所认同。

（二）彝族古代社会的十月太阳历

现今彝区广泛使用农历（阴历）和公历（阳历），但彝族古代广泛使用的是十月太阳历，它被重录于彝族古代各地的文献之中，曾在滇川黔桂彝区通行，还影响到彝语支各族。据彝汉翻译家王子国先生考证，自元代农耕文化取代游牧文化后，彝族的十月太阳历逐渐停止使用，[9] 只能在文献中找到。

简单地说，十月太阳历，一年为十个月，一个月为 36 天，十月为 360 天，以虎月始，以牛月终，余下 5 天作过年。彝族火把节和彝族年等彝族传统节日，均源于彝族十月太阳历。关于十月太阳历，已有《文明中国的彝族十月太阳历》等研究成果出版，在学术界引发了强烈的反响和争议，有学者用研究成果破解了我国夏代使用的历法《夏小正》和彝族上古史上的黑、白、红、黄、青“五色观”及彝族向天坟等许多彝族文化研究中的不解之谜。[10]

（三）彝族龙虎图腾

古代彝族既崇拜龙，又崇拜虎，以龙、虎为图腾，自认为是龙虎的传人。按图腾层次分析，由龙原生图腾和虎原生图腾派生的系列图腾，分别构成龙图腾系统和虎图腾系统，在彝族文化各个领域中产生了深远的影响，至今不衰。[11] 如择屋基，选墓地，都毫无例外地请风水先生“赶龙脉”定位。虎图腾系统中，有猫、狐狸、獐等。兽类在彝姓彝名的起用中，常有标志性作用，如“海来拉莫”这个彝名中，“拉莫”指母虎。彝族虎图腾崇拜黑虎，所以彝族喜欢黑色。而且彝族崇拜母虎，历法以虎为首，称母虎日历。以雌性为大，是彝族文化的一大特点：在人际礼仪中，以舅家（母方）为大；凡事物，以“莫”（雌性）附尾，即表示最大，如“剥莫”即大山。追根溯源，龙虎图腾崇拜是彝族农业文化与游牧文化强制结合的历史折射。

改革开放以来，全国各地都成立了各种层次的彝学研究会，龙虎图腾被采用为彝学会的会徽，说明龙虎崇拜是全国彝族的共识，是彝民族认同在原始宗教上的反映。

（四）火把节的动态感染力

彝族节日除外来的春节、元宵、端午、中秋节等节日外，又有自身古代传承下来的传统节日，如“火把节”“彝族年”“赛马节”等。火把节是彝族传统节日中最有特色、最有影响力的全民性节日，盛行于滇川黔桂彝区。彝语支民族白、哈尼、傈僳等亦有日期不同、特色各异的“火把节”。

彝族火把节源于彝族古老的十月太阳历，又称“星回节”，是彝族天文历法发展的产物，具有数千年历史，有深厚的文化底蕴，并随着时代的发展始终附带着不同时期的彝族传统文化，注入鲜活的内容。可以说，火把节承载的彝族文化内容，跨越了时空，是整个彝族认知的传统节日。

（五）笃慕及“六祖”

历史人物的感召力，也是形成彝民族认同的重要因素。彝族历史上的先祖笃慕，又写作笃米、独姆、居木、仲牟由等，均为不同方言或汉语记彝语的同音、同人异写。据史家考证，笃慕即杜宇或祝明，是彝族历史上的划时代人物，分封由其开始。

相传洪水泛滥时期，笃慕的两个哥哥被淹死，只笃慕因善良而得神仙指点，藏在木桶中漂流到今乌蒙山区的洛尼之山。洪水消退后，彝族先民实、勺两氏族在“拜谷楷嘎”设立歌场招亲。笃慕在歌赛中与实、勺两家的姑娘蚩以武吐、能以咪都、尼以咪哺产生爱情缔结婚姻。蚩以武吐生慕雅切、慕雅考，能以咪都生慕雅热、慕雅卧，尼以咪哺生慕克克、慕齐齐。这六个儿子即是被彝、汉文献所记录的武、乍、糯、恒、布、默六大支系，史称“六祖”。[12]

“六祖”分支是多种矛盾的产物，首先是人口发展与资源相对匮乏；其次是经济利益和内部宗法政治制度所产生的矛盾冲突。于是导致以笃慕为武米（天子）的血缘和地缘作纽带的“六祖”分封，从洛尼之山迁徙各地，开疆拓土，建立和发展各自的奴隶制王国。据彝文文献《彝族源流》载，武、乍向西南主要入今云南境，糯、恒向东北活动入今滇川边缘凉山、昭通、泸州一带，布、默向东南发展，主要进入贵州西北部。“六祖”后裔创立了伟业，如武、乍两支系后代建立了以南诏为代表的国家，把古代云南地区的彝族社会推向鼎盛时代。糯、恒两系后代成为川西南凉山古侯、曲涅两大体系。布、默两系在黔西北、滇东北建立过罗殿国、自杞国、罗氏鬼国等地方政权，在古代贵州历史上起到过举足轻重的作用。

笃慕及“六祖”之创举，在彝族人民的记忆中留下了深刻的印象。民间常说“天下彝人，笃慕子孙”，说明笃慕及“六祖”是彝民族认同的历史人物。

以上探析，为彝民族的认同提供了共通性的文化线索，要说明的是历史文化的认知，是彝民族认同的前提。

参考文献

[1] 王明贵. 彝族源流（汉译散文版）[M]. 北京：民族出版社，2005.

[2]（清）黄宅中修，邹汉勋纂，贵州省毕节地区地方志编纂委员会编纂. 大定府志（点校本）[M]. 北京：中华书局，2000.

[3] 余宏模. 彝族在贵州高原的历史变迁与周边民族关系 [C] // 戴庆夏主编. 中国彝学（第一辑）. 北京：民族出版社，1997.

[4] 李平凡. 兴仁县彝族传统文化变迁过程调查 [C] // 贵州省民族研究所民族研究会编. “贵州民族调查”之六，1988.

[5] 苗勃然撰. 民国威宁县志 [M]，1934.

[6] 费孝通. 兄弟民族在贵州 [J]. 新观察，1954.

[7]《彝族简史》编写组编. 彝族简史 [M]. 北京：民族出版社，2009.

[8] 贵州民族研究所编. 毕节地区彝文传统知识分子（布摩）调查 [C] //贵州省民族志编委会编. 民族志资料汇编（第八集），1989.

[9] 王子国. 土鲁窦吉 [M]. 贵阳：贵州民族出版社，1998.

[10] 陈久金. 彝族天文学史 [M]. 昆明：云南人民出版社，1984.

[11] 杨和森. 图腾层次论 [M]. 昆明：云南人民出版社，1987.

[12] 易谋远. 彝族史要 [M]. 北京：社会科学文献出版社，2007.

《且兰考》上卷

——四川永宁宣抚司考证

(清) 余若瑔　著

余宏模　注

《且兰考》是一部彝族扯勒家族的族系谱，彝族称它为《瓦沙楚尺》，意为且兰（扯勒）部落的家史。叙述了从远古至明末，两千六百多年且兰(扯勒) 彝族的发生、发展、变迁的历史。原为竹简彝文，为彝族的重要历史资料之一。

这部汉文版《且兰考》，是从彝族扯勒土司杨氏后代手中收集到的，是余若瑔及各支毕摩根据竹简彝文译成汉文后，余若瑔按编年体写成的，余若瑔作了极为详尽的考证。在考证编写中，余若瑔并没有局限在原书的范围，而是将内容扩展到了清朝，个别内容写到了民国初年，并附录了有关彝族历史的一些文章。

汉文手抄本《且兰考》，除去考证部分，内容十分简要，最早成书年代约为清朝初年。竹简本出于扯勒彝族统治阶级御用文人——毕摩之手，可以说它是且兰（扯勒）部落的正史，字里行间充满了统治者的口吻，而且亦明显体现出依照汉族统治阶级修史的体例与观点写成。余若泉忠于竹简彝文本，没有改动。

《且兰考》为我们提供了鳛部扯勒的许多政治活动的记载和经济资料，如：土地的占有情况及田赋（即丁条粮银）；记载的大大小小的战争，为我们提供了其他书籍所不曾记载的，较为详细的军事资料，使我们能从中得知战争的波及面、造成的破坏、人口的死亡以及有关的军事人物的活动；也为我们提供了鳛部扯勒丰富的社会问题资料，如：宗教的组织和结构、职能和权力、婚丧嫁娶、风俗、迁徙等。

《且兰考》是彝族的一部完整的系谱，有颇多的民族史资料。

《且兰考》附录部分：（一、二、三、五、六）五篇为原抄本所载。（四、七、八、九、十）五篇均录自瓦沙彝族（奢崇明之长子奢寅支系）《杨氏支谱》所载。

且兰旧事考一

周

【原文】

己卯，周十有三年春[①]（即武王元年），卢与庸、蜀、羌、髳八国之师[②]，从武王伐纣。

原考

《周书·孔氏传》："八国皆蛮夷、戎狄，属文王者。"《括地志》："戎府[③]以南皆卢地。"

按：即今之昭通、镇雄、叙永、永宁、大定（今大方县）、毕节诸境。夷谱谓始祖孟赾[④]世居邛之卤[⑤]，即此。

【注释】

①己卯，周十有三年，据《史记·周本纪》及《竹书纪年》等推算，周武王元年，即为公元前1027年。牧野之战，发生在周武王十三年（即元年），公元前1027年2月5日。②八国之师，指卢、庸、蜀、羌、髳（máo）、微、彭、濮八个方国。③戎府，即叙永府，在今云南、四川、贵州相邻处。④孟赾（qǐn）：为彝族父系社会之始祖，彝书记载又称为希姆遮。⑤邛之卤，夷文称："邛波习卤"，意为大雪山脚下。邛，即越嶲（xī）郡（地名，在四川省，今作越西）；卤通卢，即《周书》所谓微、彭、濮之地。春秋时为卢戎。

【原文】

壬午，桓王二十一年[①]，卢戎与罗子共败楚师。

原考

《左传》杜预注："卢戎，南蛮"。杜佑《通典》："卢与罗子共败楚师，后又属于楚。秦昭王伐楚，略取蛮夷，置黔中郡。"《襄阳耆旧传》："南漳县有废中庐城，即古卢戎国。"

按：汉置中庐县属南郡，晋仍之[②]，属襄阳。宋初，犹有中庐之名。绍兴五年（公元1135），省[③]入南漳，遂有废城。若误为周之卢戎，不唯与杜注异，而庐与卢不同。盖中庐即《左传》"楚大饥，戎伐其西南，又伐其东西。庸人率蛮以叛楚，麇（mí）人率百濮聚于选，将伐楚，乃出师。自庐以往振[④]廪[⑤]同食，次于[⑥]句澨，使庐戢黎侵庸。"

杜注："戢黎，庐大夫"。则庐乃楚属，盖即此，非卢戎之境可知。

【注释】

①壬午年，应为周桓王二十一年，即公元前699年。原文为"桓王二十二年"则为公元前698年，即"癸未年"。今按桓王二十一年，即公元前699年。②仍之：沿袭。③省，撤销，废止。④振，通赈，救济。⑤廪（lǐn），粮仓。⑥句澨（gōushì），古地名，又叫雍澨，其地在今湖北襄阳市宜城县北。

【原文】

甲申，赧王三十八年[①]，楚顷襄王将庄蹻（qiáo），泝[②]沅江（即清江），出且兰[③]（且音苴jū，即平越、遵义）以伐夜郎（今贵阳、安顺、大定、兴义等处），植[④]牂牁（zāng kē）[⑤]系船（即今盘江）。于是，降且兰，灭夜郎以入滇，值秦夺楚黔中[⑥]地，无路得返，遂王滇池，因名且兰为牂牁国。

原考

或谓楚威王时，则与秦夺黔中地之年不合。其时，穆隆[⑦]之后六大姓，皆在夜郎、牂牁之内。今之永宁、水西、乌撒、镇雄、乌蒙、普安之土司皆其后也。

【注释】

①甲申，赧王三十八年，即公元前277年。②泝（sù）同溯：逆水流

而上。③且兰，“且”音苴（ju），即古且兰国，2000多年前与夜郎国同时存在的部落酋长国，在贵州平越、遵义一带。④植，古代军队中督办工事的将官。⑤牂牁（zang ke）：水名，又为郡名，在今贵州省境内。⑥黔中：古地名。秦时置黔中郡，唐代置黔中道，辖境在今贵州大部分和四川一部分。⑦穆隆，即隆穆，又称笃穆吾、笃慕、祝明等。笃慕娶三妻生六子，其子长大后分封各地，即彝族典籍记载的“六祖分支”事件，永宁彝族的祖先为笃慕的四子恒祖穆阿卧。

秦

【原文】

庚辰，始皇二十六年①，颇略通五尺道（即今昭通），诸此国②颇置吏焉。

考证

按：《史记》“诸此国，即夜郎、牂牁之属”。《史记》又云：“十余岁，秦灭及汉兴，弃诸此国而关故③蜀徼④，则诸此国仍自长⑤其部，置吏者羁⑥耳。”

【注释】

①庚辰，始皇二十六年，既公元前221年，秦王嬴政灭六国而统一中国。②诸此国，又名“诸止国”，即主朱濮乌的众部落国。今四川省宜宾一带。③故：即古，旧有的，原来的。④蜀徼（jiào）：蜀国的边界。⑤长，管理。⑥羁：羁縻，笼络。

西　汉

【原文】

己亥，高帝元年①，募发②賨民③，共定三秦地，废除罗、濮、昝、鄂、度、夕、龚七姓不供租赋。

考证

《华阳国志》“高祖为汉王，王巴蜀⑤募发賨民，共定三秦。既定，帝将讨关东，賨民思归，帝嘉其功，而难其意，遂听还。复除[④]罗、濮、昝、鄂、度、夕、龚等七姓不供租赋。夷性勇劲，为汉前锋屡陷阵，锐气喜舞。帝著之曰：'此武王伐纣之歌也。'令乐人习之，今所谓巴渝舞云。"

按：罗濮，或即卢濮之讹，后世罗罗，鹿卢之称皆由此。汉去周未远，故其歌可辨。周都丰岐，汉在巴蜀与卢濮近，故用其师。

按：賨民，即板楯蛮。

【注释】

①按"己亥"年，应为汉高祖刘邦五年，既公元前202年。若按"元年"，应为"乙未"年，既公元前206年。今按己亥年，公元前202年。②賨民，賨（cóng），古音读若"倧"，是因功免租。秦汉时，四川、湖南、重庆等地的少数民族部落。③募发：募，招兵。发：出发、派遣。④复除：免除。复，免除赋税徭役。《史记·高祖本纪》："沛章得复，丰未复"。⑤王巴蜀：统治巴蜀。

【原文】

甲辰七年[①]，置广汉郡，而关故蜀徼（jiào）。

考证

广汉郡，西接汶山，北接梓潼，东接巴郡。汉弃诸此国，而关故蜀徼，则穆隆之后六大姓皆在徼外。

【注释】

①按"甲辰"年，应为汉高祖刘邦十年，即公元前197年。按"七年"应为"辛丑"年，即公元前200年。今据甲辰十年，公元前197年。

【原文】

壬子，武帝建元六年[①]，夜郎侯多同降，置犍为郡（今叙州府）及[②]鳖（bì）（今仁怀县）、平夷（今永宁县）、朱提（今昭通市）、汉阳（今南溪、江安）、郁鄢（yān）（今威宁）诸县。西至沫若水（沫水在雅州，若水在荥经县，即泸水是也），南至牂牁为徼。

【注释】

①按"壬子"年，应为汉武帝元光六年，即公元前129年。按"建元

六年”，应为“丙午”年，既公元前135年，今按“建元六年，公元前135年。”②及：和，与。

【原文】

丁已，元光五年①，拜②番愚令唐蒙为都尉，以重币③告④牂牁诸种侯王，侯王服从，乃治南夷道，自僰道（今宜宾县）指牂牁江。

考证

《史记》“夜即临牂牁江，江广百余步，足以行船。”

按：牂牁江，即今红水河，亦即南盘江，与北盘江会于贵州贞丰州之者香，可行船。殆即夜郎之都也。诸种侯王，即隆穆之后六大姓也。

【注释】

①丁已：应为汉武帝元朔五年，即公元前124年。按“元光五年”，应为“辛亥”年，即公元前130年。今按汉武帝元光五年，即公元前130年。②拜：授予官职。③重币：上币，即珠玉等货币、财物。《管子·国蓄》“以珠玉为上币，以黄金为中币，以刀布为下币”。④告：告谕。

【原文】

戊午，六年①，始置邮亭。

考证

《华阳国志》：“自僰道、南广有八亭道通平②。”

按：南广，为今筠连、高珙、镇雄地。八亭道，即今叙永府，南通镇雄，由毕节、水城、郎岱、镇宁至贞丰之路，为攻南粤而设也。

【注释】

①戊午六年：即汉武帝元朔六年，公元前123年。若按前文，则应为元光六年，公元前129年。今按元光六年，公元前129年。②平：即平夷郡，包括现在大方、毕节、遵义、黔西、仁怀等地。

【原文】

庚午，元鼎六年①，以南夷为牂牁郡，属益州（益州之设始也，以滇王之附②也），以犍为之平夷、鳖改属牂牁。

【注释】

①庚午，元鼎六年：为汉武帝时，即公元前 111 年。②附：归附。

【原文】

丙午，昭帝始元六年[①]，钩町[②]侯击畔[③]斩虏有功，晋爵为王。

【注释】

①丙午，昭帝始元六年：应为汉昭帝刘弗陵元凤六年，即公元前 75 年。按“始元六年”，应为“庚子”年，即公元前 81 年。今按始元六年，公元前 81 年。②钩町（gou ting）：为汉时西南地区的一个地方政权名古地名。辖地在今云南省通海县。③畔：通“叛”，背叛，叛乱。

【原文】

甲午，成帝河平二年[①]，夜郎王兴（在今贞丰）与钩町王禹（孝昭时，钩町侯以功晋爵为王），漏卧侯俞更，举兵相攻，牂牁太守请讨。议者谓道：“远不可击”。乃命太中大夫蜀郡张匡持节和解。兴等不从，命刻木像汉吏，立道旁射之。大将军王凤荐金城司马陈立为牂牁太守，立至牂牁以义告兴，兴不从，立请诛之。未报乃从吏数十人出行县，至兴国且同亭[②]召兴。兴将数千人往至亭，从邑君数十人入见，立数责因诛之。邑君曰：“将军诛此，为民除害，愿出晓士众。”以兴头示之皆降。禹、俞震恐，入粟千斛、牛、羊劳吏士，立归郡。兴妻父翁指与兴子邦务收余兵，迫胁二十二邑反，立奏募诸夷与郡尉长吏，分将攻翁指。都尉万年引兵独进败走，趋立营，立怒叱戏，下令格之都尉，复还战，立引兵助之。时大旱，绝其水道，诸夷斩翁指出降，夜郎遂平。

【注释】

①甲午，成帝河平二年：即公元前 27 年。②亭：秦汉时期的一种基层行政单位，“大率十里一亭，亭有长。大亭一乡”。

【原文】

甲子，平帝元始四年[①]，安汉公王莽，更[②]天下郡县内卒正。更牂牁曰：同亭，犍为曰：西顺。

【注释】

①甲子，平常元始四年：即公元 4 年。②更：变更，改换。

【原文】

己巳，初始二年[①]，新莽自立。牂牁诸种侯王拒郡不服。

考证

王莽篡位易汉制，改钩町王邯为侯，邯怨恨。莽命牂牁太尹周钦诈杀之。邯弟承攻杀钦州郡，击之不能服。益州郡夷栋蚕、若豆等，起兵杀郡守。越巂姑复夷人大牟亦叛，杀略吏人。莽遣宁始将军廉丹，发巴蜀吏士击之，转饷、卒徒以十余万计。吏饥疫，连年不克而还。

莽以故中散大夫公孙述为导江[②]（即今成都）卒正，更始起兵。述遂据成都，威有巴[③]汉[④]，牂牁保境为汉，仍不服述。

【注释】

①己巳，初始二年：新朝年号实为“始建国元年”，即公元 9 年。②导江：成都的旧称。

③巴：巴郡，辖境在四川省东部至今重庆市的范围，秦惠文王灭巴国后，改置巴、蜀、汉中三郡。④汉：汉中郡，秦置汉中郡，有今陕西南部及湖北西北部之地，治所在南郑。汉仍之。

东　汉

【原文】

乙酉，光武建武元年[①]，牂牁大姓龙、付、尹、董四氏，与[②]功曹[③]谢[④]暹[⑤]遣使，由番禺[⑥]出奉贡[⑦]。光武嘉之，号为义郎。

考证

此四姓，唯龙姓为隆穆后，即今普安龙姓。

【注释】

①乙酉光武建武元年，即公元 25 年。②与：通“举”，推举；提拔；进用。③功曹：曹，是汉代官署中分科办事的官署。后来，州郡设置的属

官也称曹。因此功曹是一种官职。④谢：轮换。⑤暹（xiān）：暹罗，泰国的旧称。⑥番禺：地名，在广东省。⑦奉贡：此处应为古地名，即泰国的首都曼谷的讹音。

【原文】

壬寅，十八年①，夷②渠帅③栋蚕④，与姑复⑤、叶榆⑥（今大理府）、弄栋⑦（今姚州）连，然滇池⑧、健伶⑨、昆明（今威宁，皆在云南），诸种反，杀长吏⑩。

【注释】

①乙酉，光武建武元年：即汉武帝建武十八年，公元42年。②夷：西南夷。③渠帅：首领，旧时统治阶级称武装反抗者首领或部落的酋长。④栋蚕：东汉时西南夷的首领，在云南的滇池洱海一带领导“昆明诸种”起义。⑤姑复：地名，在云南大理州洱海一带，即今华坪。⑥叶榆：即大理、洱海、剑川一带。⑦弄栋：即姚州，今云南楚雄州的大姚、姚安一带。⑧滇池：即今晋宁。⑨建伶：即晋宁昆阳。⑩长吏：地位较高的县吏。

【原文】

癸卯，十九年①，遣武威将军刘尚等，发广汉、犍为蜀人，及朱提夷击之。军渡泸水②，斩栋蚕，凡③首虏万人。

【注释】

①癸卯，十九年：即汉光武帝建武十九年，即公元43年。②泸水：即金沙江。③凡：总共，共。

【原文】

乙巳，二十一年①，诸夷悉平。

【注释】

①乙巳，二十一年：即汉光武帝建武二十一年，公元45年。

【原文】

丁未，安帝永初元年①正月，置犍为属国都尉②，领朱提、汉阳二县。

【注释】

①丁未安帝永初元年，即公元 107 年。②属国都尉：官名，东汉时在少数民族居住的州郡，有属国都尉，为地方之官。

【原文】

甲寅，灵帝熹平五年[①]，南中蛮反，执[②]益州太守雍陟（zhì），遣御史中丞朱龟（qiū），将并凉兵讨之。不克，朝议欲依朱崖[③]故事弃之。太尉椽巴郡李颙[④]，独建策讨，乃拜颙为太守，与刺史庞芝，发板楯蛮讨之。后复叛，又以景毅为益州太守，承丧乱后，民夷困饥，牂牁斗米千钱。毅至安集后，斗米数十钱。

考证：

参《后汉书·滇王传》《华阳国志》。

按：夷谱载，穆隆之后十九世[⑤]，至德赫辉由乌蒙渡白水江[⑥]，创业鳛部，号柏哈通雍，当在此时。

考证

查《山西夷谱》，自隆穆十九世为比额勿[⑦]，世居闷畔（即今东川）。勿卒，其少子阿纳不容于兄嫂。兄嗣位逐之出，唯一老仆乌突希珠从，携米一升，瓦鬲（lì）一具，煮粥松下。松枝坠，鬲毁粥覆。希珠号伤，阿纳曰："勿悲，大丈夫贵自立耳。"行将太牢食也，遂创业于南广之鹿里（即今镇雄），为芒部水西之祖云。其世次后德赫辉一代，亦当在此时。

《大定志》以阿纳当梁太清。宁州没于爨氏之时。盖误以隆穆之子齐齐为蜀汉之火济鳛。推其世次，不得不以阿纳当梁时。然鳛部之名，当见于桑钦《水经》。钦乃汉末入鳛部方张，故知有名。郦道元注《水经》，已不知鳛部之名。则德赫辉创业鳛部，实在此时。

又水西安胜祖状称齐齐火相传四十代至东汉时，主色佐武侯擒孟获鳛，封罗甸王。传三世至唐开成元年（公元 836 年），阿佩归顺，乃袭原爵，年世不合，实为乱道。然不以主色为火济，而以为齐齐火之四十代孙则佐武侯擒孟获者，实非济火。夷之称其部族，每以始祖之名称。蜀汉时，佐武侯者以济火称，史氏因之，后世遂以济火为蜀时人，如物叔之九世孙弩，以其祖名号其部曰："乌撒"，即物叔之讹；阿晟之后，以阿晟名部；扯勒之后，以扯勒名部。今各自之以始分之祖名为氏，皆其据也。孟赾（qín）为殷周之际，故其子孙犹用周法，以王父字为氏也。佐武侯而称济火者，考其世次，必以阿纳之四世孙阿妥[10]当之，非主色安胜祖之状，与郡志皆误，必以夷谱为质。

【注释】

①甲寅年，应为熹平三年，即公元174年。按原文为“五年”，应为“丙辰”年，即公元176年。今按甲寅熹平三年，公元174年。②执：捉拿，拘捕。③朱崖：朱崖郡（即今海南岛），汉朝时曾有放弃朱崖郡的旧例。④太尉椽（chuán）巴郡李颙：出自《后汉书·西南夷列传》“灵帝熹平五年，诸夷反叛，太尉椽巴郡李颙建策讨伐，乃拜颙益州太守，与刺史庞芝，发板楯蛮击破平之。”

⑤穆隆之后十九世：其世系为：穆阿卧→卧阿比→比能伦→能伦哺→哺与哈→与哈立→立阿赫→赫阿通→通二浦→浦阿丰→丰那琚→那琚赛→赛弥纶→弥纶勒→勒卧孟→卧孟叶→叶卧海→海德赫→德赫辉

又记为：

穆阿卧→卧阿烨→烨能伦→能伦哺→哺兴哈→兴哈云→云阿赫→赫阿通→通二蒲→二蒲丰→丰那琚→那琚赛→赛弥纶→弥伦勒→勒卧孟→卧孟卧叶→卧叶哦海→哦海德赫→德赫辉。

又记为：慕雅卧→卧雅叶→叶雅娄→娄娄补→补亨哈→亨哈密→密雅恒→恒雅妥→……。

以上皆由于译音不同之故。

⑥白少江，即今白水江，源出今四川松潘东北。

⑦自隆穆十九世为比额勿：其世系为：隆穆→穆济济→济济火→火阿德→德乌沙→沙乌木→乌木菊→菊阿糯→糯阿罗→罗阿杓→杓阿脉→脉阿德→德阿含→舍脉乌→乌莫德→莫德堕→堕阿委→委乌所→所比额→比额勿。

又记为：

慕齐齐→齐雅洪→洪雅德→德武沙→沙武姆→武姆纠→纠雅脑→脑雅洛→洛雅杓→杓雅默→默雅德→德雅施→施默武→武孟迭→孟迭垛→垛雅于→于俄索→俄索必额→必额勿。

上皆由于译音不同之故。该世系为今贵州安世支系。

⑧火济：又称济火。其世系为（紧接着⑦后）勿阿纳→纳阿宗→宗阿补→补雅勺→勺雅妥→妥阿哲（或妥阿卓），即史载（火济）亦称济济火，佐孔明南征，擒服孟获，经承认为罗甸王。这实为误称，济济火是其二世祖。时代实不相同。

⑨孟获：不是指人，而是指彝族的一支部落名称，或叫家支名称，族号。率军抵抗诸葛亮的孟获部首领为来者阿什。⑩阿妥：即妥阿哲，按世系为纳阿宗之四世孙，而安胜祖彝名为主色阿更，乃四十六世。

三国（蜀汉）

【原文】

乙未，献帝建安二十年①，蜀先主②改犍为属国为朱提郡，汉阳属焉。平夷、鳖属牂牁如故。

【注释】

①乙未，献帝建安二十年：即公元 215 年。②蜀先主：刘备，字玄德（公元 161 年—公元 223 年），即汉昭烈帝，三国时蜀汉的开国国君。

【原文】

辛丑，昭烈章武元年①，以庲降都督②（治南昌县③）邓方（字孔山，南郡人）卒，帝问代于建宁李恢（字德昂，建宁俞元④夷人，其姑父爨习，即爨蛮祖），对曰："先零之役，赵充国有言：'莫如老臣'。"帝笑曰："孤之本意，亦以在卿矣。"遂以恢为庲降都督，使持节领交州刺史，住平夷县。

【注释】

①辛丑昭烈章武元年，即公元 221 年。②庲（lái）降都督：汉末，刘备入蜀后按照诸葛亮"南抚夷越"的方针，在益州、南中地区设置的戍卫重镇，是蜀汉政府在南中地区设立的最高军政机构，其最高统治长官也叫庲降都督，治所在南昌县。③南昌县：今云南镇雄县。④南郡：今湖北荆州。⑤建宁俞元：今云南澄江。

【原文】

乙巳，后主建兴三年[1]，以庲降都督李恢为前锋，从丞相诸葛亮征益州叛帅高定、建宁雍闿（kǎi）、牂牁朱褒。亮先由越巂进，而恢由平夷案道向建宁（即今永宁）。诸蛮大相纠合，围恢于昆明（威宁亦为昆明）。时，恢众少敌倍，又未得亮声息，绐[2]谓南人曰："官军粮尽，欲规退还。吾中间久斥乡里，乃今得还，不得复北，欲还与汝同计谋，故以诚相告"。南人信之，围守怠缓，恢乃出击破之，追奔逐北，以会亮师。亮既斩雍闿、高定，僰酋孟获收余众拒亮。亮生虏之，七纵七擒，乃降服曰："公，天威也。南人不复叛矣。"后获仕汉，为御史大夫。

时，牂牁帅有火济者，尚信义，善抚其众，亮因令世长其地。后牂牁界中，普里革猿叛，后主诏火济讨平之，封罗甸国王。时年已耆艾，赐镂银鸠杖，以宠异之。

䲹部帅时以平夷兵从李恢，亦世长其部。亮之平南也，不置吏不留兵，即其渠帅而用之。于是，夷叟安贴，大得其牛、马、丹漆，以供国军之用。

考证

按：火济之名，艳称黔志，而夷谱未载其事实。安胜祖以夷谱之四十六世主色当之，三世即至唐开成元年之阿佩③，盖以夷谱羼④合史志，不知朝代远近，是以谬误。若以夷谱为质，而以史志参之，则当以夷谱之二十五世阿妥之子阿乍当方合。

谱之孟赿，即为商、周时人，传世三十世至隆穆，则当周烈王、显王之际。由蜀汉建兴三年岁在乙巳（公元225年），上溯烈王元年丙午（公元前375年），五百三十六年。以其二十世阿纳，当灵帝时。以二十五世妥阿乍，当后主时。每世约袭位二十三四年，世次甚合。

而夷谱称妥有四子，长曰：孟布，仍居鹿里，为芒部之祖。仲曰：晟，居泸阴之沙陌，为阿晟部，沙骂（玛）之祖。叔曰："乍，居水西之裸革，后居晋乐，夷语谓姑糯（即今贵阳）。又西南驰至都云（匀）洞。季曰：擘（bò）麻，居汉阳之苴里，为阿苴部。是妥乍全有罗甸之土，则蜀汉之封罗甸王者，非妥乍不足以当之。妥与火，音近；乍与济，音近。夷谱子必连父名称之，其随意书写，讹而为妥乍者，即火济也，当以史之火济为是。

后世作通志者，盖因水西安氏称其始祖为齐齐，即隆穆之第六子，其第二世为火，故疑史为误，而颠倒其名为济火。殊不知齐齐者，其一世祖之名，与济字异，火读如和，其二世祖之名，周末时人，非蜀汉时之火济也。夷谱称其全有罗甸，而无献粮，受封锡杖者，由古夷之记事，方誇其开创之能，而讳服属于汉，亦夜郎自大之习也。

《镇雄志》称济火之子莫哺居此。莫哺，阿妥之子，孟布传写之异也。则其所称济火者，即阿妥也。

【注释】

①乙巳，后主建兴三年：即公元235年。②绐：（dài）欺哄。③阿佩：彝族名阿更阿委，阿佩是唐史所称。五百三十六年，实为600年。④羼：（chàn）掺杂，混杂。

【原文】

辛亥，九年①，庲降都督李恢卒，以蜀郡太守张翼（字伯恭，犍为武阳人）代。翼持法严，不得殊俗欢心。耆帅刘胄叛，翼被征当还，群下咸谓宜驰即罪。翼曰："不然！代人未至，吾方临战场，当修备储谷为灭贼资，岂以黜退之，故而废公务乎？"统摄不懈。

【注释】

①辛亥，九年：即后主建兴九年，公元231年。

【原文】

癸丑，十一年①，以马忠（守德信，阆中人）代翼，因翼成基遂斩刘胄平南土。初，雍闿之叛也，杀太守正昂，又缚太守张裔于吴，故都督常驻平夷县。至忠，乃移治味县②（即今曲靖），处民夷之间（曲靖之有平夷始此）。

【注释】

①癸丑，十一年：即后主建兴十一年，公元233年。②味县：即今云南曲靖。

且兰旧事考二

西 晋

【原文】

庚寅，晋武帝泰始六年①，分益州四郡为宁州，以鲜干婴为刺史，南中诸境皆置令长。闰月，诏南中诸郡无出，今年户调②。

【注释】

①泰始六年：即公元270年。②户调，即户税。晋武帝平吴之后，制户调之试规定："丁男之户，岁输绢三匹，绵三斤；女及次丁男为户者半输"。

【原文】

壬戌，惠帝太安元年①，以宁州增统牂牁、朱提与建宁、益州、永昌、云南、兴古，共领七郡。

考证

按：

是时，宁州兼有今云、贵之半。

《叙永厅志》谓："晋置永宁县"。误加一永字，误以总部为今一县之地。

《巴蜀耆旧传》"永宁即古宁州，极西南有闽、濮、鸠、獠、越、躶、身毒②之民，土地沃腴，产黄花、光珠、琥珀、翡翠、孔雀、犀象、桑蚕、丝绢、彩帛、文绣，又有貊（mò，兽名）兽食铁，猩猩能言，其血可染朱罽（jì，用毛织成的毡子类的物品）。有大竹名濮竹，节相去一丈，受一斛许。"亦以总部为一州地，故物产之鸿如此。

【注释】

①壬戌惠帝元年，即公元302年。②身毒：印度。即中国古代对今印

度的称呼。

【原文】

辛未，怀帝永嘉五年①，分牂牁之比鳖（即仁怀县）、平夷二县，立平夷郡，治平夷（即今永宁）。以朱提郡（即今马湖、昭通）之汉阳东地（即今水城、威宁），及建宁漏江县东北地，益平夷。

考证

马湖，安顺之有平夷始此。

初，惠帝时，西南夷叛。宁州刺史李毅卒，城中奉毅女固守经年。

永嘉四年（公元310年），治中毛孟诣京求刺史，不见省孟。固陈乃以王逊为宁州刺史，使于郡便之官。逊与孟俱行，道阻逾年乃至。外逼李雄，内有夷寇，城池邱墟。逊至威行宁土。

永嘉五年，牂牁太守孟才，以骄横无思郡民，王清威范朗逐之。逊怒，遂以便宜分建各州郡，而诛清等。平夷太守雷炤南（朱提人），以赂举孝廉，郡人不服，南中以乱。逊恶之至炤，自是平夷换临。犍为未上，惧逊，遂与流民阴贡平乐太守董霸，破牂牁、平夷、南广三郡，害南广太守孟桓降于李雄。建宁爨量与益州太守李易，梁水太守董懂，据兴古盘南以叛，遣其叔骧破越嶲，寇宁州。逊使将军姚岳拒之，战于堂琅②，大破骧等，追至泸水，死者千余，以道远不敢渡而还。逊谓岳不穷追，执鞭之怒，其发上冲冠，冠为之裂。夜中卒，谥曰：壮。诸郡逊所更置。

【注释】

①辛未，怀帝永嘉五年：即公元311年。②堂琅：地名，在今云南省巧家县，有堂琅山。

【原文】

丙子，愍（mǐn）帝建兴四年①五月，平夷太守雷炤，害南广太守孟桓以二郡降于李雄，而乌蒙、鳛部皆未服属（南广，即今镇雄）。

考证

雄父李特，略阳临渭人，世本岩渠氐种，生二子，次即雄，有才略。惠帝永兴之年（公元304年），僭号②（jiàn号，冒用帝王的称号）大成，据广汉，攻成都。永嘉五年，攻僰、广二郡。然乌蒙、鳛部皆未服属。

【注释】

①丙子愍帝建兴四年：即公元316年。②僭（jiàn）号：冒用帝王的称号。

东　晋

【原文】

辛巳，元帝大兴四年[①]，宁州刺史王逊卒，州人推逊子领事。

【注释】

①辛巳元帝大兴四年，即公元321年。

【原文】

壬午，永昌元年[①]，晋更用零陵太守尹奉为宁州刺史，南夷校尉加安西将军。奉威刑緩钝，政治不理，各部皆自雄长[②]。

【注释】

①壬午永昌元年：元帝永昌元年，公元322年。②雄长：称雄，称霸。

【原文】

癸巳，成帝咸和八年[①]正月，李雄将李寿陷宁州，朱提郡亦降于雄，唯牂牁不为寿用，独保郡为晋[②]。鳛部属牂牁，仍自长其部。

【注释】

①癸巳，成帝咸和八年：即公元333年。

【原文】

戊戌，咸和四年[①]八月，分宁州置安州，朱提郡属焉。

【注释】

①戊戌，咸和四年：即成帝咸康四年，公元338年。

【原文】

成帝咸和九年（公元334年），李雄死，姪斑袭位，雄子越与期谋杀斑。越为兄以位让期，而为相国，封建宁王。是年，李寿杀期，自立政元。汉兴时李氏内乱，伪征东将军荆州刺史李闳与寿不睦，且诸君长不服，故晋得以经理州郡。

【原文】

辛丑，七年[①]十二月，罢安州，朱提郡任属宁州。

考证

至穆帝永和二年（公元346年），桓温率师灭成汉，平夷复归于晋。

【注释】

①辛丑七年，即晋成帝咸康七年，公元341年。

【原文】

甲辰，安帝元兴[①]三年，桓玄改平夷郡、平夷县为平蛮郡、平蛮县。

考证

群其祖桓彝之嫌名也。宋、齐仍之，宋平蛮郡领二县，曰：平蛮，曰：鳖。齐亦领二县，曰：平蛮，曰：谷邑。谷邑即鳖，或鳖字之误。

【注释】

①甲辰安帝元兴三年，即公元404年。

南北朝（梁）

【原文】

己巳，武帝太清三年[①]，宁州没于爨蛮，牂牁、平夷等郡县没于卢鹿部。

考证

卢鹿部，即隆穆之后六大姓，因卢戎之旧称也。卢为黑，夷以黑为大姓，故又称乌，云泸水、泸州，皆以此称。卢夷皆在金沙江南北。金沙江，《禹贡》“梁州之黑水也”。夷语谓金沙江为那彝，见《方舆纪要》及《四川通志》。以今夷语译之，那黑也，彝水也。武侯南征，由巂入益，先逾大渡河，后渡金沙江。蜀汉之巂州，即今宁远。永昌，即今会理。黑水、泸水皆可据也。《禹贡》之言："黑水者三"。《甘州志》："甘州之西四十里，有黑水流入居延海，此雍州之黑水西河也。"金沙江为梁州之黑水，而导三危以入南海之黑水，或以潞（怒）江当之，则因其上流有喀喇乌斯之名。蒙古称喀喇为黑，乌斯为水，近人多宗之，唯张椷（jiān）、黄元贞以出西番，流缅甸，而入南海之金沙江当之。

明人李元阳[2]、史乘信，则以澜沧江当之，然澜沧江为《禹贡》之桓水，即《汉书·地理志》："出蜀郡、蜀山西南，流羌中入南海之桓水也。"或以白水当桓水，则不入南海。金沙江之上流为雅鲁藏布江，遍历后、中、前三藏之地，合三地为三危，首尾万余里，汇纳数百支流，以注于南海。较潞（怒）江为大禹治徼外之水，必于最大者而施功，则当以此江为之。必欲合三者而一之，求其贯穿雍、梁，遍历三危，则徼外实无此水。

《水经》之符黑水，由南广口入江者，即镇雄之黑墩河，趋罗星渡出南广口，合金沙江者也，况西南之色名水者，不一而足。如卧泥河，夷语作卧彝。卧，译言蓝也。因考卢鹿部，附考于此。

考证

时，宁州土人爨瓒，因刺史徐文发兵援江陵，遂据有其地，延袤二千余里，卢鹿诸地遂各长一部。

按夷谱，传至墨者扯勒[3]，益强盛，号赤舒扯勒即此。时，隆穆至扯勒，凡三十世。

查水西十三世为阿瓦，乌撒三十世为阿奇，《大定志·水西安氏本末》以阿纳当此时。

按：阿纳当在汉灵帝时，已详前。而于乌撒安氏本末，以至二十四世物叔当此时。夷谱称物叔为乌撒，英贤之君，为濮君麦则之少子，雄伟有才略，遂北并阿芋部，进至曾望为巴的兀姑（即今威宁），当与德赫辉、阿纳，先后不远。又称至四十一世，德朴时为他部所并，降为庶人。盖即史称爨归王为大鬼主崇道所杀。崇道后，其子辅相，又为南诏蒙归义所虏。归义遂胁归王子守阳，及种族从于永昌，东爨以言语不通，散依林谷之时也。

夷谱又云，德朴之妻生子曰：勒，字仲云，甫（哺乳）[4]数月，弃于野山，桑有曲枝垂椹哺之，数日犹活，土人异而收养焉。及长有勇略，与其故臣慕魁特直、阿迂阿祖二人，复乌撒土宇云。

《大定志》以当元世宗时。按此当在唐初。崇道杀归王乌蛮，复振之时方合。以世次而论，于水西安氏，则当以其三十一世孙阿扯当此时。其谱称阿扯以革獠、巴慕、阿纳，好饮忘恤（xu 救济），其族阿扯杀之，而收其地为比那[5]（即今平远），水西益强，即此时也。传七世至主色，当唐宪宗时（公元 806 至 820 年），称罗甸王表献所侵牂牁地，故安胜祖误为蜀汉之罗甸王也，与谱之哔启相当。主色三世孙阿佩，或宋时封罗甸王，即水西夷谱之阿委也。阿佩音近，与谱之嘛相当。

【注释】

①己巳武帝太清三年，亦为正平二年，即公元 549 年。②李之阳，明人，云南太和人，字仁甫。嘉靖进士，知江阴县，有政绩，入为御史，遇事敢言，巡按关中，墨吏望风解绶，寻罢归。③墨者扯勒世系为：（接德赫辉之后）辉阿哒→哒诸武→诺武伯→伯啊都→都喳渠→喳渠底→底啊喜→喜啊碟→碟阿穆→穆墨者→墨者扯勒。④甫：（通哺）哺乳。⑤比那：即今平远，原平越，今贵州福泉。

隋

【原文】

癸卯，文帝开皇三年[1]，爨翫遣使朝贡，命韦况以兵戍之，置恭州、协州（即今昭通，因萦[2]须协之称也）、昆州。

【注释】

①癸卯，文帝开皇三年，即公元 583 年。②萦：萦回。

【原文】

己酉，九年[1]，以故牂牁郡及鳖县置州。

考证

以后无平夷县，为扯勒所据也。

【注释】

①己酉，九年：即文帝开皇九年，公元 589 年。

【原文】

丁巳，十七年[①]，爨翫反，以史万岁为行军总管击平之。

【注释】

①丁巳，十七年，即文帝开皇十七年，公元597年。

【原文】

丁卯，炀帝大业三年[①]，爨蛮复陷恭州。

【注释】

①丁卯，炀帝大业三年，即公元607年。

唐

【原文】

戊寅，高祖武德元年[①]，南夷款[②]附，以隋故恭州置曲州，以翫子弘达为昆州刺史。

考证

弘达死，以爨归王为南宁州都督，袭杀东爨。东爨首盖兼两爨。又有大鬼主崇道，居安宁城左俄。而崇道杀归王，于是诸爨稍离，乌蛮复振。唐仅羁縻之耳。

【注释】

①戊寅，高祖武德元年，即公元618年，李渊统一中国为唐朝。②款：议和。

【原文】

癸亥，高宗龙朔三年[①]，招尉、昆明、比楼等十七户内附。

【注释】

①癸亥，高宗龙朔三年：即公元663年。

【原文】

己巳，总章二年[①]，以比楼地置禄州、汤望州。

考证

《大定志》，以禄州为毕节地。

按：《唐书》又有羁縻靖播、陵州等一、二州，又置宁州。

周武后通天二年[②]，昆明夷内附，以其地置都宁郡为羁縻郡，又置宋州、姚州为羁縻州。寻并姚州于郝，又为郝州。以宋州领县四，曰：宋江、卢吾（今泸卫地）、牱龙、牱支（即九姓、九丝地），皆为羁縻（时所设郡县皆不实，以今考之，或以一县而设数州，以一里地而设数县。且数年以后，皆无其名矣）。

【注释】

①己巳，总章二年：即唐高宗总章二年，公元669年。②周武后通天二年：即唐武则天万岁通天二年，公元697年。

【原文】

戊子，玄宗天宝七年[①]，南诏阁罗凤入寇，由西路进趋泸州，溯纳溪，走赤水达曲州。

【注释】

①戊子，玄宗天宝七年：即公元748年。

【原文】

庚寅，九年[①]，南诏取夷州三十二地。

考证

夷初谓南诏为卢规。时南诏又称骠国。

【注释】

①庚寅，九年：即唐玄宗天宝九年，公元750年。

【原文】

丁丑，德宗贞元十三年[①]，蛮州刺史资阳郡公宋鼎、大首领邛州刺史谢汕、牂州录事参军谢文经、大首领蛮州巴江县令宋万传、界首[②]子弟等来朝。

考证

《旧唐书》按，界首即今永宁，非水西之界首。

蛮州，原平蛮之旧称牂州，即牂牁之旧称。

宋氏世居宋水[③]，故以宋江、宋州氏，其水与州也，非水东之宋氏。

又谢氏亦土人，非东谢、西赵之谢氏。皆在永宁。

【注释】

①丁丑，德宗贞元十三年：即公元797年。②界首：界（gai），音盖，为西南地区的发音。界首即永宁，因永宁河又叫界首江，现叙永县两河镇还有界（盖）首村。③宋水：即古宋河，又称宋江。

【原文】

丙戌，宪宗元和元年[①]，遣西川节度使高崇文，讨平刘辟，因定诸夷，复置蔺州[②]。

考证

今古蔺有唐朝坝[③]，或言蔺，草如莞可织席，即今永宁之岩草，故以名其州。后又误为蔺非，又为蓝州。因羁縻无定，故传写略异。

【注释】

①丙戌，宪宗元和元年，即公元806年。②蔺州：即唐代之羁縻蔺州。唐元和元年于纳溪县以南设置羁縻蔺州（辖今四川纳溪、叙永、古蔺、兴文和贵州仁怀、赤水、习水、毕节、金沙等县），其治所在普市卫，今叙永县正东乡普市村。(万历)《贵州通志》记载普市卫之历史沿革为：“禹贡梁州南境，汉属益州，唐元和元年置蔺州，宋乾德三年州废，元为永宁路地。”③“今古蔺有唐朝坝”：此处考证有误，今四川古蔺县并无唐朝坝之地名。唐朝坝，即今贵州习水县之同民镇，位于同民镇蔺江村蔺江河畔。《读史方舆纪要》（清·顾祖禹）记载：“废蔺州，司东百八十里。志云：‘唐置蔺州于此，其旁有地名唐朝坝’”。其地在永宁宣抚司以东，距叙永县城90公里，与实际相合。明洪武五年（1372），在此设唐朝坝长官司，领今赤水市和习水县大部。

【原文】

癸巳，八年[①]，罗甸王、普宁王，表献所侵牂牁地千里。

考证

按：罗甸王，即水西谱中之主色安胜祖状，误写为蜀汉之罗甸王者也。普宁即都宁之讹，称永宁由普宁改称。

【注释】

①癸巳，八年：为公元813年。

【原文】

丙辰，文宗开成元年[①]，昆明、卢鹿、暴蛮、诸部鬼主阿佩内附。

考证

按："昆明、暴蛮，即乌撒之祖"（今《大定志》），诸部，则乌蒙、扯勒、芒部皆在内。

鬼主者，译言祭主之宗子。夷俗重宗，以大宗之长子为尊，其通于唐也。语言不同，不能明其宗子之义，故误译为鬼主也。后世之误，为殷之鬼方，又称罗施鬼国，皆由此。

阿佩，即水西谱之阿委，为主色之三世孙。

诸部之不称名者，以阿佩为首也。

【注释】

①丙辰，文宗开成元年，即公元836年。

【原文】

戊午，三年[①]，牂牁蛮寇涪州清溪镇，镇兵击却之。

考证

按：即江门、纳溪与仁怀之羿子。《唐书》谓之夷子蛮。

【注释】

①戊午，三年：唐文宗开成三年，公元838年。

【原文】

壬戌，武宗会昌二年[①]，封阿佩为罗甸王，又封其别帅[②]为滇王。

考证

按：前称罗甸王自称也，此受封罗甸，仍其祖称也。别帅，则非其所部也。

封滇王者，乌撒部也。乌撒又称昆明（注见前），与滇近，时滇为南诏所据。称滇王者，遥封其地也。魏晋以来多如此。

【注释】

①壬戌武宗会昌二年，即公元 842 年。②别帅：与别将同，即配合主力军作战的将领。

【原文】

丁亥，后唐明宗天成二年[①]，昆明大鬼主、罗甸王、普露静王[②]、九部落，遣使附牂牁国入贡。

考证

《五代史记》按，昆明即乌撒。罗甸即水西。普露静王，《大定志》以为即普宁王。语转演安胜祖状，作阿佩之四世孙。

《水西夷谱》作五十世祖阿可之第八子，为今补路土目之祖。阿可之母为庶，嫡妒可生[③]，不敢育，弃之野，群燕譟集于旁以万数。其父陇那因收之。夷语谓燕为可，因名。可有子九人，今黔西白舍、大定之簸窝、白部、以列各目，皆其后。

九部落者，或即阿可之九子。

牂牁，或即普宁王时置牂牁州也。

阿可，即《明志》谓唐时阿垢酋阿町，撰夷字者。

【注释】

①丁亥，后唐明宗天成二年：公元 927 年。②普露静王：即普宁王，彝族名为穆阿珠。世系为：勒穆武——武隆和——和阿穆——穆阿珠，即六十五世。③嫡妒可生：嫡即正妻，在此为嫡母，即妾的子女对父亲的正妻的称呼。妒即妇女相嫉恨。“可生”即生可。“嫡妒可生”即阿可的嫡母记恨阿可的母亲生了阿可。

宋

【原文】

乙丑，太祖乾德三年①，平蜀规②，取蜀境。刘光义请置永宁路，按制诸蛮又置蓝州，旋废。

考证

《叙永厅志》："永宁之名始此。都宁、普宁之改称也。蓝州即蔺州"。

【注释】

①乙丑，太祖乾德三年：即公元965年。②规：即规检，规矩法度之意。

【原文】

丁卯，五年①，罗甸石人部落王子普贵内附，赐之敕命为贵州刺史。

考证

《宋史》《贵州通志》《大定志》，贵州即矩州之声变。

按：或因普贵之名改称也，贵州之名始此。

《宋史·矩州》："石人部落王子若藏入献方物，命为归德司戈。又使其子普贵纳土，太祖嘉之，封以王爵，命为刺史。"安胜祖状，以其夷谱之五十四世普额当之。

《大定志》，以普额误为仁宗时之仆夜②，而以其四十六世阿更当之。而以普实为其别子③。盖作《大定志》之黄理齐大守，部淑知先生皆称渊博，考据核实，较之他志尤为精详。然以史合，《夷谱》非其土人与其子孙之夷汉兼通者，不能核实，故往往有横泱④之处，然十得八九，亦极考据之，能较之水西、乌撒众目近谱图绘形容，敷衍夸张者，尤为天壤也。

【注释】

①丁卯，五年：即宋太祖乾德五年，公元967年。②仆夜，彝族名为德补裕，为七十七世，其世系为：（紧按注84后）珠恩点—点毕启—毕启脱—脱麻洗—洗阿琚—琚阿弄—弄阿逢—逢乃智—智技伊—伊补杰—杰普

德—德补裕。宋神宗熙宁七年（公元1074）为乌蒙罗氏鬼主。③别子：古代称天子、诸侯嫡长子以外的儿子为别子。④横泱："横"有交错之义；"泱"有广大之义。"横泱"，在这里当为水西安氏夷谱因不能核实而前后交错，广大、宽泛的意思。

【原文】

乙亥，开宝八年①，蛮州刺史宋景阳②入贵州罗甸，石人部落拔族北走。诏以宋景阳为宁远军节度使，蛮州都总管。

考证

按：宋氏为水东之宋氏，与唐时有资阳、邛州、巴江之称者不同。

被皆蜀地，永宁近蜀，而唐于永宁有宋州之设，故知蛮州为平蛮之旧称。此宁远亦属四川，而曰：入贵州，是水东之宋氏也。或曰：石人部即都掌地，又为镇雄之白乌、石人等地，则属于蜀矣。时，贵州亦在蜀徼。

唯宋景阳不知为宋鼎后否？

【注释】

①乙亥，开宝八年：宋太祖开宝八年，公元975年。②宋景阳：河北真定人，即今之河北正定南，贵州宋氏始祖，其后世为贵州水东宣慰同知。

【原文】

壬子，真宗大中祥符五年①，宴州（今兴文县）、多刚县酋斗望（即都掌蛮），劫泸州、烧淯井盐（今长宁县），诏发陕西兵，益以白芳子弟合六千三百人（白芳子弟，乃往时孙正辞所简乡兵），命梓州路转运使寇瑊（字次公，汝州临汝人），统八姓乌蛮（即扯勒部）于江安界娑婆村绿淯井溪，转斗凡十一战，破之。

【注释】

①壬子，真宗大中祥符五年：公元1012年。

【原文】

甲申，仁宗庆历四年①，斗望复寇三江，砦指使王用等击走之。

【注释】

①甲申，仁宗庆历四年：公元 1044 年。

【原文】

乙酉，五年[①]，遣内殿崇班王怀信，与寇瑊等议抚安方略。

【注释】

①乙酉，五年：宋仁宗庆历五年，公元 1045 年。

【原文】

丙戌，六年[①]，诏怀信为嘉眉、戎泸等州水陆都巡检使，以康训、符承训为都同巡检使，发虎翼、神虎等军进讨。

【注释】

①丙戌，六年：即宋仁宗庆历六年，公元 1046 年。

【原文】

丁亥，七年正月[①]，斗望三路来犯，大败之。瑊等依诏抚慰。时，乌蛮子得盖（即夷谱之得补）遣使诸泸州，请命言于朝曰："管下溪洞十州（即唐时羁縻州），自唐及今，所赐州额，今得盖居其地，部族最盛，旁有旧姚州（即今姚霸）废已久，得盖愿得州名以长夷部。"诏复建姚州（今泸卫），以得盖为刺史。斗望亦归服。

【注释】

①丁亥，七年正月：仁宗庆历七年，公元 1047 年。

【原文】

甲寅，神宗熙宁七年[①]，罗宴夷叛，诏熊本（字伯通，番阳人）察访。梓夔得以便宜治事，本至泸州，以十二村豪为向导，皆顺命，独柯阴一酋不至。本合宴州十九姓之众，发黔南义勇强弩，遣大将王宣、贾昌，率以进讨，败之黄葛树下，追奔深入，柯阴窘乞降。于是，山前后、长宁等十郡八姓及武都夷皆内附，遂遣人招宴子斧望箇恕（都掌蛮酋）及乌蒙罗氏鬼主仆夜（即夷谱之补裕），皆愿入贡受王命。宴子未及，死。乃以箇恕知徕州，仆夜知姚州。

【注释】

①甲寅，神宗熙宁七年：公元1074年。

【原文】

丁巳，十年[1]，罗苟夷犯纳溪砦。初，砦民与夷竞鱼，民殴杀之，吏为按验，夷忿谓："汉杀吾人，官不偿骨价，反暴露之"，遂叛。提点刑狱穆珦上言："纳溪去泸一舍，罗苟去纳溪数里。今托事起争，若不加诛，则乌蛮（即鳛部）观望，为害不浅。"诏泾原副总管韩存宝击之，存宝招斧望箇恕之子乞弟等，为犄角讨平之。

【注释】

①丁巳，十年：宋神宗熙宁十年，公元1077年。

【原文】

戊午，元丰元年[1]，乞弟率宴州夷步骑六千，至江安城责平罗苟之偿，城中兵少皆震恐。知泸州乔叙要欲与盟，遣王宣以兵二千守江安，仍奏以乞弟袭归徕州刺史。召乞弟拜敕，乞弟不出，就赐之，亦不见，而令小蛮取敕去。乔叙因宴子之子沙取禄路以赂，招乞弟，乃肯来。

【注释】

①戊午，元丰元年：宋神宗元丰元年，公元1078年。

【原文】

庚申，三年[1]，盟于纳溪，盟五日遂围罗箇平族（熊本所团结熟夷也），王宣往救，一军皆殁。驿召韩存宝统三将兵万八千，趋东川，存宝不敢进，乞弟绐[2]降，存宝信之，遂休兵于绵、梓、遂、资间。

【注释】

①庚申，三年：宋神宗元丰三年，公元1080年。②绐：欺骗，作假。

【原文】

辛酉，四年[1]，诏诛存宝，以林广代，添兵四万，乞弟复绐降，帝以其反覆，督广进兵败之于纳溪。乞弟遁，意官兵必出江门，盛兵阻隘。而广从宁远进，分兵绕席帽溪，掩江门后破其险，乞弟乃遣其叔阿汝约降广。陈兵受乞弟拥千人出降，广发伏击之，斩阿汝。乞弟以所乘马授其弟阿宇，大将王光祖追斩之，乞弟得从宋江桥下遁走。广率兵深入，浃旬[②]至老人山，山形剑立，度黑崖至鸦飞不到山。

【注释】

①辛酉，四年：宋神宗元丰四年，公元1081年。②浃旬：即十日。

【原文】

壬戌，五年正月[①]，至归徕州，天大寒，军士冻堕指，留四日，求乞弟不得，乃班师。是役也，师行凡四十日，筑乐共城、江门、梅岭、席帽溪，西达淯井（今江安界），东至纳溪，皆控制要害。捷书闻，以归徕州地赐罗氏主仆夜。

考证

按：《宋史》，宴子所居，宜长宁、宁远以南。斧望箇恕所居，宜纳溪、江安以东，皆仆夜属部。

鸦飞不到山，今越南地。

广等所报不无夸张，今考其地，不过两县境界，—乞弟尚不获，而以捷书出闻得地，弃之可知其夸张。

《大定志》因有罗氏鬼主之名，遂误人。

《水西安氏本末》安氏地，从未近赤水，何以遂至江门、纳溪？

或以今之阁鸦驿当鸦飞不到山，但广兵未过永宁，何由到大定？考据者所当知。

【注释】

①壬戌，五年：宋神宗文丰五年，公元1082年。

【原文】

乙未，徽宗政和五年[①]，宴州夷卜漏及陷梅岭。知砦将高公之老妻，宗室女也。卜漏等艳其金女器物，以敛竹木扰夷，且诬，致酋斗箇旁等罪，遂因上元张灯破砦，据公老妻及其器物，四出剽掠。诏发陕西兵三万，使梓州转运使赵遹讨平之，授沙取禄路子蟚弊为西南夷之界都大巡检。

考证

按：《宋氏道传》："宴州卜漏，据轮缚大门，林箐深密，军不能进"。

乃按："视其旁，山岩峭绝，贼恃险无备。而山多猱[2]，適遣土丁捕猱数十，束麻灌蜡爇[2]之，猱奔烧贼舍。大军继之，拓地二千里。高公老妻不辱死，诏赠节义族姬"。

【注释】

①乙未，徽宗政和五年：即公元1115年。②猱：属猿类动物。②爇：音（ruo），烧的意思。

【原文】

癸丑，理宗宝佑元年[1]，元世祖呼必赉[2]，以乌特理哈达总诸军事，分三路进临洮（今鞏昌府）洮州卫。金、元时属临洮府。盖由此取道，自洮岷而徂藩，以达云南也），经行三千余里至金沙江（即古丽江，以产金沙故名），乘革囊及筏，以济摩沙密主（今丽江府。唐、宋时摩沙蛮地）迎降。进搏大理府城，大破其兵，掳其王段智兴（段氏自石晋天福初建国曰：大理[2]。宋熙宁中，段氏衰，高氏代之。元符初，段氏复兴，至是归于元），分兵取附都鄯善（当作鄯阐，《滇记》蒙氏名都曰：苴芋，别都鄯阐。苴芋注前），乌爨等部，进入吐蕃，其酋苏固图惧而出降，呼必赉遂班师，留乌特里哈达攻诸夷之未附者。

【注释】

①癸丑，理宗宝祐元年：即公元1253年。②呼必赉：实为忽必烈。③段氏自石晋天福初建国曰大理：建立大理国的段氏，为段思平，公元937年建国。

【原文】

乙卯，三年[1]，乌特哩哈达自吐蕃进攻白蛮、乌蛮、鬼蛮诸部（考《唐书·南蛮传》，西爨曰：白蛮。东爨曰：乌蛮，又有大勃弄、小勃弄，其酋曰：大鬼主。蛮谓主祭者曰：鬼主，故又谓之鬼蛮，在今云南境），所向风靡。罗罗斯及阿伯两国大惧，举国以降。又乘胜攻下阿鲁诸酋，西南夷皆降，得五城八府郡，蛮部三十七（见《通鉴辑览》）。

【注释】

①乙卯三年：宋理宗宝祐三年，公元1255年。

【原文】

丙辰，宝祐四年[①]五月，诏赐罗氏鬼国银万两，令结思播备元兵。初，罗氏鬼国遣报思播，言大元兵屯大理国，取道西南，将大入边。诏以银两，使思播结约，罗鬼为援。

【注释】

①丙辰，宝祐四年：公元1256年。

元

【原文】

癸酉，世祖至元十年[①]，立永宁路（从宋初之旧称），置蛮夷宣抚使。

【注释】

①癸酉，世祖至元十六，即公元1273年。

【原文】

丙子，十三年[①]，诏蛮夷宣抚使昝顺，招每谕戍州酋（后改为县，即今兴文），得兰纽、得贡卧率敛苗民归附（按，至是扯勒各部始去王号）。

【注释】

①丙子，十三年：元世祖忽必烈至元十三年，公元1276年。

【原文】

庚辰，十七年[①]，宣抚使昝顺等朝见，遂设大坝总管府，得兰纽授总管，得贡卧授同知。

考证

按：《元史》，乌撒、乌蒙、芒部皆十年（公元1273年）内附，皆立路置军民总管府。十五年（公元1278年），罗氏鬼国主阿榨棺内附，为安抚使，佩虎符。至是，始共朝见。得兰纽、得贡卧皆都掌酋。

六月丁丑[2]，遣吕告蛮部宣抚使王阿济同万户昝坤，招谕罗氏鬼国。

九月丁卯[3]，罗察阿里（或作扯里当，即扯勒阿察，亦水西之称非人名）降于安西相。李德辉遣人入觐，更罗氏鬼国为顺元宣抚司。

按：《元史》，昝坤、昝顺当是两人，而阿榨与阿察实是一人。如：阿里之与阿利，乌琐之与乌撒，皆传写之误。

【注释】

①庚辰，十七年：元世祖忽必烈至元十七年，公元1280年。②六月丁丑：6月7日。③九月丁卯：9月2日。

【原文】

壬午，十九年[1]，诏发都掌阿永等民为兵，征答马利。都掌上言："宋时未尝佥军，乞出马、牛助军需，尝从之。"

考证

都掌原属永宁宣抚司，此始设顺元等路。

【注释】

①壬午，十九年：元世祖至元十九年，公元1282年。

【原文】

丁亥，二十四年[1]，立乌撒、乌蒙宣尉司，治乌撒。

考证

以土人为宣抚司，而另设宣尉司以监之。

【注释】

①丁亥，二十四年：元世祖至元二十四年，公元1287年。

【原文】

辛丑，成宗大德五年[1]，亦奚不薛土官蛇节（亦奚不薛，即水西。时，扯勒亦在，蛇节亦作折节），云南顺元土官（今贵阳府，元为顺元安抚司治）宋隆济（即水东宋氏）反，攻陷贵州。初，云南行省右丞刘深，将兵征八百媳妇国[2]，由顺元入云南，调民供馈。隆济因绐其众曰："官军将尽髡[3]、鲸[4]，汝等以为兵。"众惑其言遂反。蛇节亦以刘深胁取其银三千两，马三千匹亦反，陷贵州。十一月丁未[⑤]，遣刘国杰及也先忽都鲁将兵万人，八剌及阿塔赤将兵五千，征宋隆济，八剌由永宁进。

【注释】

①辛丑，成宗大德五年：即公元 1301 年 11 月 12 日。②八百媳妇国：地名，在今缅甸掸邦东部，西至萨尔温江，东至湄公河。③髡：音 kun，刑罚名称，古代剃去男子头发的一种刑罚。④鲸：此处当为“鲸鲵”之用。鲸，雄曰鲸，雌曰鲵。古代将鲸鲵比喻遭杀戮的人。李陵《答苏武书》：“上念老母，临年被戮，妻子无辜，并为鲸鲵。”⑤十一月丁未：十一月初五日。

【原文】

壬寅，六年正月乙卯[①]，增刘国杰（字国宝，女真人，本姓乌古伦）等军，仍令屯戍险隘，俟秋进师。己未，以诸王真童诬告济南王，置刘国杰军中自效[②]。二月庚午，调诸罗孛于四川，八剌军中自效。丙戌，遣陕西平章政事也速带儿[③]、参政汪惟勒将川、陕军，刘国杰将湖、广军征亦奚不薛，一切军务，并听也也速带儿、刘国杰节制。三月，西南夷乌撒、乌蒙、东川、芒部、武定、威楚、普安诸蛮皆起兵，攻掠州县，唯永宁独靖也。也速带儿率师自庄符入，十降八、九，就粮至永宁。阿永酋雄挫及芒部反也，也速带儿讨之，雄挫遣阿大乞降。雄挫赴京，赏衣服、弓矢、鞍辔放回。九月，师出播境，国杰裨将宋光连破贼，进驻莫泥。贼骑猝至杨赛，因不花[④]先进大军，继之贼遂溃。先是贼兵劲利，且多健马，官军战失利。国杰令人执一盾而钉其上，俟阵合即弃之而伪遁，贼逐之，马奋不能止，遇盾皆倒。国杰鼓之，贼大败。既而复合众请战，国杰不应，度其气衰，一鼓破走之。

【注释】

①壬寅，正月乙卯：成宗大德六年正月二十日，公元 1302 年正月二十日、二十四日，二月六日、二十二日。②自效：献出自己的力量或生命。③也速带儿：人名，时任陕西省平章政事。④不花：人名，当为“帖木儿不花”，时任云南行省左丞。

【原文】

癸卯，七年正月[①]，刘国杰等败宋隆济、蛇节于川（贵阳西北）。四月庚辰，蛇节[②]、隆济令海剌孙将兵五千守之，余众悉遣还。拨四川碉门军一千镇罗罗斯。丁亥，诛蛇节。六月乙未，留探马赤军两千讨阿永蛮。十月乙未，发云南叛寇余党未革心者来京师，留蛇节养子阿阙于本境，以抚其民，罢亦奚不薛总管府及阿笪笮笼二路，徙顺元宣抚司于亦奚不薛，以阿画为宣抚使（水西之祖），宋阿重为同知（以听命平宋隆济功也）。

【注释】

①癸卯，七年正月：成宗大德七年，公元1303年四月二十二日、二十九日，六月九日，十月十一日。②蛇节：又作奢节，（？—1303）彝族首领，四川永宁宣抚使之女，出嫁水西，为亦奚不薛（彝语，意为水西，指今贵州鸭池河以西）土官阿那之妻。至元二十年（1283），阿那降元，任亦奚不薛总管府总管。阿那死，蛇节摄其职。蛇节有权略，健壮而有智谋，会用兵，深得部民拥戴。

【原文】

甲辰，八年五月[①]，以平蛇节、宋隆济功，赐乌撒、乌蒙、永宁宣抚使及大理、金齿、曲靖等宣抚使银钞有差。

【注释】

①甲辰，八年五月：成宗大德八年，公元1304年。

【原文】

辛亥，武宗至大四年[①]五月，永宁宣抚司同各部进献方物。

【注释】

①辛亥，武宗至大四年：公元1311年。

【原文】

丙辰，仁宗延佑三年二月丁未[①]，敕云南、四川归还所侵顺元宣抚司地。

【注释】

①丙辰，仁宗延祐三年二月丁未：公元1316年二月十五日。

【原文】

庚辰，文宗至顺元年[①]二月，云南诸王秃坚及万户伯忽等反。豫王喇特纳锡哩，由八番顺元路进讨。三月丁巳，赐八番顺元乌撒、乌蒙二司土官币帛各一。戊午，以八番顺元沿边宣抚使阿画为云南行省右丞，从豫王进讨云南。乌蒙土司禄余杀乌撒宣慰司官吏，降于秃坚。初，禄余以讨秃坚功，授行省参知政事，至是叛附秃坚，罗罗诸蛮因相继作乱（元立罗罗斯宣慰司。明置建昌卫，今为宁远府，属四川）。十一月，四川行省平章塔出引兵，由永宁左丞学罗引兵，由青山芒部并进，陈兵周泥驿及禄余等战败之道。顺元诸军复进，又败之于七星关。

【注释】

①庚辰，文宗至顺元年，文宗至顺元年应为“庚午”，公元1330年。

【原文】

辛未，二年正月戊寅[①]，彻里铁木儿败乌撒兵，射中禄余，降其民。禄余复以东川兵袭乌撒宣慰司，杀其宣慰使月鲁（蒙古人）。九月庚寅，寇顺元路，丁酉入顺元境。

【注释】

①辛未，二年正月戊寅：文宗至顺二年，公元1331年正月二日。

【原文】

壬申，三年正月乙丑[①]，顺元宣抚司乞调兵备禄余。三月，禄余降。初，禄余自言于四川行省：“自父祖世为乌撒土官宣慰使，佩虎符，素无异心。曩[②]为伯忽诱胁[③]，比闻朝廷招谕，而今期限已过，乞再降诏敕，即率四路土官出降。仍乞改属四川行省，隶永宁路，冀得休息。”四川行省以闻，诏中书枢密御史诸大臣共议，从之，乃降。

【注释】

①壬申，三年正月乙丑：文宗至顺三年，公元1332年正月十九日。②

囊（nǎng）：以往，从前，过去的意思。③诱胁：指诱骗胁迫。

【原文】

壬寅，顺帝至正二十二年[①]，明玉珍据四川，改永宁镇边都元帅府，仍属宣抚司。

考证

明玉珍，随州人。初为江中贼，倪文俊为元帅。后从徐寿辉，为陈友谅所害。玉珍据成都，自称陇蜀王。

【注释】

①壬寅，顺帝至正二十二年：公元 1362 年。

【原文】

癸卯，二十三年[①]，玉珍僭[②]称皇帝，建伪号曰：夏。遣李芝麻率兵，由顺元取云南。

【注释】

①癸卯，二十三年：顺帝至正二十三年，公元 1363 年。②僭：音（jiàn），超越自己的身份，冒用在上者的职权、礼仪行事。

【原文】

乙巳，二十五年[①]，大理总管段功，追明玉珍兵于七星关败之，玉珍回驻永宁。

【注释】

①乙巳，二十五年：顺帝至正二十五年，公元 1365 年。

且兰旧事考三

明

【原文】

辛亥，太祖洪武四年[①]，平蜀（明玉珍子升降）。永宁宣抚司奢禄肇（《明史》作照）内附，置永宁卫，改宣抚司为永宁长官司，并置凯里安抚司，以禄肇为宣抚使。

考证

按：凯里与扯勒，皆一音之转，与播州之凯里异。置未久又改为永宁宣抚司。见《明史》及《明一统志》。

【注释】

①辛亥太祖洪武四年，即明朝，公元1371年。

【原文】

壬子，五年[①]，安抚司奢禄肇同指挥杨广筑永宁城。

考证

永宁有城始此。

【注释】

①壬子，五年：明太祖洪武五年，公元1372年。

【原文】

癸丑，六年[①]，筠连州滕大寨蛮编张等叛[②]，犯江安诸县。命成都卫指挥袁洪，率永宁宣抚司讨平之。赐[②]敕谕[③]赏赉[④]，遂降筠连州为县，属叙州，以九姓长官司，隶永宁宣抚司。

考证

时，奢禄肇举土人任福为长官司，即九姓司任氏之祖。

【注释】

①癸丑，六年：明太祖洪武六年，公元1373年。②赐：给，旧时指上级给下级或长辈给小辈。③敕谕：敕（chì），皇帝的诏书、命令。谕（yù）：告诉，使人知道（一般用于上对下）。④赏赉：赏（shǎng），指地位高的人或长辈给地位低的人或晚辈财物、赏金。赉（lài），赐予，给予，赉赏，赉赐等意义。

【原文】

甲寅，七年[①]，升永宁等处军民宣抚司为宣抚使，秩正三品。

【注释】

①甲寅，七年：明太祖洪武七年，公元1374年。

【原文】

乙卯，八年[①]，以禄肇为永宁宣慰使。

【注释】

①乙卯，八年：明太祖洪武八年，公元1375年。

【原文】

丙辰，洪武九年四月丁酉，垫江县丞潘彝言："永宁卫军苦远饷，虽募商入粟中盐，未有至者，入粟多，得盐少也，乞减粟赠盐，靡不趋矣。"从之。

【原文】

戊午，洪武十一年九月丙申，永宁卫落卜池蛮贼作乱，官军讨平之。

【原文】

辛酉，十四年[①]，命颍川侯傅友德为征南将军，率师三十万讨云南。友德至湖广，遣都督佥事郭英、胡海、陈桓分兵五万，出永宁趋乌撒。十一月，英等破乌撒蛮于赤水[②]桥，土官阿客等转西击芒部。十二月，付友德自曲靖北击乌撒，与英等合。元右丞实卜聚兵赤水河，友德自乌撒循格孤山东南赴之，沐英率师自云南来，未至，实卜遁。友德至乌撒，实卜复出战，大败之，实卜复遁。戊寅[③]，遂城乌撒，进据七星关，使张龙镇之。

克毕节，使廖权守之。克可渡河，乌撒大酋那者来降，置乌撒府，以那者为土知府。东川、芒部、乌撒皆降。

考证

按：实卜为乌撒土官禄哲妻。夷出谓之得母卜实。禄哲老，实卜摄事。禄哲一曰："那者是年，实卜来归。"置乌撒土府以授之。付友德置乌蒙卫乌撒卫于乌撒境内，即今之乌蒙铺。十六年（公元 1383 年），奏请徙之于毕节驿，因名毕业卫，尚未立城，使别将汤昭立棚为守。

【注释】

①辛酉，十四年：明太祖洪武十四年，公元 1381 年。②赤水桥：赤水，即今叙永县赤水镇，古称赤水河。赤水桥乃连通四川叙永赤水河与贵州毕节清水铺的重要通道。③戊寅：明太祖洪武三十一年，公元 1398 年。

【原文】

癸亥，十七年①，永宁宣抚使奢禄肇贡马，诏赐钞币、冠服，定三年一贡如例。

考证

按：是年贵州宣慰使霭翠，遣其妻奢香率土酋入朝；乌撒女知府实卜亦连年入朝贡马，诏赐绮剑，加赐珠翠首饰；是年，改乌撒、乌蒙、芒部为军民府，定其赋税；乌撒岁输粮二万石，毡衫一千五百领；乌蒙、东川、芒部皆岁输八千石，毡衫八百领；因永宁先内附，赋税皆减半。

奢香回，开龙场等九驿，通贵州至乌撒道。九驿者：龙场、谷里、水西、西溪、金鸡、阁鸦、归化、毕节、九驿也。

【注释】

①癸亥，十七年：癸亥应为明洪武十六年，公元 1383 年。

【原文】

甲子，十八年①，禄肇遣弟阿居来朝言："比年赋马皆已输，唯粮不能如数。缘大军南征，蛮民惊窜，耕种失时，加以兵后疫疾，死亡者多，故输纳不继。"命蠲②之。

【注释】

①甲子，十八年：明洪武十七年，公元 1384 年。②蠲：音（juan），减免，除去之义。

【原文】

丙寅，洪武十九年正月乙卯，罢四川永宁茶马司。

【原文】

丙寅，二十年[①]，命普定侯陈桓，靖宁侯叶升屯田定边。姚定暨永宁、毕节诸卫。

考证

按：永宁卫，系剪[②]永宁宣抚司，沿驿站数十里之地为屯堡。毕节卫，东剪永宁宣抚司地，南剪水西宣慰司地，北剪芒部土府地，西剪乌撒军民府地，沿路各数十里，即今军屯各堡地也。

【注释】

①丙寅，二十年：应为明洪武十九年，公元 1386 年。②剪：剪断，即划分之意。

【原文】

戊辰，二十一年[①]，建昌故土官安思正妻归克入朝，命归克会永宁卫土司，讨芒部及赤水河叛蛮，平之。十月庚午，置赤水、层台二卫，及七星关守御千户所。

【注释】

①戊辰，二十一年：明洪武二十一年，公元 1388 年。

【原文】

戊辰，洪武二十一年七月丁酉，敕傅友德等曰："东川、芒部诸夷，皆出罗罗，厥后分土异名曰：东川、乌撒、乌蒙、芒部、禄肇（永宁）、水西。"

【原文】

洪武二十一年十月庚午，云南置泸州、赤水、层台四州，泸州卫。

【原文】

己巳，二十二年[①]，九月，置白撒[②]及摩泥千户所。

【注释】

①己巳，二十二年：明洪武二十二年，公元1389年。②白撒：今古蔺县双沙镇。

【原文】

庚午，洪武二十三年[①]，永宁宣抚司上言："所辖地水道一百九十滩，其江门大滩有十二处，皆石塞其流。"诏景川侯曹震凿之。

庚午，洪武二十三年九月癸丑，命景川侯曹震疏通四川永宁水道二百七十余所。

【注释】

①庚午，洪武二十三年：明洪武二十三年，公元1390年。

【原文】

辛未，洪武二十四年[①]，曹震至泸州，按视有支河通永宁（即安乐水，为界首江[②]，由纳溪入江），乃凿石削崖，以通漕运。置永宁至沾益邮传四十八。毕节蛮叛，平羌将军何福讨平之。

辛未，洪武二十四年正月乙未，景川侯曹震至成都，以四川都司左同知助一、右同知徐凯、成都后卫指挥使茆正治永宁、泸州、纳溪至摩尼驿道。

【注释】

①辛未，洪武二十四年：明洪武二十四年，公元1391年。②界首江：今永宁河，因永宁河为川黔分界之界河，叙永东城明朝时属黔，西城属川。界，音（gài），西南地区的古读音，现叙永县两河镇还有界首村。

【原文】

癸酉，洪武二十六年[①]，以禄肇子阿聂袭永宁宣抚使司。

考证

先是禄肇坐事，逮至京，得直还，卒于途。其子阿聂与弟智皆在太学，遂以庶母奢尾署司事。至奢尾入朝，请以阿聂袭，从之。

夷谱之阿举即阿聂，与十八年之遣弟阿居来朝。居、举皆一音之转。然史以阿居为弟，又云其弟智皆在太学，智与阿居似是两人。谱中又有龙之一代之与举，亦一音之转，然不敢强合。

【注释】

①癸酉，洪武二十六年：明洪武二十六年，公元 1393 年。

【原文】

甲戌，洪武二十七年①，废层台卫，置赤水前千户所，又置阿落密（今属毕节）千户所，亦属赤水卫。

【注释】

①甲戌，洪武二十七年：明洪武二十七年，公元 1394 年。

【原文】

庚辰，太宗永乐二年①，永宁宣抚使奢阿聂妻奢苏入贡，增宣抚司②，隶永宁卫。

考证

按：是时两宣抚皆一人兼摄。不久仍并为永宁宣抚治，其署在今西城外二里馆驿嘴，其所居在今古蔺巡检署，故又称蔺州宣抚司，夷语谓之䱉部，祖祠则今龙场营，夷语谓之扯勒业阔。

【注释】

①庚辰，太宗永乐二年：庚辰应为惠帝建文二年，公元 1400 年。②增宣抚司：奢苏请求在今古蔺落红增设宣抚司，即蔺州宣抚司，永宁、蔺州两宣抚司皆由阿聂一人兼任宣抚使，不久又废除，仍并为永宁宣抚司治。

【原文】

壬午四年①，免永宁荒田租。

【注释】

①壬午四年：明惠帝建文四年，公元 1402 年。

【原文】

癸巳，永乐十一年①，改永宁卫隶贵州都司，以永宁宣抚司隶四川。

【注释】

①癸巳，永乐十一年：明成祖永乐十一年，公元1413年。

【原文】

乙未，永乐十三年七月乙巳，四川戍县山都掌蛮平。初，劫高、庆符诸县都司，右军都督同知李敬，合贵州都指挥李政讨平之。

【原文】

丙申，永乐十四年十二月丙子，设永宁卫，处远戍刑徒。

【原文】

丙辰，宣宗宣德八年①，故宣抚阿聂妻奢苏朝贡。

丙辰，宣宗宣德八年十一月丙申，仍给永宁卫瞭卒皮裘狐帽。

【注释】

①丙辰，宣宗宣德八年：丙辰应为明英宗正统元年，公元1436年。若按宣德八年为1433年。

【原文】

丁巳，英宗九年①，宣抚奢苏乞如云南鹤庆府例，请立义学，以永宁监生李源授为儒学训导，从之。

考证

永宁、赤水二卫之有学始此。贵州宣慰司学，置于洪武二十五年十一月之内（公元1392年）。

【注释】

丁巳，英宗九年：明英宗正统二年，公元1437年，若按宣德九年为1434年。

【原文】

己未，英宗正统四年①，设毕节卫学，从指挥唐谏之请也。

【注释】

①己未，英宗正统四年：公元 1439 年。

【原文】

己巳，十四年[①]，赤水蛮叛，攻破卫城，四川都司张祥死亡。水西蛮攻毕节卫城，都指挥林晟母蔡氏击却之。

考证

《毕节志》：时，英宗北狩为先所执。是年，吏部左侍郎文渊言："贵州总兵官生事激蛮，请罢贵州两司府县，唯遣大将镇守，设安慰司管属士人。"景帝用于谦议，弗从。明遣侯琎为总督，调贵州宣慰使安珑富，平水西境诸叛蛮贼。又调云南兵出乌撒，进讨毕节叛蛮。水西阿忽等六族乞降。

按：六族，即今阿户罗书。阿忽，即今阿特戛那，为水西阿忽之后，以珑富有保境功，赐其母子敕书。

【注释】

①己巳，十四年：明英宗正统十四年，公元 1449 年。

【原文】

庚午，景泰元年正月[①]，山都掌蛮反，其地与永宁、芒部（今镇雄州）界。诏巡抚李匡，监察御史刘瀚议讨。瀚卒于疫，都指挥周贵等破箐前、昔乘等寨，贼入深箐。合诸土司以大军围之，乃降。

【注释】

①庚午，景帝景泰元年：景帝即代宗，景泰元年即公元 1450 年。

【原文】

辛未，代宗景泰二年七月戊申，贵州普定、永宁、毕节等卫苗复叛掠，敕总兵官梁瑶、副总兵方瑛会讨。时，贵州大饥。

辛未，代宗景泰二年[①]，减永宁宣抚司税课局钞。

考证

以蛮贼窃发，客商路阻，因宣抚司之请，减之。

【注释】

①辛未，代宗景泰二年：明代宗景泰二年，公元1451年。

【原文】

丁丑，英宗复辟天顺元年①，镇守四川中官陈请奏："芒部白水江蛮贼作乱，攻围筠连州治。"诏御史项奇会镇巡官捕之。

【注释】

①丁丑，英宗复辟天顺元年：公元1457年。

【原文】

辛巳，英宗五年①，山都掌蛮复叛，都督许贵讨，不能胜，抚谕而还。

【注释】

①辛巳，英宗五年：明英宗天顺五年，公元1461年。

【原文】

壬午，英宗天顺六年七月甲寅，湖广、贵州会攻叙州蛮，破之。斩首二百余，擒渠帅九人。

【原文】

乙酉，宪宗成化元年①，以戎县（即今兴文）都掌频入寇，诏巡抚汪浩、都督芮成讨之。侍读周洪谟请诏："九姓司设长官统之，使夷汉各有分属。"副总兵李安请委永宁宣抚奢贵赴大坝，令诸夷就其管辖。国子监学录黄明善独言："夷汉分属，不无近理。信如安奏，则奢贵平日所辖，羿獠尚能钤束，其能抚都掌之众哉?"命下以其事付浩等。时，浩以事留成都，芮成进驻叙州，成知戎县。汉奸不欲置土官，而利其钤辖。夷人乃遣参议王礼等谕诸蛮以设土官意，诸蛮大悦，赴辕待命。成遣人报浩，会奏谓都掌、箐前、大坝三处，宜设三长官司，疏入方议铸印。

三月，叙州府山都掌等蛮分掠江安等县、永宁等卫。命捕之。国子监学录黄明善上平蛮三策："窜徙邻境以离其党，分属汉夷，以别其类，地接永宁，割隶永宁；地接芒部，割隶芒部。据险固守，以待其毙。自纳溪登岸至永宁，自永宁至芒部，断其后使无可逃，彼不敢下山求食，半年皆饿殍矣。”下兵部及镇巡议之。

九月，浩至戎县，不欲置土官者谗于浩，谓：“成所招诸酋皆枭雄，终必叛，宜亟除之”。诸酋久释兵，叩头迎谒，浩闭营杀二百七十余人，遣使报成。成曰：“所招者与公会奏矣，奈何杀之?”犹豫数日，复与浩合诬奏：“夷有异志。”并虚报斩首若干，破寨若干。诸蛮遂聚议复仇。十月，赴贵州总兵处诈降，都指挥丁实等出迎，蛮伏起官兵五千余皆没。浩等闻之，夜奔迷道，人马坠溪谷，死者无算。时，蛮恨方深，声言欲脔[2]浩等，锋不可当。贵州兵屯金鹅池，川兵屯戎县，皆坚壁不敢出，蛮循江而南，直抵江安、纳溪、合江诸境，官军皆露次江北，浩往来江上不敢南泊。蛮屠江安贾家寨五百五十余口，县官走。

白浩，浩方报捷，捶之几死，遍遣人钳各县，欲诉夷情者一一。蛮驱各县妇女、牲畜至长宁石笋山下，都指挥宰用等逐之，得其所掠而还。成、浩等既奏贼宜剿，三司皆劳饷以供。

【注释】

①己酉宪宗成化元年：公元1465年。②脔：音（luán），意思是切成块，切碎。

【原文】

宪宗，成化延至二年（公元1466年）不能剿、不敢抚，会长宁县。具夷情以闻朝命遣人招抚，诸夷遂听命赴京，贡马十二，铜鼓一，乞仍设土官，但畏等势，终不敢言父兄冤。浩等欲实前奏，亦坚不与设官。蛮益恨，复肆抄掠。

【原文】

丁亥三年[1]，廷议发大兵讨之，以襄城伯李瑾充总兵官；太监刘恒为监督进兵部侍郎；程信为尚书，提督军务，至永宁分道进。都督芮成由戎县，贵州巡抚成宜参将吴经由芒部，云南都指挥崔旻由普市、水脑，南宁伯毛荣由李子关，川抚汪浩参将宰用由渡船铺，左右游击将军罗秉忠、穆义由金鹅池。信与瑾居中节制，并奏：“都掌地险，必得土官向导。请敕永宁宣抚司奢贵，芒部土府皆以兵从。”转战五日，破龙皆、豹尾诸寨七百五十余。

【注释】

①丁亥三年：明宪宗成化三年，公元 1467 年。

【原文】

戊子四年[①]，至大坝焚寨一千四百五十七，前后斩首四千五百有奇，俘获无算。蛮有匿天井、水磨洞者，下令塞之，月余臭达十里。官军为之谣曰："洞无关有臭蛮。"程信奏："奢贵开通运道，擒获贼首，宜降玺书，将大赉从之。"加奢贵宣抚使司，改大坝为太平州，置长官司。举永宁土人黄骐为长官，分故都掌地隶永宁宣抚司，诛九姓、土獠之附贼者，迁泸州卫于渡盘铺，设江门等处关堡控制之。

方讨都掌时，赤水卫卒咸调出，城中空虚，土蛮欲动，人心恐惧，赤水指挥王谦巡城，料甲联络军绅远为斥堠。夷知有备，卒不敢动。后水西安氏与奢氏争地，互相械斗，谦亲入其垒，为之理解，正其疆界，俱各悦服。俄而西堡苗叛，上官檄谦发水西兵往剿。水西宣慰安荣贵，以平争事素敬惮谦，即为发兵。谦就督其军队遂平西堡。

【注释】

①戊子四年：明宪宗成化四年，公元 1468 年。

【原文】

辛卯七年[①]，大坝夷酋阿告杀把事阿尚。长官司黄骐请于永宁副使严正、川贵参将韩忠，言："阿告擅杀在官把事，请兵诛之。"告言："尚本逃民，恃宠毒众，我为除害，何为诛我？"欲胁诸寨反。以其词正，谕令依夷倒酬偿骨价，以免兵讨，告以银八镒酬尚妻子，事息，夷党乃安。

【注释】

①辛卯七年：即明宪宗成化七年，公元 1471 年。

【原文】

乙亥十六年[①]，白罗罗、羿子与都掌大坝相攻，礼部侍郎周洪谟言曰："臣叙人也，知叙蛮情，戎、珙、筠、高诸县，在前代皆土官。国朝始以流，言语性情不相习。用激蛮益滋蔓，至今为梗，臣向尝言仍立土司治之为久远计。而汪浩徼幸边功，诬杀所堡土官及寨主二百余人，蛮怨入髓，转肆劫掠。及尚书程信统大兵，仅能克之。臣以为：今顺蛮情，择其众所推服者大寨主，俾世袭庶可相安。”又言：“白罗罗、羿子者，永宁宣抚所辖，而永宁乃云南要冲，南跨赤水、毕节六七百里，以一柔妇人制数十万强梁之众，故每肆劫掠（时，以女土官奢禄摄宣抚司，故云）。臣以为宣抚土獠，仍令宣抚奢贵治之。其南境寨蛮近赤水、毕节要路，宜立长官司，仍隶永宁宣抚。夫土官有职无俸，无损国储，有益边备”。从之。

考证

按：水潦长官司之设即在此时，以近毕、赤也。

【注释】

①己亥十六年：己亥应为十五年，公元1479年。

【原文】

丁未二十三年[①]，永宁宣抚司女土官奢禄献大木，给诰如例。

考证

《明史》作二十五年，按宪宗二十三年八月崩，以明年为孝宗宏治元年，并无二十五年，或误刻三为五年。奢禄于十六年前已摄宣抚，故周洪谟之奏云：“以一柔妇人，制数万强梁之众。”时，奢贵尚在，因逊老休闲，故云。至二十五年，则已故矣。

【注释】

①丁未二十三年：明宪宗成化二十三年，公元1487年。

【原文】

甲戌武宗正德九年[①]，芒部葛魁普法恶，自称天官，以妻米浪为王母，子为弥勒佛，妖煽诸夷。

【注释】

①甲戌武示正德九年：公元1514年。

【原文】

乙亥十年十二月[①]，夷部与筠连县流民苏冲等争田，屡诉不直，法恶乘众忿，诱以复仇。众几万人攻城焚寨，事闻巡抚，都御史马昊、总兵吴坤调集汉、土官兵万余讨之。马湖土巡检安宇招抚白水江四十八寨，永宁宣抚与诸军攻取各寨，涪州乡勇皮邦兴斩法恶以献。其胸至足，毛长寸许，余党复推阿告为首。

【注释】

①乙亥十年：明武宗正德十年，公元1515年。

【原文】

丁丑十二年[①]五月，通判赵文振破大井坝，擒首恶羿子阿设者过。各军通计，俘斩三千余，坠崖溺水者不可胜计。阿告来降，乡兵邀功杀之。

【注释】

①丁丑十二年：明武宗正德十二年，公元1517年。

【原文】

乙卯十五年[①]，芒部土府陇慰死，土舍陇寿及兄妻支禄争袭，化仇杀所部。僰蛮阿又磉乘机倡劫。事闻贵州参将付习、都指挥许诏督永宁宣抚女土官奢爵讨平之。奢爵又以所部兵借水西万镒合兵袭取水西土目乌挂并袭杀。私弑水西宣慰安万钟之贼角乐、抹鬼、阿纳等三人。

【注释】

①乙卯十五年：应为十四年，公元1519年。

【原文】

己酉世宗嘉靖四年[①]，命芒部护印土舍陇寿、知府免赴京，故事[②]土官九品以上保送至京乃袭。时，寿、政争袭，恐寿赴京，而政乘隙为乱，故有是命。初，政与支禄依乌撒土舍安宁（威宁以机土目之祖）等兵力相仇杀。坝底参将何卿请于巡抚许廷光发兵讨之，政、禄佯听抚，而令其党阿黑（即威宁阿克土目）等掳周泥站、七星关，延及毕节诸处，杀伤官军，毁官民房屋甚众。兵部言："贼势猖獗，宜速征。"于是何卿等进剿，政败走乌撒。乌撒土舍安宁土妇奢勿擒之。安宁佯许诺仅以黑等尸献，竟不出政，兵久不解。都御史汤沐以闻诏切责诸将及守巡官，而革何卿冠带，令剿贼自赎。是年，政诱杀寿，而夺其印。巡抚王轨（yuè）、巡按刘芾各上其事。芾言："从蛮情立支禄，便轨以陇政，支禄怙终稔恶，戕朝廷命吏不可赦。"乃命镇巡官谕安宁缚政、禄及诸恶者。时，政已为官军擒于水西，追获芒部印，报擒斩。有敕招抚白乌石等四十九寨（今镇雄白乌寨），以捷闻。

【注释】

①乙酉世宗嘉靖四年：公元 1525 年。②故事：故业，先祖的基业。指世袭的土官。

【原文】

丙戌五年[①]，兵部奏："芒部陇氏，衅起萧墙，骚动两省。王师大举，始克荡平。今其本族亲支已尽，请改为镇雄府（因大雄甸之改称）设流官分属彝良（即易娘部，今分州）、母响（今巡检司）、落角利之地（今却佐）为怀德、归化、威信（今州制）、安静四长官，使陇姓殊族阿济、白寿、祖保、阿万四人统之。可其议以陈洸试知府。"

【注释】

①丙戌五年：世宗嘉靖五年，公元 1526 年。

【原文】

丁亥六年[①]，芒部夷沙保等谋复陇氏，拥陇寿子胜，纠众攻陷镇雄城，执陈洸夺其印。洸奔毕节，事闻兵科给侍中郑自壁等言："镇雄初设流官，蛮情未报，而有司失先事之防，不亟收遗裔陇胜，而今沙保等得拥孺子，致煽祸一方，宜速遣总兵何卿并力剿寇。"兵部复言："胜非真陇寿子，故议设流官，有司抚巡失策，遂生叛乱，沙保罪不容诛"。时，沙保出镇雄府印乞降。然尚持两端，欲立土官如故。四川巡抚按檄泸州守备丁勇击之，又遣使劳芒部，抚夷长官夷良、却佐（即今镇雄却佐土目之祖。《明史》误为夷却良左，《镇雄志》误为夷良却佐），使计擒沙保。保怒，复叛。

【注释】

①丁亥六年：世宗嘉靖六年，公元 1527 年。

【原文】

戊子七年[①]，川贵诸军会剿沙保，以捷闻，仍设流官。而芒部、乌撒、毋响苗蛮陇华等复起，劫毕节屯堡，纷纷见告。兵部尚书李承勋以伍文定专主用兵为失计疏及之，而御史杨彝复言："芒土改土非长策，又值时荒馑，小民救死不赡，何能趋战？"时，帝亦念灾，饬令罢兵，俟有秋乃议征讨。于是，四川巡抚唐凤仪言："乌蒙、乌撒、东川土官，故与芒部为唇齿，自改流，诸部内怀不安，反者数起。今怀德长官阿济等，虽说诡擒贼，其心固欲陇胜得赦，不绝陇后。臣请如宣德中，复安南故事，俯顺舆情，仍设土官以治之，则乱源自塞矣。"川贵巡按戴舍，陈讲等奏，如凤仪言，章下部覆乃革镇雄流官，而以陇胜为通判署府事。时，九年四月也（公元1530年）。后，何卿同参将龙武、参议姚汝皋并进，斩沙保等七人，余尽招抚。何卿回永宁，献馘[②]于学，更新学宫。以永宁宣抚奢爵、指挥白钟董其役。复更芒部土府为镇雄土府，以陇胜袭之，遂平。

【注释】

①戊子七年：世宗嘉靖七年，公元1528年。②馘：音（guó），古代战争割取敌人的左耳以计数献功。

【原文】

甲寅三十三年[①]，永宁羿蛮杜皮，以私忿杀其落红酋张苟儿，遂合黑、白夷三万寇入永宁、赤水二卫，道路阻塞。时，朝廷方营三殿，工部下贵州采大土，木产蛮中，而羿蛮方炽。都御史高翀以左参议王重光（字廷宣，新城人）有干略，遣平羿亦采大木，许便宜从事。重光至永宁，命指挥使邱东阳率三百兵守水落；古桑桂率三百兵守得要关；李甍率五百兵入石圆坪，皆裹甲衔枚而进。重光自率敢死士千人，命千户袁儒林、百户林成栋为左右翼，夜袭其落洪巢。重光鸣鼓大呼，壮士应之，蛮不知所为，欲东西窜。为三指挥所扼，杜皮就缚斩之，诸蛮皆降。事平，采名材于果口、大落包、雾露沟诸处。卒于役予祭赠大仆、少卿。

【注释】

①甲寅三十三年：世宗嘉靖三十三年，公元1554年。

【原文】

庚午穆宗隆庆四年[①]，贵州宣慰安国亨，杀故宣慰安万钟之子安信。信弟安智，驰诉于永宁宣抚司奢效忠，效忠为兴兵伐水西。初，嘉靖十四年（公元1561年），贵州宣慰安万铨致政[②]，以其兄万镒之子安国亨袭职。已而万铨卒，有二子曰：信，曰：智。智出居织金及阿魏，信留辅国亨。亨狎吴琼、吴珂，而通其室，令部民谒琼、珂皆叩头。如谒已，信谏之，遂恶信。因以事四讨信马，信买珂马以进国亨，复以马赐珂。信怒，欲杀珂，以醉泄其言。而夷目阿户闻之，以告国亨，亨遂杀信。智闻之，驰诉效忠。忠，智妹婿也，为兴兵伐水西。智又告变巡抚王净。净递遣总兵安大朝讨之。大朝渡六广，为国亨所败，既而罢。净使阮文中代国亨，与效忠战于朵泥，未有胜负，遂相攻取国亨。取智地九，曰阿祖、曰骂雍、曰沙那、曰者底、曰者坠、曰颇、曰褒遮、曰斑鸠、曰阿宗。效忠与智取亨地七，曰勒普、曰革普、曰豆得、曰扎果、曰底威、曰李务、曰驴白。自是水西谷里、威清、奢香、陆广、金鸡六驿在安氏境者皆不通。文中将行，大学士高拱语：“以国亨必不叛，不过夷相仇杀耳，若往，勿激变。”且授文中方略。文中至廉，得其实第非有以创之心不从，遂与御史郑国仕等议调兵大剿。国亨既败王师，惧大诛，遣使哀词乞降，朝廷不之许，既而愿自下吏许之。乃遣宣慰同知宋一清与之约言，欲究杀信罪，令献主谋者，并割地处安智母子还。官所费兵粮亨皆从，即日献琼、珂等七人，而已囚服对薄自伏杀信罪状当论死，依夷法以白金二万五千两自赎，降为土舍，以其子安民行宣慰司事，而割地以予安智。

【注释】

①庚午穆宗隆庆四年，公元1570年。②安万铨：这里的安万铨与前文的安万钟是一个人。

【原文】

癸酉神宗万历元年[①]，四川巡抚曾省吾奏都掌叛，发兵征讨，调汉土官兵十四万有奇，永宁宣抚司奢效忠首在调，与水西土舍安亨有仇，请并令总兵刘显节制（显亦被效忠当能，省吾奏留之），使不得藉口复仇，妄有骚动，诏从之。效忠与国亨，各以万人会剿。镇雄土舍陇清，酉阳土司冉维屏亦以军从。刘显督诸土司兵更番入，连破凌霄、都都两大寨，乃大搜诸寨，进攻九丝，九丝之众以万计。阿大、阿二、方三，其酋之最著者也。阿大阻鸡冠岭，阿二、方三据九丝城，其山修广，而四隅峭仄峻壁，数千仞壁垒相望。阿大慴[②]于凌霄、都都之灭，徒跣军门请备编户，省吾命捕。阿二等自赎，阿大复遁，而同时诸蛮若鸡冠、黄土、内官、母猪、吊猴崖、得居、印靶诸砦，以阿大降，前后归顺，九丝益孤。

诸军多因粮于敌省转饷，乃遣刘显为大将，佐以郭成、刘铤、冉维屏、奢效忠等扼险决战不胜，乃斥激效忠、陇清等，谓："前以万骑，三日破凌霄，五日破都都，今合兵五万骑，而连月不克，一九丝何哉?"效忠发愤，夜提羿兵袭隘，诘旦为重阳日，官军方饱食，将登高望。而蛮俗以是日赛神，值大雾，昼晦，度官军不能至，皆尽醉鼾睡。效忠谍得状，会暴雨夜半传发，效忠亲督军冒雨攀絚[③]而上，未明，斩关入。蛮大惊扰，自相践踏。官军闻喧呼声，始觉，随冲击之，遂大溃，追获阿大于鸡冠岭，斩阿二、方三于夜郎大盘之间，下寨六十有奇，斩捕四千六百余人，酋长三十六人，获诸葛铜鼓九十三面，铜锅各一，具状如鼎，大可烹牛，刻划纹彩。拓地四百里。

初，戎县以都掌得名，至是更名曰：兴文。以后永无都掌之患矣。

【注释】

①癸酉神宗万历元年，公元 1573 年。②慴：恐惧，害怕。③絚：大绳索。

【原文】

丁丑六年[①]，水西安国亨部下土吏目与安智有亲，恐为国亨所杀，率所部投于乌撒土目安路墨。路墨遂许称本府知府安承祖职衔赴京代奏，亨亦命其子安民具题，永宁宣抚奢效忠亦具奏行所司命名，照蛮俗罚牛例处分。

【注释】

①丁丑六年：丁丑应为神宗万历五年，即公元 1577 年。

【原文】

乙酉十三年[①]，永宁宣抚司奢效忠与其妻奢世续，捐万金重修宋江桥。其部义士王洁其夷宫氏、徐氏亦捐金二千为助，桥成，名曰：永济。川贵巡抚檄泸州知府立碑以记之。

【注释】

①乙酉十三年：神宗万历十三年，公元1585年。

【原文】

乙亥二十七年[①]，总督李化龙率师讨播州宣慰司杨应龙（夷语谓之播勒，又为沙业，译言汉间也，为唐时杨端之后），八路进兵，路约三万人。官兵三之，土司七（土司者，水西宣慰安疆臣；镇雄土知府陇澄，即安尧臣；泗城土知州岑绍勋；保靖宣慰彭元瑞；施南宣抚覃宜，及永宁宣抚）。调永宁宣抚女土官奢世续（时效忠已故，世续摄宣慰事），督夷兵二千，隶总兵吴广与副将曹希彬，参将吴文杰从永宁八屯、二郎坝败贼骁将郭通绪，攻破穿崖囤，进攻崖门关（遵义府城西北）。复遣世续扼桑木垭（在绥阳县东）诸要害以防饷。广合希彬军，连战进营水牛塘，烧二关，绝其樵汲。六月六日，与诸军合攻灭之。

【注释】

①乙亥二十七年：乙亥神宗二十七年，即公元1599年。

【原文】

丁未三十五年[①]，四川巡抚乔壁星遣都司张神武与云、贵会勘永宁争袭之乱。初，宣抚奢效忠于万历十四年（公元1586年）卒，妻世统无子，妾世续有幼子崇周，世统以嫡，欲夺印相仇，方奏报间，总兵郭成、参将马呈文利共所有，递发兵千余，深入落红，奢氏九世所积搜掠一空。世续亦发兵尾其后，效忠弟沙卜出拒战，且邀水西兵报仇，成兵败绩，乃檄取沙卜于世统。统不应，复杀把总三人，聚兵万余，欲攻永宁泄怨。巡按劾成等，邀利起衅，宜逮而议与二土妇冠带，仍分地各管所属其宣抚印矣。崇周成立赴袭理事报可。未几，崇周死，世续取亲支子阿利更名奢崇礼抚之，据印自守。而崇明者，效忠亲弟奢尽忠之子也（夷谱为阿玉），崇明幼孤，依世统抚养者一十三年，至是送之永宁。

世续遗之氈、马，许出印给之事已定，而诸奸阎宗传等，自以昔从世续，逐世统、杀沙卜，惧崇明立必复前恨。阿利为水西安疆臣妻弟，遂附水西，立阿利，疆臣阴阳其间，祸结二十余年。至是，张神武质世续索印。世续言："印在镇雄陇澄处。"陇澄者，水西安尧臣也。陇世垂绝，尧臣入赘，遂冒陇姓称陇澄。叙平播州功，澄与世续皆与焉，中朝不知其为尧臣也。尧臣外恃播功，内仗水西，有据镇雄制永宁心。蜀抚按以尧臣非陇氏，无授镇雄意，尧臣以是怀两端助世续意。世续得授阿利，则已据镇雄益坚。又朝廷厌兵，宗传、阿利等方骅骚，已可卧取陇氏也。而阎宗传等每焚掠，必称镇雄兵以怖诸部。

川南道梅国楼所俘蛮丑者言："遣将鲁大功督兵五营，屯大坝。水西兵已渡马铃堡，约攻永宁、普市。"崇明又言："尧臣所遣目把彭月政、鲁仲贤六大营助逆不退，声言将抵叙南攻永宁、泸州。"于是，总兵侯国弼等皆归大恶于尧臣。都司张神武所俘唤者、朗者，镇雄人。尧臣亦不能解，因以普市、摩泥诸焚掠皆归之，蜀将议者，以贪功起衅，为蜀将罪。四川巡抚乔壁星言："尧臣狡谋迄今，贵州抚按调兵会剿，疏上廷议，无敢决用兵者久之。"阿利死，印亦出蜀中，以崇明袭，并赦阎宗传等罪。令水西宣慰安疆臣约束尧臣归本宗，以彝良陇鹤出袭镇雄土府事。遂平。

【注释】

①丁丑三十五年：神宗万历三十五年，公元1607年。

【原文】

戊申三十六年[①]，贵州宣慰使安疆臣卒，陇澄还袭，仍名尧臣。旋以尧臣调征铜仁苗，与头目阿乾（即象仪母族，阿乾、安长敦等祖）擒苗长阿由蒲，立功加布政司参议，授威远将军阶，封安远侯，与其兄以播功赠秩相埒，遂渐骄恣。

【注释】

①戊申三十六年：神宗万历三十六年，公元1608年。

【原文】

癸丑四十一年[①]，乌撒土舍安云翔谋逐其土府安效良，焚劫乌撒，互相夺印，尧臣以追印为名，率兵数万长驱入云南，直薄露益州，所过焚掠极惨。抚臣以闻，朝廷方以越境擅兵责尧臣，而尧臣死，子位幼，妻奢社辉摄事。

考证

社辉，永宁宣抚奢崇明之女弟也。

【注释】

①癸丑四十一年：神宗万历四十一年，公元1613年。

【原文】

丁巳四十五年[①]，奢崇明已老，中间叠遭丧乱，几十年始得安静，遂颐养事，权皆归其子奢寅。寅年少好事，多所变，更至与水西奢社辉争正西地，相仇，崇明不能禁。而水西同知安邦彦者，尧臣之亲族，为崇明婿，与奢寅合，社辉亦无如之何。时，安兵十倍奢，而奢之兵精，两相持者连年，蜀黔抚按不能制，以状闻。

【注释】

①丁巳四十五年：神宗万历四十五年，公元1617年。

【原文】

庚申四十八年[①]，黔抚张鹤鸣以赤水卫、白撒所屯地为永宁占据，宜清还，皆待勘未决。

【注释】

①庚申四十八年：神宗万历四十八年，公元1620年。

【原文】

辛酉熹宗天启元年正月[①]，金星犯井越参宿大动，占者以为：主川省有大兵。时，满洲兵攻取辽沈。以辽事急，依廷议调各司兵援辽。水西应征兵一万，以贵州巡按沈珣上疏，陈其不使，乃止。

九月，四川巡抚徐可求移镇重庆，赶各土司兵。崇明以子奢寅应募，先遣目把樊龙、张彤等领兵二万诣重庆。可求洶其老弱，徇复不济，龙等遂反，杀巡抚、道府、总兵等二十余员，据重庆分兵扼夔州、水口，攻合江、纳溪，破泸州、陷綦江、遵义、兴文。寅惧讨，成骑虎势，遂统所部与徼外杂蛮凡数万。播州遣蘖及诸亡命奸人蠭起附之。

崇明欲投吏请讨叛以自续。诸奸激以："方我之有家难，官吏尚欲请改土，今释兵投吏，是自速其亡也，不如乘以起事，朝方急辽事，当得如复安南故事。"寅异母弟奢震苦谏，崇明方犹豫间，寅与诸奸遂挟以进围成都，而寅有同母弟奢辰尚幼，因命留守，震遂抱其宗器遁迹以义[2]，即今水潦更命余化龙。而奢辰寄镇雄土府陇应祥处。

时，左布政使朱燮元将入觐蜀王，以乱留治事，与右布政使周著、按察使林宰分门固守。时，攻城急，阴纳刘勋等为内应，事觉被诛，复造云梯及旱船昼夜搏城，城中亦以炮石击毁之，相持百日，有献计于寅曰："顿兵坚城三下久永不得志，肉搏以攻多亡，精壮援兵渐集，内外受敌，非我之利。不如分一健将直趋秦陇，以过西师而窥中原，命樊龙等顺流而下，出夔巫以扰荆襄，朝廷方急辽事，又虑失南京，不暇及蜀。命水西取贵州，乌撒取云南，则成都之势益孤，可不战而取矣。"

把目那乾象[3]得罪于寅，潜输款于燮元，燮元许重用，令诱攻城，伏起跳免。是夜，乾象纵火焚营，寅兵乱，父子遁走，委弃钱谷山积。乾象因率其党胡汝高等以所部降。成都围百二日而解。

考证：

那乾象，后更姓罗，事平授屯将，因骄纵横暴于其乡，欲为乱，为乡兵所杀，故《明史》无其传。

燮元已授巡抚，率师来追，乘势复州、县、卫四十余。时，二年三月也，樊龙扼重庆未下，燮元令石柱女土司秦良玉夺二郎关，总兵杜文涣破佛图关。诸将迫重庆，寅遣其党周鼎等分道来救。鼎败走，为合江民所杀。城困乏食，燮元计擒樊龙杀之，张彤亦为乱兵所杀，生擒龙子友邦及张国用、石永高等三十余人，遂复重庆。

【注释】

①辛酉熹宗天启元年：公元 1621 年。②以义：彝语地名，即今"水潦"的彝语发音。③那乾象：后改名为罗乾象。

【原文】

壬戌二年二月[1]，水西安邦参反，陷毕节，诸目蜂起为助，乃分兵，西破安顺、沾益，东下瓮安、偏桥（明长官司，今属贵州镇远），而自统兵渡陆广（在贵州修文县，源出七星关，流入遵义），直趋贵阳。新抚王三善至，贵阳围解，而孤城独全，皆巡抚李樗[2]、巡按史永安、提学刘锡元功也。时，议与燮元之守成都并称。

【注释】

①壬戌二年：熹宗天启二年，公元 1622 年。②樗：音（chu），臭椿树。

【原文】

癸亥三年闰十月[1]，王三善剿水西屡破贼，至大方。

【注释】

①癸亥三年：熹宗天启三年，公元 1623 年。

【原文】

甲子四年正月[1]，王三善自大方旋师，遇伏被执死之，诸官将皆死。

【注释】

①甲子四年：熹宗天启四年，公元 1624 年。

【原文】

己巳崇祯二年八月甲子[1]，总兵侯良柱，兵备副使邓可训击奢崇明、安邦彦于红土川，以水西贼平。时，安邦彦合兵十余万犯赤水，朱燮元命总兵官许成名佯败，诱贼至永宁，收兵据五峰山时，镇守永宁总兵侯良柱，乘贼不备，与副将邓玘等，侵早雾迫之，大败，死者数万人。崇明、邦彦及伪都督莫德并授首。四川巡抚张论上其功不及邓、许等，成名曰："邦彦与莫德皆已为部将赵国玺所斩，且崇明犹未死。"总督朱燮元信之，禀于朝，兵部不能决，孙征兰讯俘因阿痴杓作等咸云："邦彦即时授首。"帝即命斩俘告庙。

考证

按：《夷书》及《奢氏谱》均谓崇明未死，遗其兜鍪、铁甲于其少子奢震而隐之。

【注释】

①己巳崇祯二年八月甲子：公元 1629 年 8 月 12 日。②兜鍪（dōu móu）：古代打仗时，士兵戴的头盔。

《且兰考》下卷

（清）余若瑔　著
余宏模　注

且兰旧事考四

清

【原文】

甲申世祖章皇帝顺治元年①，定鼎燕京②。

【注释】

①甲申世祖章皇帝顺治元年：顺治元年，即公元 1644 年。章：即“大材”。

②燕京：今北京。

【原文】

乙酉二年①，故明流贼张献忠寇四川，伪称西朝，僭②号大顺。伪平东将军孙可望，破永宁屠戮殆尽，踞城凡四月。

【注释】

①乙酉二年：清世祖顺治二年，公元 1645 年。②僭：音（jiàn），超越本分，古代之地位在下的冒用在上的名义。

【原文】

丙戌三年①，大兵入川，献逆伏诛，可望宵遁成都，复由重庆陷綦江。故明督师大学士王应熊（巴县人）率兵二万走永宁，寻病卒于毕节。明兵部侍郎总督川陕军务樊一蘅，由纳溪近屯古蔺，逾月。可望陷遵义入贵州。

【注释】

①丙戌三年：清世祖顺治三年，公元 1646 年。

【原文】

戊子五年①，故明总兵杨展属兵数万，奉樊一蘅节制。八月来攻永宁，官军所永和桥以拒之。十月，展败走。

【注释】

①戊子五年：清世祖顺治五年，公元 1648 年。

【原文】

乙丑六年①，流贼孙可望遣其党刘文秀率兵十万，破毕节，掠永宁。

【注释】

①乙丑六年：清世祖顺治六年，公元 1649 年。

【原文】

壬辰九年①，孙可望降于永明王（朱由榔）为秦王，其党李定国为晋王，刘文秀为南康王，由永宁出叙州，进据成都。

【注释】

①壬辰九年：清世祖顺治九年，公元 1652 年。

【原文】

丙申十三年①，孙可望叛永明王，取毕节，掠永宁。永明王遣其锦衣卫丁调鼎赍敕，诏水潦长官司余化龙及镇雄诸土司同李定国等进击孙可望。化龙以功加都督佥事，镇守吼西堡、洞关各隘。

【注释】

①丙申十三年：清世祖顺治十三年，公元 1656 年。

【原文】

丁酉十四年八月①，孙可望与李定国战于交水三岔河，可望败走，掠毕节入永宁，诸土司要击之。是年，大军由永宁进攻贵州。

【注释】

①丁酉十四年八月：清世祖顺治十四年，公元 1657 年。

【原文】

戊戌十五年三月[①]，故明水西宣慰使安坤纳款于洪承畴。五月降于平西王吴三桂。十一月，安远大将军信郡王多尼遣路什等，败永明王伪罗大顺于水西。十二月，洪承畴奏水西投诚，请以安坤为水西宣慰使加都督佥事。吴三桂自遵义出水西，永明将白文选守七星关，不得进，安坤遣入导之，由俄坡（即芒部）出乌撒至沾益，断文选粮道。信郡王遣达克薛哈、张勇追永明溃将祁三省于毕节，败之于响水河。攻文选，破之，文选遁。

【注释】

①戊戌十五年：清世祖顺治十五年，公元 1658 年。

【原文】

庚子[①]，奢辰更名余保寿，由镇雄回，求复永土，总兵严正明具题，奉旨准其投诚，安插龙场营卧泥河。是年，尽罢明时所加苛赋，除毕节、永宁、鸭池、乌撒四处商税。贵州巡抚卞三元，以驿站费不继请复。十一月，裁白撒（在永宁），周泥（大毕节）二站。

【注释】

①庚子：清世祖顺治十七年，公元 1660 年。

【原文】

壬寅康熙元年[①]，报垦荒田。

【注释】

①壬寅康熙元年：公元 1662 年。

【原文】

癸卯二年七月[①]，水西宣慰安坤擒明将刘鼎于其境，送贵阳府。是年，明将皮熊、常金印叛于水西，金印伏诛，皮熊走免。二月，吴三桂阐安坤有妾，全体皆香，向坤索取，坤不从，三桂欲逼取之，熊遂诱安坤反，乌撒土府安重圣叛，上命三桂讨之。十一月，大败水西兵于簸箕箐，追至法地屯，擒安坤。

【注释】

①癸卯二年：清圣祖康熙二年，公元1663年。

【原文】

乙巳四年二月[①]，官兵克乌撒，擒安重圣及其弟重乾。水西、乌撒皆平。改土归流，置大定、平远、黔西、威宁四府，设四镇总兵。

【注释】

①乙巳四年：清圣祖康熙四年，公元1665年。

【原文】

丙午五年[①]，并摩坭、白撒、阿落密守御所于赤水，并七星关守御所于毕节。

【注释】

①丙午五年：清圣祖康熙五年，公元1666年。

【原文】

丁未六年[①]，镇雄土府陇鸿勋争水潦陇杠地，余发藻掌经司院。时，土府强辄弄兵，大吏恐为变，委永宁道来勘，判发藻割地四十里与之，唯许给执照奉守旧衙祖基。

【注释】

①丁未六年：清圣祖康熙六年，公元1667年。

【原文】

癸丑十二年[①]，吴三桂反，永宁副将汪启元、黔西总兵王永清叛附之，分陷大定、平远、威宁、毕节。

【注释】

①癸丑十二年：清圣祖康熙十二年，公元1673年。

【原文】

丁巳十六年[①]，故水西宣慰使安坤妻禄氏及其子女安胜祖起兵威宁。胜祖痛宗社邱墟，恨三桂甚，故起兵击之。奢辰妻陇氏亦起兵龙场营，逐三桂将。

【注释】

①丁巳十六年：清圣祖康熙十六年，公元 1677 年。

【原文】

戊午十七年[①]，吴三桂自四川溃还，大掠永宁、毕节。

【注释】

①戊午十七年：清圣祖康熙十七年，即公元 1679 年。

【原文】

庚申十九年[①]，三桂孙吴世璠遣伪夏国相自大定山，复陷遵义。二月，官军恢复永宁。三月，贼帅尤廷玉复攻四城，官兵击败之。提督王三鼎被擒，至贵阳，不屈，死。城为贼据。十月，安胜祖遣使至贵阳，请大将贝子彰泰、征南将军穆占、绥远将军蔡毓荣军门送款，献米四千石。报："自十六年以来[②]，杀贼官及兵四千一百八十四人，以道路梗塞未奉朝命。"遂因其所称，假以乌撒土知府。十一月，世璠回云南，伪帅夏国相复自大定出永宁，以扼四川。水潦余继先遏之于赤水。

【注释】

①庚申十九年：清圣祖康熙十九年，公元 1680 年。②十六年：康熙十六年，即公元 1677 年。

【原文】

辛酉二十年正月[①]，贝子彰泰与穆占、毓荣至顺安，定三路进讨之策。毓荣、穆占出平远为北路；贝子自齐盘江为中路；而趣征南大将军赉塔兵自西隆入为南路。夏国相闻之，与伪将高起隆合兵守平远，穆占等败之。伪官王会以城降，起隆、国相与其党王永清走永宁。穆占之初至也，贼势甚盛欲退。毓荣自安顺闻之，使人以红旗督战，占不敢还。贼既破，毓荣与三合兵出大定。安胜祖使沙惠（归宗土目之祖）领千人先驱清道，至毕节牛场桥擒贼八人。闻贼由永宁南出掠野，胜祖以兵千名伏于镇西（今属毕节），贼至伏起，斩四十二级，坠岩者不可胜计。复命以义归宗沙惠、禄永灿、黑拱总箕诸目以兵复毕节。降伪守备李昆，千总董柱遣使缴印于毓荣。先复次日，官军始至，复邀击贼帅马宝于赤水，斩其副将王敖。于是，川陕总督哈占，以川兵同余继先会永宁，自永宁进兵追宝至威宁，继先以功授守备。伪抚夷将军匿永宁之镇西，威宁鹿烙土目小娘（系以机土目之子继鹿烙，今洛兄土目之祖也），同寻搜之。俄而，伪抚夷将军及伪总兵苏甲，副使王乙遣守备张丙就小娘乞降，送之毓荣军门。头目阿武慕德（果氏土目之祖），与贼出掠之兵战于石朵，斩贼百十人，俘十人。于是，毕节、永宁皆定。毓荣奏请哈占还守成都，许之。毓荣遂与穆占等取道威宁而入云南。

【注释】

①辛酉二十年：清圣祖康熙二十年，公元 1681 年。

【原文】

壬戌二十一年[①]，大军自云南凯旋，胜祖自上状言其功。

【注释】

①壬戌二十一年：清圣祖康熙二十一年，公元 1682 年。

【原文】

癸亥二十二年三月[①]，上特命兵部库勒纳至贵州察议土事宜，谕之曰：“曩时[②]，逆贼吴三桂见土目富厚，欲收取土地。今既归顺，或云更设土司，或云设立流官，众议互异，朕思土司只有大定、黔西、平远、威宁四府，钱粮亦不甚多，尔往善为经画，使可永远遵行。”十二月，库勒纳会同云贵总督蔡毓荣上疏曰：“平远、大定、黔西旧为安坤所辖，威宁为坤子胜祖所属。自康熙四年（公元 1665 年），设立流官，相安已久，粮差悉无违误。安胜祖宜去乌撒土知府衔，不得擅预军民事，所有水西宣慰使，仍以胜祖承袭。”上允之。于是，胜祖仍袭水西宣慰使，封其母禄氏为柔远夫人。又建阿武长官司，以阿武土目为之。奢辰妻陇氏，亦以功授古蔺土巡检，未受职卒。

【注释】

①癸亥二十二年：清圣祖康熙二十二年，公元 1683 年。②曩时：指昔时。

【原文】

戊寅三十七年[①]，胜祖卒，无子，总督王继文上书，请停袭。上许之。

【注释】

①戊寅三十七年：清圣祖康熙三十七年，公元 1698 年。

【原文】

己酉雍正七年[①]，丈量田地。

【注释】

①已酉雍正七年：公元 1729 年。

【原文】

庚戌八年[①]，各土人以私有地土报亩入册。历来自开自辟之地土，从此对国家上粮纳税。

【注释】

①庚戌八年，清世宗雍正八年，即公元 1730 年。

且兰（永宁）历代建置考

【原文】

永宁宣抚司，天文参井分野。

考证

见《叙永厅县合志》。

【原文】

唐虞南交要服之地。

考证

参杜氏《通典》《镇雄州志》。夏禹、梁州江外南城，和夷之属。

禹贡、和夷底绩，郑康成注："和，上夷所居之地。和，读作桓。"互详前谱辩论中。

【原文】

商以梁并于雍，江外南城又并于荆，为荆西裔氐、羌之地。

考证

《商颂》："自彼氐，羌，与奋伐荆楚"并称。《史记》："西南夷君长以什数，夜郎最大，皆氐类也。"林少颖曰："江汉发源梁该片。"而《职方尔雅》为："荆州出荆，亦兼梁地也。"

【原文】

周为卢国。

考证

见《周书·孔氏传》并《春秋·左氏传》。

【原文】

六国时谓之南夷，其国为夜郎。

考证

《离骚》："哀南夷之莫吾知。"《华阳国志》"楚将庄蹻植牂牁属益州。朱提、汉阳二县属巴郡，大五尺道诸此国之内。

《山海经》："蒙水出汉阳，西入江聂阳西。"《大定府志》言："蒙水，即木香河"。《史记》《汉书》皆言："秦通五尺远，诸此国颇置吏焉。"五尺道，在汉之朱提境。朱提，即乌蒙部，今为昭通府。巴郡，即今重庆巴郡。上至僰道，即今叙州府宜宾县，故知属巴。

【原文】

汉初置广汉郡，弃诸此国，而关故蜀徼。在蜀徼书为西南夷君长。

考证

见《史记》《汉书》。

【原文】

武帝时置犍为郡及鳖、平夷县，属益州。元鼎六年（公元前111年），以南夷为牂牁郡，以犍为之平夷、鳖改属牂牁。

考证

《华阳国志》："平夷县有安乐水。"《水经注》："符县治，安乐水会水源，南通宁州、平夷郡、鳖县，北迳安乐县，又迳符县下北入江。"符县，即今合江。鳖，即今仁怀。安乐水，即今赤水。则平夷，即今永宁也，明更谓安乐溪，西北注入纳溪。《寰宇记》："安乐溪从牂牁生獠界流来，八十里与汶江合，明安乐水又是永宁之清水河矣。"按夷语以永宁为安，作谷，作乐音近。二水皆生永宁界，皆可以安乐名之，而赤水为《汉书·地理志》之涉水。清水河为唐之界首江。永宁实夷地，可知矣。

【原文】

为牂牁之诸种侯王。

考证：

《华阳国志》："武帝拜唐蒙为都尉，以重币喻告牂牁诸种侯王，侯王服从，乃治南夷道，自僰道指牂牁即止。"

【原文】

汉平帝元始四年（公元4年），王莽更牂牁为同亭。莽新自立，牂牁诸种拒郡不服。

考证

见《后汉书》《华阳国志》。

【原文】

后汉光武帝时，仍复牂牁，平夷隶焉。

考证

《汉书·地理志》："牂牁郡领县十七，其五曰平夷。"

【原文】

安帝时，置犍为属国都尉，领朱提、汉阳二县。

考证

属国，即前汉之诸此国。时，乌蒙在朱提境内。

【原文】

灵帝时，南中蛮夷陷没，益州郡县多失，平夷入于鳛部。

考证

鳛部，即今之古蔺。《水经》："鳛部水，从符关东北注江。"郦道元注云："其鳛部水未闻，或水之殊目。"盖作《水经》者，汉魏时人，故《水经》中以广汉为广魏，汉宁为魏宁。与灵帝时近，故知有鳛部。道元时，南北隔绝，故云未闻。谱中四十九世祖德赫辉由乌蒙创业鳛部，即在此时。以前为乌蒙，以后为鳛部。

【原文】

建安二十年（公元215年），蜀先主改犍为属国为朱提郡（即乌蒙），汉阳属焉，平夷、鳖仍属牂牁（即鳛部）。蜀汉章武元年（公元221年），置庲降都督治平夷。

考证

洪亮吉《补三国疆域志》："牂牁郡领县七，六曰鳖，七曰平夷。"

【原文】

晋初，因之置有令长。以土人为之。

考证

《续汉书》："邑君，邑长皆有丞，比县是也。"

【原文】

惠帝太安元年（公元 302 年），以宁州境增统牂牁、朱提、建宁、益州、永昌、云南、兴古七郡。

考证

《叙永厅志》："晋置永宁县属云南郡，无考。"按《晋志》："云南郡，属县七，无永宁，盖宁州之误也。"

【原文】

怀帝时，分牂牁之平夷、鳖二县，置平夷郡，仍隶有平夷县，属宁州。鳛部仍长其部。

愍（mǐn）帝建兴四年（公元 316 年），平夷没于成李雄，鳛部不属于成。穆帝永和三年（公元 347 年），成汉灭，平夷复归于晋。安帝元兴三年（公元 404 年），桓玄之篡，其祖讳，改平夷为平蛮。刘宋及齐皆为平蛮郡，平蛮县仍属宁州。

考证

盖自汉、晋以来，平夷郡、县皆在今叙永厅永宁县之外里，及长宁、兴文等处。而鳛部在今内里，古蔺、赤水、毕节诸处是也。

【原文】

梁泰清中，宁州为爨氏所据，郡县多没。平夷为昆明乌蛮所有，谓之卢鹿部，又为扯勒部。

考证

卢鹿，即卢戎之旧称。扯勒者，鳛部至此益强大，传至墨者扯勒，不为爨氏所用，亦不宾服中国，遂以己名名部号赤舒扯勒。

【原文】

唐初，置羁縻郡为都宁郡，领县七，普置羁縻州：曰宋州，领县四，曰宋水、曰卢吾、曰舸龙、曰舸支。即今宋江、九姓诸处。又置姚州，即今姚坝。禄州即今毕节，然为羁縻多无其实。

【原文】

宪宗元和元年（公元806年），复置蔺州。为羁縻州。

考证

见《叙永厅志》。按蔺即宁之转，或曰其地产蔺草，可织席故名。

【原文】

八年（公元813年），为乌蛮罗甸王、普宁王表献牂牁地千里，仍属羁縻州。属剑南道泸州都督府。五代无所建置。

考证

《唐书》："罗甸，水西也。"普宁与古蔺音近，亦都宁之别也，即前扯勒部。

【原文】

宋初，置永宁路①。又置蓝州②。旋废。

考证

①见《叙永厅政绩志·宋刘光义传》。②蔺州误为兰州，兰州又误为蓝州也。

【原文】

仁宗时，置姚州，以乌蛮王子得盖为刺吏（见《宋史》），属梓州路。泸州在羁縻十八省州之内。

【原文】

神宗熙宁七年（公元1074年），以乌蛮仆夜知姚州，以其别部斧望箇恕①知归徕州（即今长宁）。

元丰五年（公元1082年），以归徕州赐仆夜，仍知姚州。（见《宋史》）。

考证

①斧望箇恕：箇，音（gè）。永宁宣抚司境内都掌夷人的首领。

【原文】

元世祖至元十年（公元 1273 年），置永宁路。仍宋初旧称，亦都宁、普宁之改称也。领筠连州及腾州县，设永宁宣抚司，在今永宁县西八十里马口岩渔漕溪。以昝顺为宣抚使。

十七年（公元 1280 年），宣抚使昝顺朝见，复设大坝总管府，以其酋长得兰纽授总管，得贡卧充同知（见《元史》）。

【原文】

顺帝至正二十二年（公元 1362 年），明玉珍改设永宁镇边都元帅府，仍设宣抚司。(见《叙永志》)。

【原文】

明太祖洪武四年（公元 1371 年），永宁宣抚司禄肇内附。

禄肇之先，自汉以来世长其部。至宋、元始受王官，亦属羁縻。至明，始筑永宁城，置永宁、赤水二卫，初隶云南，改宣抚司为微里安抚司。

《明一统志》以微里为凯里，置于普市所。盖禄肇之先有扯里之号，因名。

旋以永宁、赤水二卫改隶贵州都司，升安抚司为永宁宣抚司，隶四川布政司，属川南道，领九姓、太平二长官司。

九姓长官司任姓，太平长官司黄姓，加设土同知一人，并设流官经历、教授、税课司、递运所大使各一人。

考证

递运所：明朝设于各水陆交通要道管理递送粮物的机构，隶兵部车驾清使司，设大使、副使各一名主其事。

【原文】

崇祯二年（公元 1629 年），改土，编其地为九里。即永城、宁静、凤凰、清化、顺德、太平、乐荣、平安也。始设善后厅，以征民粮，卫仍旧，九姓司改隶泸州。

八年（公元 1635 年），改军粮厅，属叙州府，并移叙州兵备道与贵州参将同城。

【原文】

至清顺治十七年（公元1660年），奢辰归附，安置于龙场营之卧牛河（又名卧泥河）。辰死，其妻以功保举土巡检，未受职即死，遂以其后分屯其地，各守旧业，曰：八夷屯。继而请姓于朝，即各从其所欲，遂有余、杨、苏、李、禄、张六姓，其实皆出一源也。

考证

请姓者，似仿周赐姓之典也。以一源而分六姓者，如中国之人皆出黄帝，而各立姓氏也。

【原文】

余者，余继先，即今大屯、水潦之祖。

张者，张保，即海涯、良里湾、者把坳之祖，今已乏嗣。

杨者，杨位达，今镇西、北肇之祖。

苏者，名苏国权，即抚有镰刀湾、斯票堡者也。

陆者，陆国玺、陆国卿（后改陆为禄），即今黔西岩上、岩下之祖也。

李者，李廷贵，即法朗、湾溪、岩梯之祖也。

【原文】

迨康熙元年（公元1662年），改分巡永宁道。

四年（公元1665年），分西城隶四川叙永同知，东城隶贵州威宁府。

六年（公元1667年），撤永宁道。

九年（公元1670年），复设。

二十六年（公元1687年），改永宁卫为县，属叙州府。

【原文】

雍正八年（公元1730年），改隶叙永厅，废太平长官司为太平里，复以赤水河分川黔界，赤水以南平定里、八夷屯割归贵州毕节县。

八屯者：镇西家戛、北肇法戛、法朗湾溪、镰刀湾、斯粟堡为上五屯。大屯、阿市、小北肇为下三屯。

又以卧牛河分黔西、毕节之界，以平定里之岩上、岩下、契墨割归黔西。

于是，叙永者，水潦、岩梯、海戛而已。

第二章

水西文化

水西名称的来历

谢定国　珠尼阿依

水西，是宋末元初以来，对贵州省毕节地区以大方县为中心区域的毕节东部地区的大方县、黔西县、织金县、金沙县和毕节市、纳雍县、六盘水市水城县、六枝特区的部分地域的一片地方的称呼，水西古代属于卢夷国、夜郎国、罗甸国、罗氏国（罗施国）方国区域之内。此前及宋、元、明、清初皆为阿哲家族即水西安氏统治，习惯上也称安氏统治地区为“水西”。但是水西安氏的统治区域，还包括今贵阳市的修文县、清镇市以及安顺市的平坝县、普定的大部分地方。“水西”与“水东”相对称呼，两者的划分是以鸭池河（六广河）为界，鸭池河以东为水东，鸭池河以西为水西。水西地方政权的彝语称谓叫作“慕俄格”（也称为“慕卧勾”等），系由其第27代君长毕额抹勿在蜀汉时期所建。水西王府贵州宣慰府位于大方县城北郊螺丝塘畔。

水西故地，先秦时期为彝族先民的卢鹿部、卢夷国、朱提国，秦汉时期为夜郎国，此前均系自己建国，自立为君长（汉文史志称为“蛮长”）。蜀汉时期正式受中央王封赐罗甸王，建立罗甸国。晋、南朝、隋时期沿袭为地方政权。唐朝时期其君长受封为滇王、普里王（普露静），并受唐的羁縻为姚州刺史。宋时在袭任王爵的同时，受宋的羁縻，并袭任姚州刺史。元朝时期被去掉王，改任土司，任顺元宣抚使。明朝时期为贵州宣慰使。清朝初年为水西宣慰使。到清康熙三十七年（1698）结束地方民族政权统治，实行“改土归流”。水西地方政权的统治时期，前后共沿袭了一千四百多年。另外，水西方国政权还在唐宋时期有“罗氏鬼国”等他称。

水西方国的政权建构尤具特色，阿哲家族建立的“慕俄格”彝族方国政权，由阿哲蔺（尼）升格而来。“蔺”“格”是对彝族方国政权的两种彝语称呼，“蔺”（也称“尼”）政权和“格”（也称为“勾”）政权的区别在于，“蔺”政权的构建是以一个家族为主，而“格”政权则是以各家族为主，同时联合多个家族，甚至多个民族来构成。阿哲家族的“慕俄格”政权在所有彝族的乌蒙、播勒、阿着赤等十二个称“格”的政权中，也是具有典型意义的。阿哲家族的“慕俄勾”（格）政权结构紧密，体系发育完善，在内阁设置上引进、借鉴了南诏的“九爽”制度，阿哲政权称之为“九扯”，即九个部门。所谓“九扯九纵”即是“九个部门，九位主官”的意思，在“慕俄勾”（格）政权下属的地方机构设置上，把水西（含贵州其他地区的部）地盘按十三个行政区来划分，即十三“则溪”，“慕俄格”政权中央直隶一个“慕胯则溪”。

水西的统治区域分为两个部分，鸭池河以西、三岔河以北之地称为“水内”，有四十八土目；鸭池河以东，三岔河以南之地称为“水外”，有“水外六目”。水西历代的统治者都是彝族阿哲家族，即明代以后的安氏家族。“水内”是安氏的根基，是水西统治者的大本营，根据自然条件人们习惯上把水内分为“中水”即大方一带，“底水”即织金一带，“下水”即黔西一带，分别形成水西区域的三个中心，构成一个品字形。彝语称大方为“慕俄格”，织金为“毗那”，黔西为“默木果珠”。“水外”为水西“外藩”，与水东宋氏及唐朝所封罗甸国（黔西南境）交错。

“水西”之名，最早见于《元史》。《大定府志·旧日事志》：“额归、普色盖当宋之末造，复侵有贵州，乃分其为水东、水西二部”。至元十七年（1280），元世祖在贵州设置了八番顺元宣慰司，在水西地区设置亦溪不薛宣慰司，此时水西称为“亦溪不薛”（蒙古语），阿哲家族以方国形式进行统治的历史结束。《元史·本纪》：“至元二十年（1283），秋七月丙寅，立亦溪不薛宣慰司。……壬申，立亦溪不薛总管府，命阿里为总管。”

明太祖洪武四年（1371），改元顺元宣抚司为贵州抚司，以霭翠为宣抚使。次年，升贵州宣抚司为贵州宣慰司，诏霭翠位居各宣慰之上。贵州宣慰使治所在贵阳（至安贵荣做宣慰使时，被允许“以印授宣慰同知”就可以经常回水西巡察，后遂常居水西，其实际治所已经在水西），但管辖的地区包括水西、水东两部分，水东地域在贵阳、开阳、龙里等地，亲领洪边十二马头和水东、贵竹、中曹、青山、扎佐、龙里、白纳、乖西、养龙坑、底寨等十长官司。这时的水西既包括了水西地区的四十八目（土目）之地，也包括前述三地及今修文县、清镇市一带称为水东地区的水外六目之地。明末，奢崇明、安邦彦起义，于崇祯二年（1629）被平定以后，朝廷招抚贵州宣慰使安位。次年，安位献出了水外六目之地，明朝廷降安位为水西宣慰使。

清代康熙四年（1665），朝廷平定水西、乌撒土司政权，实行“改土归流”，设大定、平远、黔西、威宁四府。吴三桂反清被平定后，曾经一度恢复水西宣慰使。到康熙三十七年（1698）宣慰使安胜祖乏嗣停袭，水西政权彻底“改土归流”。此后，水西仅有其名，不再有土司统治，但仍然有土目遗存。土目的残留，直到中华人民共和国成立才全部消失。

水西文化

珠尼阿依　谢定国

水西文化，属于中国贵州省彝族文化的重要组成部分，是植根于贵州省毕节市乌江、鸭池河以西的区域的文化。从蜀汉至清初的1400多年间，毕节属水西，归彝族世袭统治，在这块神奇的土地上，创造了灿烂的水西文明。丰富的彝学经典，使水西成了中国彝文化研究中心。

水西文化里有深明大义的彝族首领济火，为诸葛亮南征献粮开道，受封创建了部落之邦——罗甸王国；有巾帼女杰奢香夫人，为国家统一、民族和睦，开九驿以通中原，声震明王朝；有水西人击碎了吴三桂搞民族分裂的图谋的历史；有庄重气派、古朴典雅的大屯土司庄园，铸成了一块解读水西文化、研究土司制度的活化石。仿佛印证着那句名言："百年的皇帝，千年的土司。"

在贵州历史上，夜郎与水西的故事尽人皆知，但汉代以后，夜郎古国便人间蒸发了。留下的千古之谜，令今天的考古和历史学家如盲人摸象。而水西土司却历经十余朝，跨越上千年，其间沧桑巨变，斗转星移，改朝换代，腥风血雨，几多帝王将相灰飞烟灭。但它超然世外，安然无虞，在贵州高原的乌江上游流域形成一个超稳定的土司王朝，回望这段堪称奇迹的水西历史，颇为耐人寻味。

水西土司拥有几个"贵州之最"：建制最早，世袭最长，占地最广，影响最大。追根溯源，水西土司始于蜀汉后主建兴三年（225），终于清康熙三十七年（1698），从一世济济（或作齐齐），至八十五世安胜祖，从最初的蛮长、罗甸王到水西安抚使，封号六更，历时长达1474年。

水西土司的祖先，源出昆明的卤氏，后来语转为罗氏。他们世居罗邑山中，以伐山通道为业，日久天长，聚族而居。据其宗谱记载，这个氏族的一世为慕齐齐（慕明音近，即史载的祝明），二世为齐齐火。按其取名习俗，父名冠前，本名在后，与西方习惯不谋而合，齐齐火即济火。在水西历史上，济火是一个开天辟地的英雄人物，缔造了一个绵延千年的土司王国。

史书描述的济火形象是深目长身，面黧齿白。他讲究信义，擅长打仗，深得大家拥戴。而水西载入史册的第一件大事，就是济火佐助诸葛亮擒拿孟获。当武侯南征之际，济火不像孟获那样与其为敌，而是主动纳献军粮、像其祖先一样伐山通道、为王师排忧解难，协助诸葛亮收服孟获，维护了一方的稳定与安宁。济火此举的更大意义在于，在处理土司与中央王朝微妙的关系上，为水西的后世子孙树立了一个审时度势可供参照的标尺。

济火的贡献也得到了应有的回报，他被封为罗殿国王，获得黔西的大片领地。朝廷令其世长其土，承担了维系一方安定的重任，同时奠定了水西土司最初的基业。一个土司家族就这样悄然崛起于乌江上游流域的蛮荒之野。

从二世济火到十九世额勿，他们世居水西。到三十八世阿札、三十九世阿朵、四十世阿塔的时候，当地民俗崇信鬼神，年年聚集部落祭鬼，并公推最强大的部落为鬼主，五十三世则额窃号罗氏鬼主。就这样，从东汉开始，中经三国两晋、南北朝、隋唐而宋，罗氏纳土袭爵，繁衍生息，不断壮大。到了元世祖至元十五年，即公元 1278 年，罗氏鬼国主阿榨内附，受封安抚使，土司制度在水西地区正式施行。

土司制度是一种特殊制度，也可说是最高统治者的权宜之计。在少数民族地区设官统领，官职由少数民族首领兼任，实行以土治土，民族自治，政策也较汉族地区宽松。这就造就了一个特殊的统治阶层：土司。

朝廷以鸭池河为界，分为水东、水西两部，罗氏鬼主仍居水西，号为罗氏鬼国。《明史》有如下记载："（水西安氏）世有土于水西，宣慰使霭翠其裔也，后为安氏。""安氏领水西，宋氏领水东……"，宋氏后来被皇上赐名为钦，为水东土司。数十年后，再度改朝换代，明朝取代了元朝。公元 1371 年（洪武四年），水西罗氏六十四世霭翠归顺明朝。元朝的覆灭并没有影响水西土司的生存与繁衍。

从善如流，趋利避害；顺应历史，与时俱进。在漫长的历史中，真正做到的又有几人？但它也许正是水西土司的自全之策，安身之道。

水西历史源远流长

谢定国　珠尼阿依

彝族是我国历史上古老的少数民族之一，其先民远古时期即生活在今陕西一带。中世纪时，其中一支由陕西南下进入四川，后因四川洪水泛滥，便又辗转进入云南。在这一漫长的历史变迁中，彝族逐渐分成了“武、乍、糯、侯、布、默”六个支系，后人称为“六祖”。约西汉末年，“默”支系的首领勿阿纳带领部族由滇东北向黔西北迁徙，先后在威宁草海和赫章可乐一带活动。到东汉光武年间，建立了以今大方为中心，以彝族为主体，汉、苗、仡佬、穿青、水、白族等共同组成的奴隶制国家“慕俄格”（彝语称国王、君长或首领为“济慕”或“苴穆”，“格”是彝语都城的意思）。

宋朝末年，额果濮贤以鸭池河为界，将贵州分为水东、水西两部分，因慕俄格的政治中心在水西，所以后来“水西”一词就演变为一个特定的政治区域名称，即彝族阿哲部贵族长期统治的区域，后世也就称慕俄格家为水西家。水西势力最大时，不仅统治着今大方、水城、黔西、六枝、纳雍、织金、金沙、威宁、毕节等地，还包括今息烽、修文、清镇、平坝、普定等地，因前几地为水西的本土，故史称“水内”，而后五县之地在鸭池河以东，故史称“水外”。

虽在各个不同的历史时期，水西政权的范围和治所有过不少变动，但大方一直是水西彝族“慕俄格”政权的政治中心，并在大方城东的五指山上修建了“九层衙”宫殿。

清康熙年间，平西王吴三桂为控制整个大西南，出兵镇压了水西，结束了水西政权在黔西北历史上的统治。

《大定府志》记载：“自汉后主建兴三年至康熙三十七年，凡千四百七十四年世长水西，其受命于中朝，为蛮长，为罗殿王，为姚州刺史，为顺元宣抚使，为贵州宣慰使，为水西宣慰使，号凡六更，而于其国……”可见，从公元一世纪罗甸王国的建立到十七世纪宣慰使的加封，水西在黔西北历史上存在了一千四百多年，他们为黔西北高原的开发作出了积极的贡献，并在实践中创造了灿烂的水西文化，这是今天我们在发展黔西北旅游中的独特资源。

水西世系表

珠尼阿依

1. 道哎哎
2. 哎恒恒
3. 恒希慕
1. 希慕遮
2. 遮道古
3. 古珠舒
4. 舒雅黎
5. 黎雅恒
6. 恒乍耿
7. 乍耿佐
8. 佐阿采
9. 采阿宗
10. 宗雅色
11. 色雅主
12. 主普娄
13. 普娄道
14. 道慕尼
15. 慕尼赤
16. 赤阿索
17. 索阿德
18. 德斯索
19. 斯索朵
20. 朵彼余
21. 彼余杜
22. 杜许塞
23. 许塞陀
24. 陀阿大
25. 大阿武
26. 阿武僰
27. 僰珠笃
28. 笃珠武
29. 武洛撮
30. 撮珠笃
31. 笃慕
32. 慕齐齐
33. 齐齐火
34. 火阿得
35. 得乌沙
36. 沙乌穆
37. 乌穆纠
38. 纠阿糯
39. 糯阿罗
40. 罗阿杓
41. 杓阿默

42. 默阿德
43. 德阿施
44. 施默武
45. 默武抹迭
46. 抹迭德朵
47. 朵阿芋
48. 芋俄索
49. 俄索毕额
50. 毕额勿
51. 勿阿纳（始至水西）
52. 纳阿宗
53. 宗阿卜
54. 卜阿勺
55. 勺阿妥
56. 妥阿哲（水西，镇雄分驻）
57. 哲毕武（分阿武）
58. 武莫翁
59. 莫翁说
60. 说阿歹
61. 歹阿瓦
62. 瓦额尼
63. 尼阿扯
64. 扯阿笃
65. 笃阿特
66. 特阿沮
67. 沮阿叶
68. 叶阿都
69. 都阿札（分阿户）
70. 札阿朵
71. 朵阿塔（分得额）
72. 塔阿趣
73. 趣六叶
74. 叶阿风
75. 风纳志
76. 纳志主色
77. 主色阿更
78. 阿更阿委（阿佩）
79. 阿委阿施（分那额）
80. 阿施陇那（分归宗）
81. 陇那阿阔（分波卧，黔西阿户）
82. 阿阔额叶
83. 额叶纪启
84. 纪启则额（分以世）
85. 则额普额（分密受）
86. 普额额则
87. 额则陇杓
88. 陇杓主载（分阿乌迷）
89. 主载额归
90. 额归普色
91. 普色阿里
92. 阿里阿糯
93. 阿糯阿画
94. 阿画乍俄
95. 乍俄陇内
96. 陇内陇赞
97. 陇赞霭翠
98. 霭翠陇弟
99. 陇弟普者

100. 普者那科

101. 那科白则

102. 白则裸至（主妻奢志乏嗣，以龙铺为子。铺乃志妹之子，今黔西四方井阔波是也）

103. 裸至龙铺（明，赐姓安）

104. 安祚

105. 安贵荣

106. 安万镒

107. 安万钟

108. 安仁

109. 安国亨

110. 安疆臣

111. 安尧臣

112. 安位

113. 安世

114. 安承宗

115. 安坤

116. 安胜祖

水西遗迹

谢定国　珠尼阿依

彝族先民在征服自然、改造自然的生产斗争和生活实践中，留下了大量的遗迹，这些遗迹表明，他们不仅创造了文字，用文字和图画相结合来记录历史和社会生活，而且还发明和创造了二十四节气、十月太阳历等，为人类文化的发展作出了巨大的贡献。

水西遗迹遍布整个毕节地区，甚至包括贵阳及四川、云南的部分地区，可谓浩瀚而丰富，比如：

“奢香通衢”，该驿道从大方县城起，经大树脚、三棵桩、木弄关、蚂蚁河、打鸡阆、中洞、闫王虫、异子关、大石板、龙场、马蹄滩直达四川古蔺，全长约150公里，沟通了川黔两省的商贾营运，成了川盐入黔的主要通道，大方瓢儿井也因作为川盐入黔集散地而成为商贾云集的黔西北重镇。

桥上桥，位于古称“禄水”的落折河上，是1384年奢香所建，桥身长50余米，高8米，宽6米，大小5孔，两边有拦马石。现在桥身为东风电站水库淹没，仅能见到桥面。1978年，清毕公路改道时，为了保存这座明代古桥，就在老桥上面重新架新桥，形成了桥上桥奇观。

千岁衢，明嘉靖年间摄贵州宣慰使安万铨出资募人在纳雍白布河渡口边修建，在如刀切斧削般的悬崖上砌了石阶2000多米，工程艰辛，气势恢宏，至今仍在发挥着重要的作用。

碑刻，大渡河桥头有两方石碑，一方汉文，一方彝文，均为水西君长所撰，前者记叙了建桥经过，后者则记叙了勿阿纳从云南拓疆到黔西北的历史以及疆域、风尚、文化等，是水西历史的一本活字典。此外，立于今大方县响水乡的妥阿哲纪功碑，系西晋时期必额莫翁所立，主要记叙了蜀汉建兴三年，妥阿哲在楚敖山与诸葛亮结盟，助诸葛亮南征有功，被汉后主册封为罗甸王的史实。

九层衙，位于大方县城东的五指山上，彝语称为纪慕夺阁，是西晋中叶妥阿哲之孙必额莫翁所建，占地约7000平方米，依山势共分九级。《西南彝志》记载："向天九重，雕鹰雁禽鸟之梁，刻虎豹獐鹿之栋，最美的24处，金银包椽角，挂12对金铃。"距此25公里外的瓦厂塘，就是为烧制九层衙所需砖瓦而挖掘形成的人工湖。

此外，现有关方面收藏的4万余册彝文古籍，2000多万字的彝文博物馆，以及大量的以水西为歌咏对象的诗文等，都是水西文化中的宝贵财富。

水西人物名垂青史

谢定国　珠尼阿依

彝族是个热情、勤劳的民族，他们在征服自然改造自然的过程中，涌现出了许多杰出的历史人物，为推动水西地区经济社会的发展作出了不可磨灭的贡献。比如勿阿纳、妥阿哲、甫纳志、普贵、额果濮贤、濮贤阿尼、奢节、阿画、霭翠、奢香、安弟、安陇富、安贵荣、安万铨、安国亨、安坤、安胜祖等等，其中奢节和奢香便是两位胆识超群的女政治家。

奢节是彝族“默”部60世濮贤阿尼的妻子，其夫去世后，她袭职摄政。当时，元政府命水西率军从征八百媳妇国（今缅甸掸邦），因不从，元政府就屯兵进行非人的剥削奴役，使得阶级矛盾尖锐。

公元1301年，元丞刘深向奢节“索金三千两，马三千匹”，奢节率兵反抗，云南、四川、广西等地倍受奴役的人民举竿响应，大大动摇了元政府在大西南的统治地位。

元政府调集了湖广等地八省兵前来镇压，因力量悬殊，水西兵败，元兵一路追杀，攻入水西政治中心慕俄格，奢节率军退守七星关，最后战死沙场。奢节是彝族人民不畏强暴、宁死不屈的杰出代表。

历史留芳话奢香

珠尼阿依

公元1358年，四川蔺州宣抚使、彝族奢氏豪门，生下了一个千金小姐，家里给她取名舍兹，这就是后人仰慕的奢香。十七年后的1375年，这个亭亭玉立的美人却远嫁贵州水西，成为时任贵州宣慰使的水西土司陇赞阿期（霭翠）的妻子。

但仅过六年，即明洪武十四年，霭翠便撒手人世，二十三岁的奢香成了寡妇。这固然是人生的一种不幸。但从另外的角度看，霭翠的死又成为奢香的一次人生机遇，因为儿子年幼，作为母亲的奢香自然代行宣慰使之职，使其成就了后来的大业。

奢香夫人铜像

奢香所处的是一个多事之秋，水西相邻的乌蒙、乌撒地区农奴主起兵叛乱。而水西安氏与其世代通婚，有着千丝万缕的联系，因此水西所属的四十八个土目企图挟持这个年轻的寡妇叛乱。一边是高高在上的大明王朝，一边是血脉相连的世代姻亲，何去何从，也许奢香并非没有犹豫和徘徊。情势千钧一发，一个土司家族的命运系于一身。而此时，唯恐天下不乱的都督马晔正欲取水西安氏而代之，于是借故裸挞奢香。“裸挞”是一种特别的刑罚，受罚者不仅要承受肉体的痛苦，作为女性更是一种人格羞辱。即便普通的平民百姓也无法忍受这般奇耻，何况一方霸主，堂堂贵州宣慰使夫人？马晔的阴谋是激其兵变，把事态扩大，然后奏请朝廷出兵，堂而皇之地改土归流。

马晔的招数符合最高统治者的利益，也十分阴毒，果然就奏效了。水西人把奢香的羞辱当作全族人的奇耻大辱，群情激愤，摩拳擦掌，一场即将到来的腥风血雨隐隐可闻。

此时的奢香至少有一千个反叛的理由。作为一个女人的羞辱，作为一方统领的羞辱，按照我们习惯的“面子”思维，以后她将如何面对自己的部族与属下？而流官马晔的肆无忌惮，正说明朝廷对土司权威的漠视，对马晔的暗中支持与默许。似乎天时地利人和，于情于理，天平都倾向奢香一边。此时不反，更待何时？

危急之际，一个水东女子从幕后走到了前台。水东土司宋钦的遗孀宋氏，按照封建命名传统，一个有姓无名的奇女子，洞察了马晔的阴谋，也看到了水西与水东面临的灭顶之灾。水东与水西不仅睦邻友好，而且在政治经济利益上联系紧密。她深知，一旦朝廷“剿匪”的铁骑长驱直入，水西弹丸之地焉能抵挡？城门失火，殃及池鱼；覆巢之下，安有完卵？两者唇齿相依，一旦水西不存，水东安在？因此及时加以劝止。

是什么智慧和力量，使奢香这样一个弱女子在这场风暴的旋涡中心却保持超常的冷静和克制？在大是大非、或佛或魔的一念之间有着如此理智的决断？总之，奢香并没有被愤怒的火焰烧焦理智，而是从善如流，听取了宋氏忠言。

纤纤玉指，镇住十万雄兵。

当然，心高气傲、血性刚烈的奢香自不会善罢甘休。公元 1384 年(洪武十七年)，她千里迢迢走诉京师，开始了水西土司有史以来的第一次特殊之路。按照现在流行的话说，她要到朱元璋那里讨个说法。

在朱元璋面前，奢香告了马晔的御状。奢香与马晔可谓势不两立，而对最高统治者朱元璋而言，奢香与马晔不过是手心手背的关系，但势关一方民生稳定大计，在鱼和熊掌之间，孰轻孰重不言而喻。利害权衡的结果，别有用心的马晔成了牺牲品，成了又一个聪明反被聪明误的案例。当然另有一说，马晔当时并未被斩首，而是被朱元璋雪藏起来，几年后又到别的地方上任去了。但不管怎样，总之仕途是受挫了。

而朱元璋是这场纷争的最大赢家。作为回报，奢香承诺开辟九驿，使朱元璋不费一钱一粮，就得以开通贵州往来四川的要路。同时，恩威并施的结果，维护了贵州政局的稳定。对最高统治者而言，总是稳定压倒一切啊。

当然，奢香也有重大斩获。她不仅巩固维护了自己的土司地位和权力，并以自己超人的胆识和谋略赢得了朱元璋的信任，获得了远近人们的敬重。

奢香一言九鼎、一诺千金。回到水西，她便组织人力物力，开辟龙场、六广、谷里、水西、奢香、金鸡、阁鸦、归化、西溪（一说威清）九驿，使包括黔西北与滇、蜀在内的西南地区交通商贸大为改观，从此，水西结束了自我封闭的历史。因为有了这个龙场驿站，后来才使一个被贬谪的王阳明与贵州及乌江结缘，成就了一个大哲学家和一段千古佳话。当然，这是后话了。

洪武二十三年，奢香还将她的儿子安的送进京师并请入太学，此举让朝野大为感动。皇上特意下旨，要求国子监“善为训教”。这种对汉文化的钦慕与开放心态，使外来的汉族文化与彝族本土文化有机融合，促进了贵州的文明进步。

因为奢香出色的治理才能，天遂人愿，水西成为远近闻名的富庶之邦。在地方民族与封建中央集权的夹缝之中，不仅顽强生存，而且壮大发展。因为与封建中央集权的良好关系，远离战乱的人民得以安居乐业、繁衍生息，水西进入其历史的鼎盛时期，并维护了民族团结与国家统一。

洪武二十九年（1358），奢香不幸香销玉陨、英年早逝，年仅 38 岁。这个具有传奇色彩的美丽女子，连死也那么凄美动人. 她留给我们的不是一个垂垂老矣的老妪形象，而是一个青春风韵的美丽背影。

七百多年后的今天，她的事迹仍在水西、在黔蜀滇地广为流传，她的形象依然栩栩如生，似乎呼之欲出。

奢香短暂而壮丽的一生有许多超越。首先她超越了民族的局限。这个心胸开阔的奇侠女子，是所有民族共同的优秀女儿。

她超越了性别的局限。在男人主宰世界的封建时代，奢香的出类拔萃是一个特例，当然，也是特殊的土司制度造就了一代女中豪杰。但她那种忍辱负重的宽阔胸襟，就是一般意义的男儿丈夫也难企及。在众议纷纭、几乎众口一词的危急时刻，她处乱不惊、力排众议，更需要超人的胆识与理智。那些妄自尊大、小看女子的男人，又该怎样自惭形秽？

美丽的奢香穿越时空，震撼我们变得有些僵硬的心灵。

生子当如孙仲谋，生女自当如奢香。

后奢香时代的土司

珠尼阿依

奢香死后，她的儿子，六十七世安的承袭土司之位。此后几代人可能略显平庸，自不能与奢香比肩。不过其间虽偶有土目叛乱，但大体较为稳定。应当提到的一件大事是，水西土司自古有名无姓，与汉文化有所不同。七十二世土司龙铺（一作龙富）朝见明英宗，问其姓氏，回答无姓。于是英宗以其原地为安西（一说为安邑之讹），赐姓为安，自此，水西世代以安为姓。

英宗的赐姓意味深长，体现了恩威并施的话语霸权。安者，安定、安抚、安靖也。这是恩典与期待，同时又是不可抗拒的命令与威压。

此后不能不提及七十四世安贵荣，一个功过参半的人物。他早年率兵平叛，有功于国，并与王阳明结下了较为深厚的友谊。这段友谊成为贵州历史上的佳话。他后来却渐生骄矜，不受节制。当其上书乞减龙场驿之际，被贬为龙场驿丞的王阳明，因其礼遇甚厚而修书劝阻，他也暂时听取了忠言。但为乱之心始终不改，后来未得善终，令人感叹。安贵荣与王阳明的交往有重要意义。

与安贵荣结局相反的是七十七世安国亨。他早年风流暴虐，惹是生非，为祸一方，弄得水西民生凋敝。但朝廷的屡次宽恕，使他最终悔悟，决意报效国家，以雪前耻。他恢复水西境内的六驿，开山辟地，勤务农桑，扶危济困，邑民安居，水西恢复了往日生机。他还内修政令，外勤王事，协助剿匪平叛之事，终成正果。

当播州土司杨应龙反叛朝廷时，水西七十九世安疆臣有罪在身，由于水西与播州杨氏也是世代姻亲，安疆臣的立场难免摇摆。时任贵州巡抚的郭子璋是一个具有远见卓识的人，使安疆臣戴罪立功，化敌为我，断绝了杨氏后援。在这场伤亡惨重、尸体堆积如山、“乌江水为之不流”的恶战中，官军取得艰难胜利，最终剿灭杨氏。没有助纣为虐的水西也得救了，暂时避免了播州覆亡的命运。但朝廷对土司尾大成患的担忧，也越来越深了。的确，由于天高皇帝远，对边远地区统治的鞭长莫及，作为权宜之计的羁縻政策使得土司们总是在割据与归顺之间摇摆不定，成为地方动荡的因素。

第三章

大屯土司庄园文化

毕节七星关区大屯彝族乡概况

谢定国　珠尼阿依

大屯彝族乡，位于贵州省毕节市七星关区东北面，东与本市七星关区田坎乡和龙场营镇毗邻，南抵大方县，西与普宜镇一水之隔，北与四川省马蹄乡隔赤水河相望，居住有汉、彝、苗、白、仡佬等民族。1998 年著名的“大屯土司庄园”被国务院列为全国重点文物保护单位。

全乡总面积 56.4 平方公里，有耕地 14759 亩，其中水田 1000 亩。辖大屯、长中、青山、大河、三官、高坡、烙烘、雅木 8 个行政村 109 个村民组。居住有汉、彝、苗、白、仡佬等民族。总户数 4444，总人口 18400 人，其中农业人口 18137 人，占总人口的 98.53%，非农业人口 263 人，占总人口的 1.47%；少数民族人口 6265 人，占总人口的 35%，在少数民族中，彝族人口 5760 人占总人口的 32.18%，占少数民族人口的 91.94%。

境内平均气温 15 摄氏度，年降雨量 700—900 毫米，年均日照 1120 小时，无霜期 270 天，雨热同季；地势南高北低，呈依次下降的三级梯面地形，平均海拔 1026 米，最高点在南面的韩家大箐，海拔 1738 米，最低点在北面的大河村，海拔 560 米。

主要粮食作物有玉米、小麦、水稻、红薯、马铃薯等；经济作物有甘蔗、花生、油菜、早熟蔬菜等；林果有柑橘、蜜橘、橙、柚、桃、李等。主要树种有杉、松、柏香，经济林有杜仲、蚕桑、黄柏；主要牲畜有牛、马、猪、羊等；矿产资源匮乏，现仅有水泥厂 1 座，砖厂 1 座。雅木村、木杉村为全乡重要的林业区和畜牧区。

彝族自然村寨“三官寨”经上级有关部门的多次考察论证，于 2002 年 6 月被列为全省重点保护与建设的民族村寨之一；溜儿河自然风景区山峦叠翠，幽谷含青，山水俊秀，气候宜人。该乡悠久的民族历史、浓厚的民族文化、浓郁的民族风情、典型的喀斯特地貌和有利的地理位置，具有很大的旅游开发潜力，现相关保护与建设、开发与利用工作正有序进行。

大屯彝族土司庄园历史沿革

珠尼阿依　谢定国

大屯土司庄园系国家级文物保护单位，始建于清道光年间（1821—1850），相传是彝族土司余象仪所建，后经余达父扩建始成今状。它依山势而建，面临缓坡低平的台地。大屯土司庄园位于贵州省毕节市七星关区东北隅100公里的大屯乡大屯村。

庄园整体布局为中轴大体对称的大规模三路构筑，各路皆有三重堂宇。左路建筑有东花园、粮仓、绣楼等。东花园也称“亦园”，用于接待客人。园内有花圃客房等，其建筑十分精美。花圃错落有致，客房装修华丽，院坝青石铺就，院墙彩绘粉饰，古色古香，十分幽雅。中路建筑有大堂、二堂和正堂，各路堂宇之间均有石坝或内墙间隔。

庄园总进深约90米，横宽约70米，全部建筑占地面积6000余平方米。高大的砖筑院墙，墙檐下砌筑斗拱，显得古朴厚重。犹可想见，当年的土司庄园守备森严，肃穆庄重。结构精巧别致，具有独特的民族建筑风格。

大屯土司庄园的设计建造，在一定程度上体现了劳动人民的聪明才智。其石作、木作以及家具雕刻的各类图纹具有鲜明的彝族文化艺术特征，是研究民族、民俗学的珍贵实物资料。庄园于1981年、1982年和1988年相继被列为县、省和国家级重点文物保护单位。

庄园依山势而建，坐东南向西北，由缓坡低平的台地逐次升高，远望呈虎卧之势。整个建筑呈中轴对称的三路主体构建，每一路都有三重堂宇，既相互独立又融会贯通。

紧挨院门的是庄园的轿厅。轿厅后，二进是客厅，名为“雅堂”。然后是西花园，又叫“时园”。园中有双环亭鱼池，池上横卧一小巧精致的风雨桥，桥上设飞来桥，供憩息观鱼之用，鱼池两侧有长方形花坛，种植四季花木。园中另有金银桂各一棵。第三进是祠堂，为二重檐的木楼，形式庄重。轿厅、客厅、祠堂均面阔三间，为歇山顶式建筑。是庄园左路布局。

庄园右路依次为东花园、客房、仓房、绣楼。东花园又叫亦园。园中砌有 3 个花池。客房面阔三间，悬山顶。仓房 50 年前已拆除，唯剩基脚。绣楼有上下两层，面阔三间，悬山顶，楼上为女眷刺绣玩乐之地。

中路依次为面阔五间的大堂，二堂（对厅）和正堂（正厅），是整个庄园的中心主体建筑。大堂高耸于 3 米高的台基上，雄伟挺拔，颇为壮观。上设藏砚楼，前、后、右设有回廊。大堂右面为歇山顶，左面为悬山顶，两边不对堂，但融入建筑群中看起来依然和谐。正堂后有梯式三级花台，种植花草，以供观赏。

庄园建筑群由 2—5 米不等的砖墙围护一周，沿墙设有 6 座碉堡，碉堡高 8—12 米，守护着大院。

整幢庄园风格凝重端庄，显透出庄园主人那一方土司的威仪。庄园主人余达父彝族文化底蕴丰厚，且精通汉文化，又留学日本，将彝族文化的龙虎图腾观念融入整个建筑之中，使庄园显得人文气息十分浓郁；使得庄园具有文化研究和游览观光的价值并理所当然地被列为国家级文物重点保护单位。

大堂简介

大堂为庄园主体建筑，建在两米高的台基之上。从前院仰视，甚为雄伟高大，体现了当年土司的威严。

大堂为中国传统建筑结构，中堂是堂屋，东西耳房各一。堂屋非常宽敞，有前二门。前门为敞门，愈显厅堂宽阔；后门为太阳门，两门形式各异，使得大堂建筑严谨之中有变化，颇具匠心。堂屋内四根柱子巍然肃立，顶上并无阁楼。一入堂中，顿感厅堂之高大。耳房门面有花窗，雕刻着具有彝族文化特色的龙虎图案，上设藏砚楼。檐坎边设有美人靠，圈成回廊。设置回廊的目的是让平常人绕过大堂进入庄园。因为当年大堂后门即太阳门是时常紧锁着的，只有尊贵的客人到了才打开，直接穿过大堂进入后院。大堂右面为歇山顶，左面为悬山顶，两边不对称，但融入建筑群中看起来依然和谐。

大堂当年是用来设置法庭的。余达父的姨太太徐丽芳，有文化，人精明，凡土司辖区内的民事纠纷及盗匪劫案，均由她审理。一有案件待审，徐丽芳便端坐堂中，两旁侍卫肃立，两边墙上的法律条文赫然夺目，高大宽敞的大堂内，气氛森冷肃杀，威严十足。

大堂前面有宽敞的院坝，从院坝到大堂有 11 级台阶，其中 6 级为半月形。台阶边沿雕有龙形图案，十分古朴。院坝一律磨石对缝铺就。院坝中植有各种花草，当年还有十余株常青树，与绘有各色图案的围墙外的数丛竹林遥相呼应。这也许就是当年大堂又名“松声竹韵楼”的缘由吧。设想当年院内外的闲逸景致，更衬出大堂的庄严雄风。

对厅简介

对厅是两面靠围墙砖体而建，里面的雀提、斜撑、斗拱、石墩均精雕细刻而成，上面有大量虎花纹，体现了彝族人民对龙虎图腾的崇拜。

对厅设有高大的大堂，花纹图案与各种设置明显趋于柔和，这是和它的用途分不开的。对厅当年作为磨房、书房、餐厅使用。当年余达父的家兵百余人，佣人百余人，就在对厅左侧房间用饭，非常热闹。对厅右侧原来设有书房，书房内原有坐凳四个，茶几两张，书柜八个。遥想余达父这位彝族诗人，在书房内品茶读书，徘徊吟诵，挥毫泼墨，是何等雅致!

对厅前后的庭院，是余氏家丁操练的地方。当年余达父曾专门请了一黄姓武师组织家丁训练。庄园曾受过几次土匪的攻击却安然无恙，与之不无关系。

正厅简介

正厅是庄园建筑中修建历史最久的一座，背靠内围墙而建，具有彝族传统建筑特色，正厅两面山墙上绘有牡丹荷叶卷草和虎的变形图案，相当精致。

正厅堂屋的后壁上，原来设有神柜（供有祖宗牌位或神像的神龛）。正厅设有后门一道，是通往绣楼的唯一通道。

正厅耳房是余达父及家人居住的地方。余达父妻妾较多，其中徐丽芳是一个传奇人物，处理内外事务精明干练，且善使双枪，领兵打仗丝毫不逊于男子，是当年土司庄园握有实权的人物。

正厅耳房里原来还居住有另一重要人物“老官奶”（余达父的姐姐），曾辅助徐丽芳管理庄园事务，徐丽芳死后，余家就由“老官奶”掌管。

轿厅简介

轿厅东傍大堂，背靠西花园。轿厅中穿方、斜撑、斗拱、雀提等设施上，雕刻有精致的龙虎图文，图案精美。

轿厅即是用来起轿停轿以及供轿夫居住的地方，当时轿厅里住着八个轿夫，四个马夫，个个身强力壮。主人一上轿，轿夫抬轿，马夫开道，前呼后拥，威风十足。驻足轿厅，当年主人的车仗威仪，犹在眼前。

碉堡简介

庄园共有石、土碉堡六座，分布于东西南北角和左右中轴的两侧。无论是土碉还是石堡都垒得相当坚固，碉堡外的墙壁上，都有瞭望孔和射击孔。六座碉堡既可独立使用，又可相互策应，使得庄园戒备森严。

六座碉堡中，以东南角的一座最具代表性。该碉为土碉，碉高 32 米，表面分为上下两层：瓦面和碉体。内部有九楼。墙体厚度由上而下渐厚，0.7—1.5 米不等，登上该碉顶层，可以俯瞰庄园全景，监视庄园内外动静。

碉堡建筑是封建庄园城堡的典型，是封建土司制度的特殊产物。

客房简介

客房是东花园中的主体建筑。面阔三间，悬山顶，它从总体设计到细节布置，都极为精致。客房内原设有美人桌四张，酒具、茶具、餐具等一应俱全，称得上是精美的工艺品。余达父在世时，客房外还用精致鸟笼养了四只鸟，分别放在园中四角。配上院中花草，真是鸟语花香，一派祥和。

客房是当年土司招待尊贵客人住宿的地方，除了管理房间的佣人和余达父家人外，常人不许进入。

东花园简介

东花园又名“亦园”。园内原设有雕花石桌四张，园中有樱树六棵。另有各种花草。初春时节，樱花绽放，洁白亮丽，香气袭人。朝起临窗，定会觉得身心舒畅。

当年余达父常游东花园。每到必令仆从带上文房四宝，兴之所至，写写字，作作画，吟吟诗。“亦园”门框上刻有一联“莺花日办三春课，风月天生一雅人”，是余达父自况之联，体现了余达父谦虚的文人风范。

雅堂简介

雅堂中通间无隔，四周门窗上刻有许多图案，以龙头虎首图案为主，另有梅兰花草飞鸟图案，充分体现了庄园古唐文化风格及彝族传统文化特色。

雅堂既是客厅又是展览厅，内原设有马蹄脚茶几 4 张，刻有二龙抢宝图案的镜子一面。余达父的《雅堂诗集》十四卷，《罂石精舍文集》四卷，《蛉拾尘集》两卷，《通雍余氏宗谱》一卷，《且竺野史》四卷。全是在雅堂内潜心创作出来的。

从雅堂的设计到《雅堂诗集》的产生，都说明了彝族诗人余达父是一位人中之杰。立于雅堂内，除了会有人杰地灵之感慨外，还难免会产生出关于文化开发的其他思考。

祠堂简介

祠堂分上下两层，第一层是余达父祭祀祖宗神灵的地方。余达父本姓奢，为“扯勒”世家，他是奢崇明之子奢震（余化龙）的第十一世子孙，原来祠堂中供有余氏自奢崇明以下各代祖宗牌位，另外还供有其他神像几十个，大小不等，有泥塑的、石刻的、木刻的。当年有专人管理，负责祠堂打扫与烧香换水，祠堂内终日香火不断。

祠堂上层楼外有走廊，右侧有木楼梯相通。走廊的木栏杆上雕刻有变形图案。如万字格，象征余家万代平安，子孙发达。

祠堂楼上是理想的观景点，打开窗户，西花园中各种景致尽收眼底。放眼望去，群山环绕，苍松翠柏，令人心怀为之一畅。遥想当年，余达父也一定时常登楼远眺，抒怀祖幽思，绘后世蓝图。

风雨桥简介

风雨桥是西花园中的一座特色建筑，建于池塘之上，为木结构，桥两旁造有座椅（又是桥栏），即飞来椅悬于空中，供憩息观鱼之用。桥上有棚，风雨桥既桥亦亭。

风雨桥下是双环鱼池，鱼池四周建有护栏，围栏上刻有龙的变形花纹。置身风雨桥，抬头可以观赏四周景致，低头可以与游鱼共乐，真令人心旷神怡。

据说当初的风雨桥是设计成斗拱形的，可余达父官阶不够，朝廷不允，只好修成现在的样子。

绣楼简介

绣楼坐落在正厅右侧，显得精巧别致。房屋各处雕刻的花纹，仍以虎龙图案为主。绣楼四面高墙，唯一通道是正厅的后门，进出必须经过余达父夫妻住处。绣楼里面专门住土司的小姐。那时候，大户人家的千金，是不能轻易让外人看见的，因此，不许随便出入，也要防止外人进入。所谓“养在深闺人未识”便是这真实写照。

不过，养女于深闺之中，倒可以学得不少东西。据说余达父的几个女儿，不但熟悉女红针线，而且精通文墨，连丫鬟也能略识文字。只可惜这些小姐们，虽渴盼体会外面的世界，却受到这般禁锢，独坐绣楼，也就只有枉自凝眉了。

西花园简介

西花园又名“时园”。园中有三座建筑，各具特色：雅堂敞亮清雅；风雨桥小巧秀丽；祠堂凝重深幽。土司庄园的精致做工，很大程度上集中在西花园。彝族文化具有重左轻右的观念，所以祭祀祖先的祠堂安排在左路。又因为彝族人把虎作为图腾崇拜，因此园内建筑既有唐代风格，又具龙虎特色。

西花园中栽有奇花异草，有专门园丁培植。四季花开不断。有金桂银桂各一株，象征吉祥；有紫薇树（抠痒树）四棵，一棵在园门右边，另三棵在祠堂两旁。紫薇花开时，一片火红，即使在庄园外面也能看见，不由让人产生“深园不锁春”之感。

园中还有石雕大圆桌 8 张，石凳 64 把，大小花台 4 个。花台形状各异，皆分为三层。上刻各种花鸟草虫变形图案，与园中其他建筑、四季花草相映成趣。

大屯土司庄园的家族文化

珠尼阿依

今之大屯土司庄园的建置年代，学术界尚有不同认识，笔者考证大屯土司庄园的始建年代，不会迟于清代康熙年间，又经乾隆、道光年间不断扩建东西两个花园，到清末民初，又对园加以修葺，始具今之规模，大屯土司庄园实际上已经历了三百多年的风风雨雨。直到中华人民共和国成立后，曾经创办农业中学，不慎失火烧毁大堂。又经过十年“文革”浩劫之后，迎来了改革开放的新时期，学校被迁走，定名大屯土司庄园，列为全国重点文物保护单位，政府拨款维修，庄园得以焕发新姿。

除供普通观众游览参观，对有志致力于历史学、民族学、民俗学、建筑学、文学研究的学者，大屯土司庄园和三官寨彝村，无疑应是深入调查研究的宝地。

自明朝崇祯年间四川永宁宣抚使奢崇明和贵州宣慰同知安邦彦联合高举反明义旗，与明王朝数十万军队抗拒近九年之后，始被官军镇压下去。但是不久，李自成农民起义军攻进北京，明王朝覆灭，清兵自东北入山海关，攻北京，建立清朝，随即遣军南下，统一全国。历史又翻开了新的篇章。

奢崇明反明起义失败后，原四川永宁宣抚使管辖下的各个“则溪”即已改土归流，设立里甲，任命流官管辖。清初顺治年间，奢崇明之子奢辰，夷名阿姑，改汉名余保寿。清顺治年间投诚，奉旨安插卧泥龙土司女名奢伦为妻，奢辰死，龙氏于康熙年间以功保土巡检，未授而卒。生子三人，长名张风岐，管阿弄。次子早卒，其名失传，管补仲槽，两人均无后嗣，三子张翔，又作翔岐，小字杨三，管大屯。此即应是大屯土司庄园的肇始者。

奢崇明另有一子，原名奢震，夷名位基，后更姓余名化龙，字跃鳞，明崇祯时，以思忠顺授水潦长官司，给土同知印，其辖境即今四川省叙永县水潦彝族乡，位于赤水河上游“鸡鸣三省”交界边地。清初，滇黔多事，奢震收抚流亡，上应赋役，下谕归农，一方赖之。时改土之后，故土尽失，奢震其后世居水潦，与大屯相距约二百里，俱居赤水河上游两岸，往来亲密，相互承袭，同祖共宗，绵延传世。

奢崇明后裔的余氏家族中，历代传承年节祭祀、婚姻丧葬等重大活动，系恪守彝礼，按彝俗操办之外，学习彝语，熟悉彝情，亦是立身处世，群系民族群众的基本准则。但是，为了适应社会变迁，追求科举功名，或为游历各地，开阔视野知识，因此，注重家教，延师课读，博览群书，研习诗文，世代传承沿袭，造就了偏僻一隅的家族文化。

大屯和水潦彝族余姓家族文化的主要贡献，表现在该家族成员中多有以古典诗词著作传世而名垂青史者。特例举如下：

余家驹，字白，小字石哥，清嘉庆辛酉年（1801）十六日，生于大屯故里，殁于道光庚戌年（1850）八月十九日，享年五十岁。余家驹为奢震（改姓名余化龙）第七世孙，是余氏家族诗歌文化的首创者。家驹年十二失亲，母安太夫人抚养成长，为贞生即不事进取，奉养林下，隐于诗酒，于学无所不窥，平生著述甚富，遭自兵燹，惟遗《时园诗草》行世，论者谓似太白、东坡，善画，尤墨山水，亦奔放如诗。

余珍，余家驹之子，字子儒，号宝斋，一号海山，文号坡生。1825年出生，同治甲子年（1864）卒，享年四十岁。余珍及其族弟余昭，自幼随侍其父白庵公左右，聆诲课读家学递传。据称：“其精敏也书法楷同颜柳，草类怀素，画拟云林，萧疏淡远，旁及花卉、虫鸟、人物，皆极超妙。蜀滇黔求书画者，日踵其门。著有《四余诗草》传世。曾受云贵总督张亮机、贵州巡抚韩超保奏，谐授武翼都尉，赏戴兰翎，袭大屯土千总职。

余昭，彝名龙补，字子懋，号德斋、大山。生于清道光七年（1827）十二月二十六日，卒于清光绪十六年（1890），今四川省叙永县水潦彝族乡人。幼年丧父，得伯父白庵公钟爱，常去毕节大屯授教家学，根基扎实，曾几次赴科场，受赐花翎直隶州知州，且为候补知府。其著作有《叙永厅志稿》四卷（未竟）《土司源流考》卷（未刊）、《有我轩赋稿》二卷、《德斋杂著》一卷，《大山诗草》三卷，戊戌年刊《叙永厅县合志》卷二十七记载：“昭著有《大山诗集》，履真著《园灵阁诗集》，白淹亦著有诗集，皆然可观。而大山诗尤为音节高亮，有明七子风”。可知余昭的《大山诗草》清末即已誉称士林，撷入志书。

安履贞，字月仙，乌撒盐仓土府裔，阿克安公中立女。清道光甲申年（1824）七月十六日出生于威宁州遵化里奢渣，光绪庚辰（1880）正月十六日在水潦逝世，享年五十七岁。其性端庄慈惠，律己以敬，待人以恕，相夫教子，课读诸孙，能诗文，不欲示人，殁后其夫余昭于箧中，获诗稿十余页，《女诫》十则，乃于次年刊印传世。其诗多念母吊兄之作，字字从血泪中出。

余一仪，字邃初，余昭长子，承管水潦，咸丰辛亥年九月在发戛诞生，光绪戊戌年（1898）在水潦逝世，年四十八岁。天资高雅，淡于名利，幼传词章家学，亦精举子业，试不中即弃去不复习。性好酒、耽书、偶成吟咏，不自收拾，著有《白楼诗草》三卷，惜已佚失无觅，未能传。

余若瑔，字达父，生于清同治九年（1870），殁于民国十三年（1934），享年六十四岁。幼年受祖母安履贞亲自课读，后过继伯父余象仪为嗣，遂入籍于贵州省毕节县大屯。及长受业于毕节博学长者、前清进士葛子惠门下，穷究经史子集，并习诗词赋章。光绪庚寅年（1890），与其兄若煌同补县学生员，曾参加前清科举，省试中。1906年，率若煌之子梓辉（健光）、梓（景炎）及子梓樹，留学日本。达父入江户和佛法律大专功法律。在日本留学五年，学成回国，秋试中举，多方奔走，营救其兄若煌为赵尔丰陷害出狱。旋因母忧，南归返里。武昌起义不及月，贵州自治学社领导起义成功。达父被选为省立法院议员，即旅途辗转入贵阳，曾被议员推举与周恭寿为临时正、副主席，致函质问率兵入黔的云南军阀唐继尧，被除名。乃离省避祸，流落申沪，曾与彝族安健（字舜饮）在上海创办《斯觉报》，宣传革命，鞭挞军阀。又在京与故友平刚、周素园等聚唱。达父在京开设律师寓所，从事律师职业，并任法政学校教员。居北京五年，回黔归里，闭户隐居，潜心文史，从事著述。不幸半身不遂，卧病三年有余，经多方医治乃愈。时袁祖铭任贵州省省长，经挚友周素园介绍，出任大理分院刑庭庭长后仍弃官，旅游数载，遂归故里，从事著述，家烈作贵州省省长时，聘达父为省政府名誉顾问，不数月，病卒于贵阳市南通街寄寓。归于毕节县大屯故里，后迁黄金乡白泥塘。其生平著述有《遂雅堂诗集》十四卷、《石精舍文集》四卷、《蠖龕拾尘录》二卷、《且兰考》卷、《且兰野史》四卷，续修《通雍余氏宗谱》一卷。时人评语有："读书万卷，用宏取精，书善文，法律名家，文学泰斗""深谙政法，尤诗文词"。

余祥元，字善初，余达父次女，1918 年 10 月于贵州省毕节县大屯故里出生，2006 年 12 月在云南省昆明市逝世，享年八十八岁。幼而聪颖，志胜须眉。随侍其父达父公时，多受家学，早习词章。及长曾赴南京求学，日寇侵华，返回贵州，适织金安姓，中华人民共和国成立后被聘任故乡执教，育才桃李盈门，曾当选为县人大代表。退休之后举家居滇，欣逢盛世，闲拾诗篇，颐养天年。其著《挹梅楼诗集》为古稀之年咏，出版问世之后，已引起读者关注，报刊品评。被誉为余氏家族文化传承人和第一位女性诗人。

余宏模，又名淑范，笔名一泓、耿恒。1932 年 10 月出生于昆明市，后随其父在昆明、镇雄、毕节等地读小学。在昭通、古蔺等地读初中，1947 年至中华人民共和国成立在毕节县立中学读高中。1950 年经贵州省毕节专署以优秀少数民族学生介绍赴贵州省民族干部训练班学习，正式参加革命工作。后调西南民族学院第一期学习，留校工作任助理员、班主任、青年团支部书记。1956 年 8 月以调干生身份考取四川大学历史系，1961 年毕业分回贵州大学历史系、贵阳第六中学任教，十年"文革"以后，调贵州省民族研究所，任《贵州民族研究》主编、编辑室主任、副所长、所长、党委书记，1998 年退休。在职期间，曾组织领导《贵州民族调查》出版十余集。赴民间收集整理出版《时园诗草》《四余诗草》《人山诗草》《园灵阁诗集》《遂雅堂诗集》《余达父诗文集》《且兰考》《挹梅楼诗集》。个人著作出版有《明代彝族女杰奢香》《黔西北民族调查研究文集》《彝族历史文化论丛》《赤水河畔扯勒彝》《余宏模彝学研究文集》，并曾合作参与《贵州通史》《彝族文学史》《解析夜郎千古之谜》等著作撰写。并由云职学会编辑出版其古典诗词《泓诗草》。

大屯土司庄园彝族文化概况

珠尼阿依

彝族历史，源远流长，毕节地区彝族是六祖部族的分支“恒、布、默”三部的各一部分，多分布在东北和西南部，中部较少。

彝族歌舞：彝族人民能歌善舞，在漫长的历史长河中，彝族人民创造了光辉灿烂、绚丽多彩的歌舞文化。其歌曲的种类有：爱情歌曲、婚嫁歌曲、丧葬歌曲、叙事歌曲、毕摩歌曲、儿童歌曲、劳动歌曲等。舞蹈有：铃铛舞、撒麻舞、酒礼舞、礼仪舞等。其中歌曲以《阿西里西》最为脍炙人口，唢呐也是彝族人民生活中最为独特的，婚嫁、丧事、乔迁等都有其独特的曲调。

彝族服饰：男子穿青蓝色长衣、大裤脚、包头帕扎“英雄结”，有时系腰带。女子穿长衣（俗称蓝杆衣裳）、长袜和围裙，系腰带、拴围腰。衣领、袖口、襟边、下摆、裤脚等处都绣有各种花纹图案。后来随着社会、经济、文化生活的变化，除了部分老年人的穿着仍保留民族特色外，彝族服饰已逐渐大众化。如今，彝族服饰的式样、布料、制作等都有了较大发展，除了参加庆典盛会需要和彝族老年人保持传统服装外，彝族青年男女的衣着打扮与汉族基本相似。

彝族婚姻：实行一夫一妻制，开亲以家支标志和姓氏不同为原则，姑表通婚而姨表不通婚，辈次不同不通婚，同姓百世不婚，婚姻通过媒妁，取决于父母。其婚俗大体过程是：提婚、订婚、送“期程”、接亲、进亲、回亲、回门、报喜。而现在彝族婚俗一般都实行婚姻自主，双方自由恋爱，并告知家长，择期举行婚礼，过去的许多婚俗礼仪已逐渐消失或简化，只是保存流传下来的某些歌舞节目内容，作为新婚仪式上的一种庆贺形式出现。

彝族丧葬：历史悠久，仪式隆重。老人临终时扶到堂屋坐正，牵一头没有穿过鼻子的牯牛，将牛索放在老人手中（男左女右），牛索必须是反搓的茅草索，老人咽气后用斧头将牛打死，称为“开路牛”，老人寿终后，给老人剃头（梳头）、剪指甲、洗脸、穿寿衣、寿裤、寿鞋、包寿帕，然后将遗体停放在堂屋左上角，随即鸣炮三响，然后请毕摩（经师、祭师）择日治丧，经师穿“法衣”带“法具”。如果死者系非正常死亡，还必须请专门经师超度“八难”，再请一般经师进行“超度”，招灵入祖先灵房，埋葬分“火葬”和“土葬”两种形式，而如今各地普遍实行棺木土葬，丧葬仪式也大大简化，许多复杂礼仪已逐渐消失，带有封建迷信色彩的内容也逐渐被群众自觉革除。

传统节日：彝族群众的传统节日较多，主要有过十月年、火把节、插花节、过大年（正月初一抢新月献灵，正月初三献土公土母）、三月三献山、十月初一等，其中以过十月年、火把节尤具民族特色。

民间文学：彝族民间文学内容十分丰富，其中绝大部分以口头形式流传于民间，包括故事、诗歌、传说、民歌、谚语、童话、寓言、笑话等，还有不少是用彝文记录相传。

工艺美术：工艺美术主要有刺绣、织锦、漆器、绘画等，彝族中能工巧匠甚多，他们制作各种铁器，各种精巧的生产生活工具，能把巨大的顽石精雕细刻成栩栩如生的龙、凤、花草等图案的成品。

宗教信仰：彝族信仰万物有灵和崇拜祖先，认为日月星辰、雷鸣电闪下雨等都是由神灵主宰，敬之则平安大吉，反之则招灾遇祸。因此有敬山、敬神树等习俗。禁忌方面如：新媳妇不满月不能进寨邻人家，产后不满月不进厨房，不进堂屋，不到井边打水，婴儿满月要打水洗澡、打净坛，长子和独子不准吃狗肉等。但随着科学文化、医疗卫生事业的发展，信仰与禁忌中的迷信思想和观念已逐渐淡化和消失。

咂酒文化：“万颗明珠一瓮收，君王到此也低头；五龙抱住擎天柱，一饮长江水倒流”。这是1861年太平天国翼王石达开在受到彝族人民款待时，痛饮咂酒后挥毫写下的诗句。彝族人民喜喝咂酒，有“无酒不成席”“有酒便是宴”的说法。其酿造历史悠久，制作工艺奇异，多以玉米、荞麦、高粱为原料酿制而成。味道纯正独特，饮法别具风格，几人对饮时，咂酒共贮于一坛内，各执咂酒竿一支，伸入同一坛中吮吸。彝族人民逢年过节，婚丧嫁娶，接待宾朋时都常以咂酒招待。共饮时，除同享咂酒美味外，还给人以亲密、友好、热情、豪放的感觉。

服饰文化：彝族服饰，各地不尽相同。凉山、黔西一带，男子通常穿黑色窄袖右斜襟上衣和多褶宽裤脚长裤，有的地区穿小裤脚长裤，并在头前部正中蓄小绺长发头帕，右方扎一钳形结。妇女较多地保留民族特点，通常头上缠包头，有围腰和腰带；一些地方的妇女有穿长裙的习惯。男女外出时身披擦尔瓦。首饰有耳坠、手镯、戒指、领排花等，多用金银及玉石做成。

饮食文化：彝族生活中的主要食物，大部分地区是玉米，次为荞麦、大米、土豆、小麦和燕麦等。肉食主要有牛肉、猪肉、羊肉、鸡肉等，喜欢切成大块（拳头大小）煮食，汉族称之为“砣砣肉”。彝族喜食酸、辣，嗜酒，有以酒待客的礼节。酒为解决各类纠纷、结交朋友、婚丧嫁娶等场合中必不可少之物。

大屯彝族乡旅游资源概况

谢定国　珠尼阿依

毕节地区历史文化保护与发展，多次受到省委、省政府的高度重视，曾明确要求，要在充分挖掘传统历史文化的基础上，着力打造自身文化特色，推动经济社会持续健康发展。毕节地委、行署结合当前实际，明确提出毕节地区的经济社会发展要以“创文明、创文化、创生态、创宜居、创卫生、创平安和积极推进城镇化”的目标向前发展，用五年左右的时间，实现毕节地区经济社会的全面崛起。这一发展战略中，根据我区历史文化的特征，将历史文化保护与发展的重心放在古城、古镇、古寨、古建筑、古驿道（即“五古”）的保护与发展上。

大屯彝族乡政府驻地、大屯土司庄园、三官村都在“五古”保护与发展之列。本次规划的古镇保护与开发，是在“五古”规划的基础上，以“彝族风情”人文风貌为主，兼顾文化博览，安排参与性的民俗趣味特色活动，并兼有古镇旅游接待职能。以高品位历史遗迹为内容，突出观赏文物古迹、进行历史文化探寻研究、体察农家风情。

大屯彝族乡境内的溜耳河峡谷风光、大屯土司庄园、三官寨、大河口果园四个彝族风情旅游景点是毕节市精品旅游线路的重要组成部分，占整个旅游线路景点的40%以上，具有丰富的彝族风情旅游观光价值。此外，还有原大屯土司庄园主人余达父之墓、雅木水库、木杉林场、韩家大箐等资源，更加丰富了我乡旅游资源的内涵。

基本概况

（一）区位特点及周边资源

毕节市大屯彝族乡地处东经105°45′—105°47′，位于两省（贵州与四川）四地（毕节市、大方县、金沙县和古蔺县）交界处、毕节市东北角。东与本市田坎乡、龙场营镇毗邻，南抵大方县界，西与普宜镇一水之隔，北与四川省马蹄乡隔赤水河相望。大纳公路自南往北纵贯三官、大河两村8公里路段；海龙公路由西向东横穿烙烘、大屯、长中3村，乡政府驻地位于烙烘村，距市区108公里。

（二）气候及地理概况

无霜期270天，雨热同季；地势南高北低，呈依次下降的三级梯面地形，最高点在南面的韩家大箐，海拔1738米，最低点在北面大河村的湾潭大桥，海拔560米。

（三）范围及人口概况

大屯彝族乡总面积56.4平方公里，现有耕地14759亩，其中水田1000亩。辖大屯、长中、青山、大河、三官、高坡、烙烘、雅木8个行政村109个村民组。住有汉、彝、苗、白、仡佬等民族，总户数4610户，总人口19890人。

（四）经济社会概况

全乡国民生产总值4456万元，其中第一产业2895万元、第二产业981万元、第三产业580万元；人工林地面积29950亩，天然灌木林13200亩，草坡2680亩。森林覆盖率50%以上，此外，文化、广播、教育、民族、宗教、体育、福利等社会事业都得到全面发展。

（五）旅游资源简介

1. 大屯土司庄园位于政府驻地以东1公里处，占地面积6000平方米。因历史原因，曾遭到不同程度的损坏，于1988年被国务院列为全国重点文物保护单位后，国家文物管理部门拨款两次共160万元进行全面维修，现已全面恢复原有的建筑风格。该园是研究彝族文化的活化石，具有研究土司制度、旅游等价值。

庄园远景

西花园风雨桥

庄园大门处

2. 民族自然村寨“三官寨”。民族自然村寨“三官寨”位于距政府驻地 4.5 公里处的三官村，坐落于从东北向西南的一个斜坡地带中部，2002 年 6 月曾被列为贵州省 20 个“少数民族保护与建设村寨”中唯一的一个彝族村寨，也是毕节地区唯一的保护与建设村寨。该寨生态植被良好，鸟语花香，还留有“毛泽东语录”墙。悠久的民族文化和独具特色的民族风俗，将会得到前所未有的继承和发展，是旅游休闲观光的好去处。

3. 大河口柑橘园。大河口柑橘园位于赤水河下游河畔，距政府驻地 10 公里处的大河口村，该村年平均温度 18°C，土质为紫砂红颜土，水、土、空气等物理因素无任何污染，天然的地理条件和独特的气候特点较为适宜柑橘等水果的种植。该园现有主要经济作物柑橘 1500 亩，另外还有甘蔗、桃、李、柚等果树种植。因种植科技含量高，色香味俱全，曾被国家农业部评为优质无公害农产品，并发给证书。为该村人均收入带来了可观的经济效益。此外，赤水河还产有天然的鲶鱼、黄辣丁等水产品，品味极佳。大河口柑橘园是观光、旅游、品尝的好去处。

4. 溜耳河自然风景区。溜耳河自然风景区距政府驻地 3 公里，区内山峦叠翠，幽谷含青，气候宜人。天然的自然风光和典型的喀斯特地貌是休闲避暑观光的好场所。

溜耳河峡谷风光

5.“大跃进”炼钢炉群。“大跃进”炼钢炉群位于政府驻地以南 2 公里处，20 世纪 60 年代建造，现有 50 多年的历史，经自然的长期冲刷洗礼，现成 12 座还具有当年的建造风格，是我国见证历史的一个缩影，是活生生的一本教科书。

炼钢炉群远景

炼钢炉群近观

6. 余达父之墓。余达父之墓位于政府驻地以南 9 公里处，坐落于农场营镇上黄村白泥塘，其墓碑上还留有民国时期贵州省副省长、抗日反蒋代表周素园老先生的亲笔字迹。余达父曾是同盟会会员、广东省副省长、彝族土司首领、彝族诗人，现还留有诗集，留有的诗集中隐含了诗人怀才不遇的思想感情。具有一定的历史研究价值。

重新认识彝族文化、彝族文化产业，采取有效的措施，用真挚的热情，以高度的责任感开发彝族文化资源，用科学发展观和坚定的信念迎接彝族文化产业发展的春天。

孙中山与彝族辛亥革命志士余健光

余宏模

民国九年（1920）五月七日，孙中山在上海为胡汉民撰写的《余健光传》亲笔爰书数语为序：“健光之死也，民党知与不知者，皆为叹伤，以谓使天假之年，获竟其志，其所造当什百倍于今日也。惟健光则固以奋斗而死，自有志于革命以来，真所谓一息尚存，未尝少懈者。其生平自揆，亦曾无成败利钝之见，故不问健光所以建树于国家社会者奚若，而即此奋斗进取之精神，已足以移传于多数后起之青年而不朽，我知健光无复遗憾矣。健光与同志助英士数年，英士多病，健光独强健年少，顾英士不死于病而死于敌，健光不死于敌而死于病，均出常人预测之外。然努力于其所职志，终以生命为之牺牲，则其死一也。因览汉民所为健光传，爰书数语，以示吾党。”[①]孙中山的序文，对彝族辛亥革命志士余健光革命的一生，作了高度的评价，特别是余健光一息尚存，未尝少懈，奋斗进取的革命精神，应当继承发扬而永垂不朽。

一

清光绪十七年（1891），余健光诞生在滇川黔鸡鸣三省地的偏僻彝乡，今四川省叙永县水潦彝族乡。他的家庭是当地彝族上层的书香门第，其先世为彝族扯勒部君长，后封四川永宁宣抚使，明末奢崇明起兵反明失败，即已改土归流。在先进的汉文化熏陶下，他的曾祖父余昭有《大山诗草》、曾祖母安履贞有《园灵阁诗草》、祖父余一仪有《百尺楼诗草》传世。其父名若煌，兄弟五人居长，据《通雍余氏家谱》记载：“公性仁厚刚毅，孝友著于家庭。二十二岁补县学生员。癸巳、甲午、丁酉三科，均荐于同考官邹、林、王而不及第。好研究风水、六壬、相宅、相墓诸术，能贯穿精究其理。事亲孝敬，四十余年如一日；待诸弟友爱，质者教之，颖者鼓舞之，简者裁成之，皆雍雍如也。”其母为盐仓土府裔（今贵州威宁、赫章）轲鹅柯公梓材之长女，名观奉，生子四人：长祥云及幼子祥炯早殇，惟祥辉（健光）、祥炘（景炎），女名祥珠，适云南彝良罗世恩。在此优裕的家庭环境中，余健光和余景炎兄弟两人自幼都接受到良好的家庭教育，也怀抱为国为民建功立业的志向抱负。

但是，当健光青少年时，尚未弱冠，而家庭突生巨变。光绪甲辰、乙巳年间（1904—1905），人称“赵屠夫”的赵尔丰出任永宁道，率兵镇压苗沟等地百姓民众，札调余若煌为襄办员，若煌知赵为人残暴，不愿共事，以母病辞委。于是，赵尔丰寻隙指人诬告陷害，将余若煌逮捕下狱，判处永远监禁，并抄没家庭财产。以后，赵尔丰被清廷重用，提升四川总督，而余若煌被禁狱中长达八年之久，直到宣统二年（1910），清廷覆灭前夕，御史石长信题奏各省结案多冤狱，敕各臬司委专员到各府、县、州清理开释，余若煌始于次年六月出狱返家。

余祥辉（健光）和祥炘（景炎）兄弟两人，当父被下狱，蒙冤受陷，家产抄没，家人离散，在人生的道路上遭此沉重打击之际，在青少年心灵中，就已种下反对清廷腐败，官吏贪婪的仇恨种子。其时，过继在贵州毕节大屯乡的叔父余若瑔（达父）赶来四川水潦故里，侍亲理家，安顿一切，为避株连之祸和寻求救国济世的真理，经商议由叔父余若瑔携带祥辉、祥炘两侄，及其子祥桐。于光绪丙午春（1906）离家外出，从海路远赴日本求学。当时，余祥辉（健光）年仅十五岁，从此就永别家乡，登上了革命的征途。

二

余健光满怀着国难家仇的悲愤，在叔父余若瑔携带下远涉重洋，历尽艰辛，抵达日本东京后，先是进入成城中学，毕业后，又进入山口高商学校求学。

此时，孙中山于1905年8月在东京赤坂区灵南坂已成立了中国同盟会，这是中国近代史上的重大事件。同盟会作为资产阶级全国性的统一政党，出现在中国的政治舞台，标志着资产阶级革命斗争发展到了一个新阶段，从此，资产阶级民主革命斗争有了全国的领导核心。

在日本的留学生中，鼓吹和赞成孙中山革命主义者日益增多。余健光到日本不久，很快就接受了孙中山的革命主张，愿意决心追随孙中山反对清廷帝制，建立民主共和的革命活动宗旨，和余祥炘兄弟两人俱加入了同盟会。1907 年 8 月，在东京的部分同盟会会员过去在长江流域同会党有联系的如张百祥、焦达峰、孙武等百多人，发起成立共进会，以团结会党入手，再联合军警各界，“合各党派共进于革命之途，以推翻清朝政权光复旧物为目的”[②]。余健光亦积极赞同其宗旨，并且参加共进会。

余健光参加同盟会和共进会等革命组织后，“凡同志莫不披诚订交，有急必竭力以助”。尝曰：“济天下之变，必以天下之才，国步艰危，贤者宜先负其责，盖少日之志概已如此”。当时，余健光就读的山口高商学校规定，禁止中国三年级学生偕日本学生一同去旅行满洲，顾虑和防范中国学生窥知其欲占满洲的野心秘密。余健光对此十分愤慨，说：“日人乃敢禁我往吾国也”主张以罢学抗议之。受到全体中国学生的支持，遂集体退学。余健光在山口高商学校组织领导学潮罢学以后，于辛亥年（1911）改入明治大学。但是，他在求学时期，正是革命形势发展的重大历史时刻，他把全部精力都投入到反清活动中去。在东京他结识了不少革命党人，特别是和陈其美、胡汉民等接触往来较密切，并因其叔父余若瑔的关系，和在东京的贵州、四川的留学生和革命党人也有所联系。

1910 年冬，当宋教仁、陈其美等在上海筹建同盟会中部总会之际，余健光在日本积极参与活动，并联络革命党人，多方为之筹款。1911 年 7 月，余健光去上海参加了陈其美、宋教仁、谭人凤等召开的同盟会中部成立大会。并授命去广东偕李竹舫筹划广州起义之事，组织民军进逼广州。武昌起义后，广东各路民军声势大振，两广总督张鸣岐逃亡，胡汉民由香港抵广州，于 11 月 14 日就任广东都督。12 月 21 日去香港向回国经香港的孙中山汇报广东情况，被孙中山要求同去南京组建国民政府，由陈炯明代理广东都督。1912 年元旦，孙中山在南京正式就任中华民国临时大总统，并在 1 月上旬制订六路北伐计划，民军曾在 1 月中旬京浦线上大败清军于宿州等地，徐州亦不战而下，但此后没有再继续北伐。当时，余健光在广东率领的民军队伍，先在潮汕一带安顿地方社会秩序，以后又编入北伐军，率队开至浦口待命行动。

1912年2月11日，清帝溥仪宣布退位。12日，袁世凯急电南京临时政府，承认“共和”为最良国体，世界之所公认，并表示“永不使君主政体再行于中国。”于是13日，孙中山向临时参议院提出辞职，并推荐袁世凯当临时大总统。由此而“南北底定，共和告成”。

许多革命党人对孙中山让位给袁世凯一事十分不满，但也谅解孙中山被迫的苦衷。余健光也是怀着同样惋惜的心情，眼看清帝推翻，民国肇成，而功勋卓著甚孚众望的孙中山被迫辞职，原来的清廷重臣袁世凯摇身一变又登上了总统宝座。于是提出解甲归学，离开军界重返日本继续求学。

三

清帝退位，袁世凯被选为临时大总统，使形势发生了重大变化。同盟会既面临解决内部之分歧，还面临其他政团的挑战。1912年1月22日，同盟会本部在南京召开大会，讨论同盟会的前途问题，通过由秘密团体改组为政党的决定。同年3月3日，在南京再次召开本部全体大会，通过新的总章，选举孙中山为总理，宣布中国同盟会正式改组为公开政党。接着，在孙中山的指示下，宋教仁等又与统一共和党等联合，于8月25日组成国民党，在成立大会上通过《国民党政见宣言》及政纲，共推孙中山为理事长，指定宋教仁为代理理事长。

当时，孙中山在国民党成立大会上说：“今则共和成立，我同盟会目的已达，并不能再言破坏。凡赞成共和者皆我良友，故需广为联合，以巩固共和；若仍坚持同盟会以前手段，是为守旧。故改组一事，今日为必要之事”[④]。并对国民党的成立评价说：“合党之功与南北统一相同”，要求党员“以当年经营革命之精神，用温和稳健之手段，共谋建设民国之事业”[⑤]。在此历史背景下，余健光返回日本求学期间，由同盟会会员转为国民党员，并为扩张国民党支部，积极做了一些工作。

但是，国内政治风云变幻。袁世凯先是利用其他政党和国民党对抗，又对国民党内进行分化收买；并派人刺杀宋教仁在上海火车站。孙中山正在日本考察实业、铁路情况和进行筑路借款活动，宋教仁被刺的枪声，使孙中山从血的教训中认清袁世凯的反动面目，于3月27日返回上海和黄兴、陈其美商议讨袁，兴师问罪。但袁世凯已先发制人，免去国民党人江西都督李烈钧、广东都督胡汉民、安徽都督柏文蔚的职务，并于7月12日，出兵攻江西，李烈钧被迫于同日在江西湖口宣布独立，举兵反袁，揭开了“二次革命”的序幕。紧接着安徽、上海、江苏、广东、福建、湖南、重庆等省市响应，宣布独立。然而，此时国民党已涣散无力，讨袁缺乏统一指挥，在帝国主义支持下的袁世凯军队猛烈进攻，9月1日国民党人据守的最后据点南京陷落，“二次革命”在不到两个月时间就完全失败。紧接着，袁世凯颁布解散国民党、撤销国民党国会议员资格命令，又下令取消各省县议会国民党籍议员资格。到1914年元月，更下令解散国会，撤销各省议会，停办地方自治。5月，袁世凯公布《中华民国约法》改责任内阁制为总统制。12月，又修正《大总统选举法》规定：总统任期改为10年，并可无限期连任，继任人由总统推荐。至此，“中华民国”已是徒有虚名。

国民党发动反袁的“二次革命”失败后，孙中山被迫离国旅居日本东京赤阪区头山满的寓所，当时，流亡到日本的还有陈其美、胡汉民、居正、田桐、戴天仇（传贤）等十多位主要骨干，在极端艰苦的条件下，聚集在孙中山周围，为准备“第三次革命”而继续努力。孙中山等人在总结革命失败的经验教训，认识到革命事业的要素有三：立党、宣传、起义。因此，孙中山在日本滞留的近三年时间里，为党内建设、制定革命方略、培养干部、派遣党人回国起义等，做了大量艰苦的工作。

1914年6月21日，在东京由孙中山召集召开中华革命党筹建成立的第一次党员会议，孙中山被选为总理。同年7月8日下午，又于住地精养轩召开中华革命党成立大会。余健光此时亦在东京，为追随孙中山革命，参加了中华革命党并出席成立大会。此后，余健光在日本和孙中山的接触频繁，接受孙中山的教育和指示，积极进行革命活动。中华革命党成立时，孙中山担任总理，分设有各部，总务部长陈其美，副部长谢持。以后，根据工作的开展，孙中山又正式委任余祥辉（健光）、陈中孚、任寿祺、郭崇渠、丁仁杰为总务部第一、二、三、六局局长，提拔余健光等一批青年党人担负重任，协助陈其美、谢持开展革命活动。

根据日本警视厅派便衣警察，以保护为名而日夜监视跟踪孙中山等革命党人的档案记录资料[6]，可知孙中山在日本期间，接见余梓辉（健光）谈话次数较多而为时也长，反映出孙中山对余健光的重视和信任，教育与培养。

孙中山自到日本后，在艰难的条件下继续为维护共和制度，组织反对袁世凯的第三次革命活动。余健光积极追随孙中山，参加了中华革命党，并成为总务部长陈其美的得力助手。以后，陈其美又担任中华革命军东南军总司令，在上海设筹备处，余健光亦往助之。在东京时，余健光多次会晤孙中山，参与议事，聆听指示，积极开展工作。并和西南三省革命党人保持密切联系，如多次随同贵州辛亥革命先驱安健（彝族）、中华革命军贵州司令官凌霄、贵州威宁革命党人蔡奎祥等晋谒孙中山，商议革命活动开展事宜。

1915 年 3 月 24 日，陈其美离开东京去香港，3 月 30 日自横滨上船赴上海。余健光于 3 月 7 日和 14 日都曾和陈其美在孙中山寓所议事。3 月 21 日余梓辉在孙中山住处辞行，也于本月潜赴上海，协助陈其美工作。当时，袁世凯认为上海是革命党人荟萃之地，遍布侦谍，伺机暗杀。陈其美回上海后，行踪至慎，其辅诩左右密迩朝夕者，仅有余健光、周淡游、丁景梁等数人。余健光为陈其美“保莞机密文件暨款项出纳。君综核微密，事无旷废，而一切密画，君亦悉预之。时英士（陈其美字号）主任沪上军事进行，并兼筹江浙二省，及大江沿海各区恢复事宜，诸务填委，而君与数人分任股胧，瘁而益厉。[7]”陈其美在上海首先组织刺杀由袁世凯特任为上海镇守使的郑汝成，士气大振；又于该年 12 月—5 日，组织肇和军舰发难反袁。余健光随陈其美及其他革命党人，直接在前线指挥与袁军相持良久。后因敌援军大集，始不得已继退。但肇和舰的炮声在各地引起很大震动，是全国反袁斗争的先声，成为全国讨袁战争最强有力的导火线。

陈其美以上海海陆军每次起事屡遭失败，仓促难图，乃加强旁助江浙及粤鄂等省革命党人行动，余健光受命奔走各方，多所赞助。在与云、贵、川三省联系方面，当讨袁战争快爆发时，余健光曾和卢师谛、曹笃、向传义代表四川革命党人与贵州的张百麟、安健、方策；云南的董毅生、刘德泽、明星辰、杨蕙签订了《川滇黔三省之协约》[8]为拥护共和，急起革命，“互相扶助，速其成功”，在极其艰危的环境中，继续坚持反袁斗争。

1915 年 12 月 25 日，云南宣布独立，反对帝制，讨伐袁世凯，标志着护国战争的爆发。贵州最先响应，于 1916 年 1 月 27 日宣布独立。在上海的陈其美、余健光等亦受鼓舞，曾于 4 月 12 日晚经数月的准备再次发难反袁，又遭失败。袁世凯下令张宗昌募人于 5 月 18 日，刺杀陈其美于萨坡赛路（今淡水路）14 号寓所。其时，余健光、丁景梁、吴忠信等俱在外室，听到枪声即急出与凶手狙击，丁景梁、曹叔实受伤。余健光等亟出协助巡捕于翌日将凶手许国霖、宿振芳诸人缉捕归案。不久，6 月 6 日，倒行逆施，复辟称帝的袁世凯，在全国人民的唾骂声中病死。黎元洪就任总统。孙中山认为讨袁的目的已达，电令各省讨袁军立即停战，静待和平解决。以后，孙中山又认为“现在民族、民权已达目的”，决定“不争政权’：极力倡导“地方自治”，准备着手去搞实业，以实行民生主义。孙中止下令解散中华革命军，并于同年 7 月 25 日，中华革命党奉孙中山谕，通告各支分部：“破坏既终，建设方始，革命名义，已不复存，即一切党务，亦应停止”[9]。对北洋军阀政府存抱幻想，甚至认为中华革命党亦无存在之必要。在孙中山的这一指导思想下，余健光也抱“实业救国”的思想，离开上海，“君复肆业于学。又欲经营实业，为改造社会之先导，入湖南探视矿务，颇有所计划，世知君之才，固不尽于破坏一方面也。”[10]

四

袁世凯死后，北洋军阀集团分裂，各地大小军阀崛起，政令不能统一。段祺瑞任国务总理后，与副总统冯国璋相对抗。以后，段祺瑞借辫子军张勋拥立宣统复辟帝制之机，起兵赶跑张勋，以“再造共和”元勋自居，仍任总理。黎元洪辞职由冯国璋继任总统。但皖系军阀段祺瑞内阁执政，公开宣布“一不要约法，二不要国会”。其施政纲领的重点是武力统一中国，实行中央集权制。并在日本的支持下，对德、奥宣战，以“参战”之名，出卖国家权利，大借外债，扩充皖系军阀实力。

孙中山认为“约法与国会，共和国之命脉也”。当张勋复辟，逼黎元洪解散国会之际，就曾发出《护法通电》。并于1917年7月6日偕廖仲恺、朱执信、何香凝、章太炎等人乘军舰由上海南下广州，抨击段祺瑞毁法专制行径。并在西南军阀陆荣廷、唐继尧等支持下，于9月1日在广州召开国会非常会议，通过了《中华民国军政府组织大纲》选举孙中山为中华民国军政府海陆军大元帅。这是孙中山第一次在广东建立政权，与北洋军阀政府相对抗，形成了南北政府相对峙的局面。

护法战争首先在湖南开始。当时，谭延闿以督军兼省长身份控制着湖南军政大权。湘军有正规陆军二师四旅，第一师师长赵恒惕，第二师师长陈复初。四个旅长中，第一师所属第二旅林修梅旅长是革命党人，积极响应孙中山护法号召。孙中山还在上海时，就已派遣余健光在湖南偕同覃振等革命党人策划护法军事行动，最初拟推动第二师师长陈复初出总北伐之师，因此时陈复初犹在民党范围，并和谭延闿有矛盾，不惜借其武力为号召以推动湖南各地武装进行北伐。而段祺瑞北洋政府决定抢先把湖南和四川控制在皖系军阀手中，于1917年8月6日宣布由皖系将领、陆军次长傅良佐取代谭延闿为湖南督军，并率北洋陆军主力王汝贤师及范国璋师入湘。湘军第二师师长陈复初及第一旅旅长李佑文、第四旅旅长朱泽黄等已暗投傅良佐。谭延闿电告广西督军谭浩明，再电陆荣廷告急请援，派陆裕光率桂军第一师入湘，停滞桂湘交界之地，坐观形势变化。谭延闿离湘去了上海。由于陈复初已变节公开投靠北洋政府，占据了湖南的中路范围之地。于是，覃振、余健光等革命党人只能依靠湘西、湘南两路作为根据地。此时，林修梅旅驻军衡州，并有廖湘云、罗迈等部从之；而李达武、罗剑仇等则同往湘西去召集旧部。此外，并派人去联系湘西辰沅道尹张学济、湘西镇守使田应诏独立。部署既定，正值孙中山已南下于9月1日就陆海军大元帅职，余健光乃和覃振、杨熙绩同去广东向孙中山汇报湖南军情。9月17日抵达广州，次日，刘建藩、林修梅等湖南革命党人已向全国通电湘南自主，谴责段祺瑞政府违法横行，谋武力图湘，“为国之殃，较袁（世凯）为甚”，宣布与段政府脱离一切关系。9月21日，孙中山致电刘建藩、林修梅等，表示祝贺。并派革命党人林伯渠（林修梅之弟）为湖南劳军使，前往湘南慰问。孙中山又委任覃振为湖南民军检阅使，余健光为副使，立即返回湖南，协同起义军北伐。10月，行抵衡州，林修梅率部早于9月22日大败原湘军投靠傅良佐的李佑文旅，此时，北洋军正向衡阳、宝庆（今邵阳）兵分两路，压境推进。集中在衡阳的各地护法军，共推程潜为护法军湘南总司令，和北洋军在衡阳和衡山之间，反复攻仗。程潜与陆裕光计议又以主力收复宝庆，趁胜进攻永丰，围歼商震援军，并于11月17日攻克湘潭、株洲，进逼长沙。11月18日，北洋军王汝贤、范国璋率败兵撤离长沙，21日程潜由衡山抵长沙，召集湖南各界代表会商，推举陆荣廷为湘粤桂巡阅使、谭浩明为湖南督军，程潜为省长兼军务督办，但谭浩明进入长沙之前，桂系出面逼程潜辞去省长职。湘军将领抵抗北洋军主力获得胜利，但实利却落入桂系军阀陆荣廷、谭浩明的手中。

当北洋军南下压境之时，余健光和覃振商议原拟去宝庆与林修梅部会合，因道路梗塞，即在衡山一带组织民军参战，当长沙攻下时，余健光和覃振也抵达长沙，对当时护法联军不乘胜北上攻取岳阳，却幻想南北和议，内部又争权夺利的表现极为不满。覃振十分赞同出兵荆襄，自图发展的意见。此时，适有廖湘芸率军来长沙行抵宁乡途中，为桂系军队所忌，覃振派杨熙绩去廖部，令廖部开往湘西常德。12月，覃振、余健光、林德轩先后抵常德，共议决定出兵北上湖北公安。此时湘西各师，号令尚未统一。林德轩率马希强、安万龙、杨不著另组一军，分布施南、鹤峰、来凤间，拟相配合北上。

这时，北洋政府总理段祺瑞辞职，由直系将领鄂督王占元、赣督陈光远、苏督李纯联衔通电，调停时局，主张南北停战撤兵。对此，孙中山曾发出通电，反对南北议和。非常国会亦发出通电，重申只有恢复约法，召开旧国会，组织合法内阁，方能“解目前之纷，弧将来之祸”。并揭露北洋政府“阳托调和，阴则厚增援兵”的阴谋，要求程潜乘胜攻取岳阳。但陆荣廷、谭浩明桂系军阀援湘目的在于制湘，幻想与直系军阀谅解议和，以达到取得对湖南的控制权。所以，一直到攻克长沙两个月后，得知冯国璋又任命直系的直隶督军曹锟为第一路总司令，皖系的山东督军张怀芝为第二路总司令，并任段祺瑞为参战督办，段芝贵为陆军总长，决定进攻湖南护法联军之时，始由湘军总司令程潜于1918年1月18日下达进攻命令，湘军赵恒惕师和林修梅旅为主力，经四昼夜激战而攻克岳阳。但谭浩明此时却以“粤桂护国联军总司令”身份下令，所有护法官兵不得再向湖北跨进一步，湘桂将领之间的矛盾亦在激化。谭浩明电告李纯又通电调停议和，遭北洋政府中主战派强烈反对。2 月 2 日，北洋政府下令对湘鄂护法军进行讨伐，于是，曹锟、吴佩孚、张敬尧、张怀芝、冯玉祥等北洋军队各部，开始对湖南发动全面反攻。湘粤桂护法联军在岳阳、长沙失败南撤，湘西护法军在常德、临洋一线，就直接受到北洋军的猛烈攻击。当时的形势是：湖北靖国联军在荆、襄一带的黎天才、石星川起义军孤军作战，被北洋军吴佩孚部攻下襄阳；湘西护法军总司令张学济应石星川要求，曾出兵石首、公安援助，遭北军阻击被迫转向松滋、宜都，后黎天才等部被迫放弃宜昌，西移秭归、巴东。张学济、周则范率部又因岳阳失陷，退守常德。林德轩部则以孤军不能深入而退守石门之尼市。面临北洋军的强敌压境，大势危急，余健光被授命去辅佐林德轩部，被委任参谋长兼前敌总指挥。不久，投靠北洋政府的原湘军第二师长陈复初及朱泽黄旅进犯常德，被田应诏等击退。田应诏等正在共谋进攻前敌王正雅部之时，号称北洋劲旅的冯玉祥部增援阵州（今临洋）勇猛精锐。余健光立即亲临前线指挥，与冯玉祥北洋军在合口激战。“冯玉祥援洋州，君（健光）乃与之战于合口，历七昼夜，大雨如注，君之病自是始矣。君驰驱于湘鄂之交，昼不得食，夜不得寝，合口之战，冯玉祥号称北洋劲旅，湘军无敢迎敌者，君独力却之，使不敢出丰州一步，殆湘西出师以来所仅见者”。同年 6 月，冯玉祥率部转而进窥常德，胡瑛，周则范等部连退至辰州，以避其锋。余健光闻讯既忧且愤，病情加重。7 月，西溪一带土匪势炽，军政长田应诏檄余健光率部前往平定。8 月，去辰州（今辰溪）就医两月，疾病有所好转。但此时林德轩部队因驻扎在王村，扼守大庸与永顺、保靖、龙山、桑植一带要冲，引起谢重光部的嫉恨，出兵袭击林德轩部，林部危在旦夕。余健光闻讯即扶病赶到前线亲自指挥督战，使林部免遭全军覆没，最终脱险开赴大庸、桑植防堵。不久，王正雅与陈复初部又勾结湘西土匪多次前来侵犯，12 月，余健光抱病指挥部队大败敌军，却使病情转剧，咯血不愈。同志和友人见健光病甚，力劝他离开部队返回上海治疗，但因军情变化不容脱身，自励一息尚存，当奋斗不懈。直到 1919 年 5 月体气益惫，始勉强成行。既至上海，病已沉重，群医束手无策，卧病两月，逝世于上海，时年仅 29 岁。其弟余祥炘，孙中山于 1917 年委任为大元帅府军事委员，正在四川成都从事护法革命活动，接上海胡汉民电报其兄病危，立即赶赴上海探望。同时，余健光在日本留学时结婚的日籍妻子携子振华亦从日本赶到上海，随侍身畔。余健光病逝后，在上海曾隆重举行悼念会，由其弟余祥炘护送其灵柩沿长江而上，经重庆、泸州运归故里安葬，离家十四载，忠骨埋故乡。余健光之妻携子与其遗体告别后，又渡重洋返回东京，其后裔一直在日本生活。只因日本侵华战争的爆发，使余健光后裔与中国大陆四川水潦家乡家族的联系被迫中断。余健光逝世噩耗传到贵州，彝族著名爱国诗人其叔父余若瑔（达父）闻讯大恸，写有《哭辉侄》长诗以示哀悼。诗云："忆自丙午春，家难方旁午。挈汝兄弟行，负笈游江户。幼者未盈十，尔年时十五。荏苒屈五期，我行遂别汝。汝本慷慨士，况已茹荼苦。家国多艰难，风云杂尘土。岳岳独角麟，蹇蹇地上虎。壮志造共和，生民无添祖。发难起辛壬，海水飞天宇。尔自粤海来，横戈渡江浦。一旦清社屋，更始新民主。我寄南昌书，早虑绸缪雨。四海荦金钱，泥沙西园聚。欲以食货力，窃据甸神禹。王邑百万军，杀气屯猰貐。刘歆颂功德，典雅颇能数。岂知洪宪元，未得十日酺。后来因仍者，陋简无建树。国是竟蜩螗，南北纷解组。河北藩镇骄，南越蛮夷武。长江为天堑，一战遂分剖。日费千万金，不越雷池土。倏忽已三年，逍遥按鼙鼓。尔前往永州，军事动噢咻。间关沅沣间，鄂蜀依车辅。储胥急风霆，简书如白羽。听夕永不惶，遂使心血吐。今年五月书，颇似诀仲父。自言心血尽，葠耆恐不补。赴病走申江，强欲自支柱。忽开锦城函，尔弟泣酸楚。仓卒逾关河，孔怀伤肺腑。慰书未经月，讣电已先睹。别家十四年，一别成千古。老母泪成河，一恸临棺抚。我病已经年，策杖行踽踽。转将衰老泪，哭此千万绪。天末大招魂，伤此支撑柱"。

第四章

三官彝寨

三官彝寨概况

谢定国　珠尼阿依

一、村寨历史

三官寨，简称“三官地”，彝语叫“协阔迪”，历史上系大屯土司庄园的18寨之一。据彝族专家余宏模先生调查研究，三官寨为原“扯勒”部将范姓、“扯勒”部将之先行官陈姓、张姓（后改姓余）、杨姓等姓氏所始建。长期以来，大屯彝族土司形成了一套完备的地方综合体系，奠定了大屯一带彝族文化的基础。

据彝文文献记载，在远古时期，彝族先民笃慕部落居住在今四川岷江上游，因洪水泛滥，笃慕部落南迁至东川洛宜山。笃慕生六子，史称“武”“柞”“糯”“恒”“布”“默”即“六祖”。其中，“糯”“恒”两系发展到了川南叙永、古蔺等地，成为唐代最为强大的“扯勒部”等支系，到元代由扯勒部建立了“水西（今毕节地区的大方、黔西）”政权。三官寨的历史，都与这两大宗系有关。明天启元年（1621），四川永宁（今叙永）宣抚使奢崇明，系“扯勒部”后裔，世代为官，自称“大梁王”掌管着赤水河两岸的大片土地和村落。奢崇明与水西土官安邦彦结盟，共同起兵反明，史称“奢安事件”。彝族自来尚武，兵强马壮，一时间军威大震，围省城贵阳，攻四川成都，历战9年。明廷调几省兵马，才将其平息。奢崇明被杀，其家属当受牵连，他管辖的地盘，由明廷派流官治理。奢氏子孙隐名埋姓，改为余、杨、苏、李、禄、张、陇等姓氏，四处逃难，直到清代才得以转机。

据《通雍余氏宗谱》记载，奢崇明有三子，其中长子奢震，改名余化龙，居水潦（今四川叙永石坝）；次子奢辰，改名余保寿，居龙场营之卧泥河。清顺治十八年（1661），余保寿顺应朝廷。后来他剿吴三桂有功，奉旨管龙场营卧泥河一带地方，设宗庙于元岩。当时，彝语称“卧泥河”为“协底”，译意为“主子原宅地”。余保寿卒，妻龙氏以功保举土巡检，其后嗣，有大屯等土司。其中，大屯土目余象仪殁无嗣，由水潦余一仪次子余若璪继承其业，管理三官、小河等10余里土地。余若璪殁后，由其子余祥河继承家业，直到1949年。

二、村寨基本情况

1992年撤区并乡建镇，改隶毕节市大屯彝族乡管辖。历史上的三官寨，包括现今的三官、垭口、高坡三个行政村，其中三官村位于中心腹地。三官寨居住着彝族和汉族两个民族，共2928人，其中彝族占全寨总人口的76.5%，而且大多数汉族同胞都能使用彝语。

三官村，现辖黄泥、大房、湾子、田坎、田中、河边等19个村民组，占地约8平方公里，有686户2928人。三官村中心寨，坐落在东北至西南走向长约4公里的峡谷地带，谷地平均宽为300—400米。全村地势落差较大，从海拔1300米的黄泥可下至海拔为580米的河边。距大屯彝族乡政府驻地及全国重点文物保护单位大屯土司庄园约3.5公里，距毕节城区108公里。大（贵州大方）纳（四川纳溪）公路过三官寨边境，距腹地约4公里。不论是站在大纳公路火马段眺望，还是站在三官寨最高峰——陶家山俯瞰，三官寨极像一叶狭长的“扁舟”。一条小溪穿寨顺势而下，使寨子显得越发清幽。这奇特的扁舟，在历史的长河中飘摇了近千年。世居三官村的彝族，至今仍保持着浓厚的传统文化，特别是在民居建筑、服饰装束、婚嫁习俗、宗教信仰、节日歌舞、语言文字等方面，更具有神秘古朴的特色。

三官寨是全省二十个民族保护村寨之一，距乡政府3.5公里，辖黄泥、大房、湾子、田坎、田中、河边等19个村民组734户2986人，其中彝族人口占总人口的67%，耕地133.71公顷，人均耕地486.67平方米，人均占有粮食160公斤，人均纯收入2500元，属省级一类贫困村。境内2003

年建成25立方米水池1个，20立方米水池6个，解决了三官彝族村寨7个村民组325户1386人畜安全饮水问题。2004年新修大屯至三官公路4.5公里，现正实施硬化。实施沟渠治理工程200米。2006年实施三官步道工程1500米，建有文化陈列室1栋、文化庆典场1个。

长期以来，这里的村民自然延续着彝族的传统文化和古朴风情，在语言、服饰、生产生活、民风民俗等方面都独具浓厚的民族特色，因此，这里素有“彝族歌舞之乡”的美誉。毕节地市两级政府于1985年授予三官村“文明村寨”大理石牌，省文化厅于2001年授予“民族文化艺术之乡”称号。2002年6月，被列为全省重点保护与建设的唯一的彝族村寨；2009年，被列为贵州省首批16个历史文化名村之一。

目前三官寨村民自发组织撒麻舞演出队1个，共有24人。衣角舞演出队1个，共24人。唢呐演出队1个，共24人。每逢七月火把节及农历十月初一彝族年，三官彝族同胞都要举办隆重的庆祝活动，同时体现了彝族的生产生活和民风民俗。举办彝族年庆典活动，可以向外展示三官寨的彝族传统文化、生产生活方式和风土人情，为三官建设成为民族风情旅游景点奠定坚实的基础。

目前建有彝汉双语示范教学完小1所，有教师9人，学生350人。三官寨彝族传统文化丰富多彩，独具特色。寨内彝文古籍按用途分呗数、额数、阁数三大类。内容包罗万象，天文、地理、历史、物始、命理、历算、宗教、哲学、伦理、道德。目前有非物质文化遗产（婚嫁、丧祀传统习俗）传承人25人，为地方文化的挖掘、传承及保护发挥了积极作用。

略论三官垭口彝寨非物质文化遗存

珠尼阿依

三官垭口彝寨，是贵州省著名的“彝族文化村”，位于毕节市城东北约90公里，黔蜀两省交界赤水河畔南岸的崇山峻岭之中。

该彝寨与大屯土司庄园家族文化交相辉映，两处距离还不足十公里。关于三官垭口彝族毕摩摩史文化，一些上了年纪的老人大概还记得有句话叫“垭口的毕摩，三官的摩史”，意为各有千秋。因为实际上三官垭口分别是两个村，垭口在一个山丫上，三官却是位于其下的一个大槽子，人户尤为密集，人口众多，但一直以来，被当地习惯地连起来称谓，就连当地的学校也设在三官。据考，三官垭口彝族毕摩摩史文化的繁荣昌盛，清末民初尤甚，王氏家族中的有识之士，出具资财，召集水平高的三官垭口的彝学爱好者，对家藏的彝文古籍进行过非常系统的抄写整理。特别是对彝族通用的《玄通大书》（彝语称《数舍数莫》）、《喽喽笃则朔》（万事万物的来历）《影斗打》（指路经）等进行过编译和编著。三官也非常注重人才培养，并造就了不少的毕摩摩史人才，从而逐渐形成一代代的毕摩摩史群，这也正是今天三官垭口毕摩摩史文化繁荣昌盛的原因所在。

三官垭口彝族毕摩摩史文化实体，包括：彝文古籍文献、毕摩摩史文化、彝文古籍翻译整理研究的高级人才。由于毕摩摩史文化的实用性和群众性，至今仍最普遍、最突出地体现在它的祭祀活动、人生礼仪、歌舞艺术的表现形式上，形成了当地方圆几十里多彩多姿的一道文化风景线。

一、三官垭口现存的彝文古籍文献

1. 《尼能的根源》
2. 《实勺的根源》
3. 《鲁朵的根源》
4. 《熙裹的根源》

5. 《塞赤的根源》
6. 《密抉的根源》
7. 《榛爬的根源》
8. 《武滴的根源》
9. 《直格阿鲁殴》
10. 《阿鲁的子孙》
11. 《稠勒阿君殴》
12. 《武塞骰根源》
13. 《武德布根源》
14. 《武托尼根源》
15. 《武噗的根源》
16. 《撮俎唉根源》
17. 《阿武的根源》
18. 《洛纪的根源》
19. 《笃米的根源》
20. 《堵碧德根源》
21. 《武古独根源》
22. 《确舍恒根源》
23. 《武家 24 史》
24. 《耨候的根源》
25. 《龌则阿武殴》
26. 《黑则达卧殴》
27. 《更哼的根源》
28. 《彝汉城池名》
29. 《甕姑的根源》
30. 《猴陡妞汝殴》
31. 《鲁歹的根源》
32. 《贵堵阿武殴》
33. 《恒玛局堵殴》
34. 《德愈托尼史》
35. 《色果的根源》
36. 《德愈靶世代》
37. 《扯勒的根源》
38. 《德愈佐根源》
39. 《密立汝武殴》
40. 《洛勒的根源》
41. 《武兕的根源》
42. 《阿蒙阿娄殴》
43. 《阿纳赫菊史》
44. 《若利宅笃殴》
45. 《奴隶的根源》
46. 《阿娄阿里殴》
47. 《乌蒙的根源》
48. 《德布的根源》
49. 《鲁歹三子殴》
50. 《毕求家根源》
51. 《米鲁的代数》
52. 《乌热家根源》
53. 《耨刻的根源》
54. 《刻博舍忧殴》
55. 《坡堵的根源》
56. 《蜗莫的根源》
57. 《播勒的根源》
58. 《买遮家根源》
59. 《人类的起源》
60. 《人类的产生》
61. 《鲁侯家根源》
62. 《斗娄家根源》
63. 《乌恒家根源》
64. 《麻博的根源》

65. 《娄扭的根源》
66. 《幄嗦的根源》
67. 《德施的根源》
68. 《德施幄娄史》
69. 《诗阿勒根源》
70. 《嘎琐的根源》
71. 《施买多根源》
72. 《六祖的根源》
73. 《天产生根源》
74. 《造地的根源》
75. 《人类的根源》
76. 《家支根源》
77. 《祖宗的住地》
78. 《谱系的根源》
79. 《彝南京根源》
80. 《麻博阿武史》
81. 《阿谱的根源》
82. 《嘎琐的根源》
83. 《人类的产生》
84. 《阿举的世系》
85. 《阿支的世系》
86. 《天地的根源》
87. 《天产天一层》
88. 《天产天二层》
89. 《天产天三层》
90. 《天产天四层》
91. 《天产天五层》
92. 《天产天六层》
93. 《天产天七层》
94. 《天产天八层》
95. 《天产天九层》
96. 《山形的产生》
97. 《天产天十层》
98. 《土地的产生》
99. 《次为尼能史》
100. 《且舍的根源》
101. 《影形与智慧》
102. 《代数的来历》
103. 《婚姻的根源》
104. 《纳吐铺产生》
105. 《阿武的根源》
106. 《克博鲁歹史》
107. 《阿里大小史》
108. 《那娄君长史》
109. 《阿紫与做官》
110. 《阿武君做官》
111. 《启波鲁塞史》
112. 《鲁慕子孙史》
113. 《日月分明史》
114. 《星云形成史》
115. 《夜郎的根源》
116. 《莫极的根源》
117. 《土官的根源》
118. 《黑彝的根源》
119. 《里米的根源》
120. 《妥尼的根源》
121. 《洛底的根源》
122. 《畜牧的根源》
123. 《金银的根源》
124. 《铜铁的根源》

125.《建筑的根源》
126.《山水的根源》
127.《草木的根源》
128.《德施的根源》
129.《岩石的产生》
130.《清除邪祟书》
131.《占病根的书》
132.《占根接的书》
133.《定根接根书》
134.《解活结的书》
135.《占偷骗的书》
136.《占怪病的书》
137.《占天象的书》
138.《寻来龙去脉》
139.《取风水的书》
140.《撵龙脉的书》
141.《秀水青山书》
142.《扫送病根经》
143.《扫魂经》
144.《念死经》
145.《念妖经》
146.《大斋经》
147.《小斋经》
148.《活血经》
149.《死为除病经》
150.《龙影龙形书》
151.《圆月形影书》
152.《寻找工艺根》
153.《寻牛羊根源》
154.《牧马地宽敞》
155.《鸡和牛根源》
156.《炼金和打银》
157.《挖银和炼铜》
158.《认药和找药》
159.《配药和服药》
160.《挖药和制药》
161.《石山去找药》
162.《立九柱房》
163.《立石柱》
164.《立龙形柱》
165.《立凤交叉》

三官垭口彝寨现存的彝文古籍文献五百余部卷本。基本上是韵文写作，文史不分，经史不分，文中有史，史中有经，内容丰富多彩，包罗万象。从自然到社会，从动植物到人类，从天文到地理，从政治到军事，从国之大事到人民群众的生产生活，从生产生活到科学技术，内容无所不涉。有历史、哲学、政治、军事、文化、经济、祭祀、教育、神话、传说、故事、诗歌、民歌、童谣、寓言、谚语、谜语、美术、文艺、谱牒、地理、伦理、民俗、算数、天文、历法、医药、卫生、工艺、建筑、物理、动植物，以及祝词、账目、契约、楹联、器乐等数十类。如历史的代表作有《以补舍额》《能数数》《实索恒数》《尼能恒数》《笃弭恒索》《六祖恒索》等；哲学的代表作有《数数舍数姆》《天地人文论》《细赠数》《九十九鲁甫》等；政治的代表作有《阿哲制》《治国数》《治国十条》等；军事代表作有《阿哲创世战争史》《俄索良马氏族》《人神征战》等；文化有各种《克数》；祭祀代表作有《祭天经》《祭地经》《祭龙经》《祭祖经》（合抄本）、《大斋经》《咏斗数》《咏斗头确》《哪史》《神座图》等；天文历法有《数舍数姆》《二十八宿》《年月日时制》《定年界月界》等。这些彝文古籍文献，有的尚存民间，有的藏于毕节地区彝文翻译组。

二、三官垭口彝族的毕摩、摩史文化

（一）三官垭口彝族的毕摩文化

三官垭口的彝族毕摩众多，形成了一个毕摩群，总计先后达五百余人次。改革开放后，由于政府及外国友人的支持或资助，先后开办了彝族古籍文献翻译整理培训班、毕摩培训班，培养了一大批新的接班人。他（她）们既懂彝文，又懂汉文，形成井然有序的毕摩群体。下面一一列举如下：

三官垭口历代毕摩生卒表

王开富（彝名 阿维阿博）1494—1569	王玉麟（彝名 阿热笃载）1781—1826
王登朝（彝名 阿博德笃）1524—1601	王玉玺 1730—1798
王兴隆（彝名 德纪鲁翁）1606—1676	陈学元 1801—1854
王荣寿（彝名 阿妥阿热）1699—1774	王定清 1892—1942
王应坤 1660—1724	王定兴 1878—1958
陈福荣 1708—1780	陈作珍 1896—1987
陈寿尧 1726—1790	陈章盛 1896—1925
陈万宗 1782—1847	王应科 1809—1883
王玉山 1730—1750	王定清 1892—1942
王玉龙（彝名 阿热鲁笃）1735—1813	王廷凤 1840—1912

陈章荣 1913—2000	王仕才 1922—2005
陈大江 1925—2006	陈文均 1939—
王华荣 1900—1960	陈大远 1945—
王华珍 1906—1973	陈明全 1970—
王华恩 1916—1971	范　月 1987—

彝族毕摩起源于彝族文明社会初始时代。从政治上讲，毕摩属于统治阶层。毕摩在彝族古代君、臣、师统治集团中，充当举足轻重的角色。毕摩坐而论道，君依道制令，臣依令而行。军事上，是参谋长，是一言九鼎的军师。军队的编制编排，军队的训练，军队的装备，军队的征战目的目标，行军打仗路线，以及战略战术，皆由毕摩制定；君认可，令臣遵照执行实施。历律上，毕摩观测天文、地理、气象，根据天文、地理、气象、数理四要素，制定彝族古代的天文历法，皆依其理论、方法绘图而示。从这个角度，毕摩是彝族古代君王王朝的“钦天监”官员。在文化教育上，毕摩通文字，掌控彝文经典，懂治国之道，通达民情，智识高深渊博，称为圣师。不仅教化民众，而且教君王治国之道，称为国师。祭祀是彝族古代主要的教化形式。君王主祭，毕摩主坐总坛，谓之为掌坛师。在祭祀上，毕摩是天、地、人、神的使者，对神，毕摩是彝人、彝君王、民众的使者。

祭祀仪式的主角是毕摩，人们所说的“毕摩文化”由此而来。三官垭口彝族的祭祀为祭天、祭地和祭祖，一般是三者合祭，祭祖必须祭天祭地，要念经、牺牲。祭祖场地分祭场和歌场两大部分，还有的有一片宽敞的平地作为“转确”的地方。祭场用“神木”枝条围成，谓之为“城”，“城”分“灵房”“经堂”和“火塘”三大部分。“城”边还有一“搓展”房和“打牲处”。“灵房”是“亡灵”置处，“经堂”是经典置放和毕摩念经的“经坛”。“火塘”必须按伦理长次安排，从左至右，以舅为最大，必须安置在左边的第一个地方。

三官垭口彝族丧祭文化又分大斋和小斋。大小斋按天数来分，小斋是一天一晚。大斋有不同的规格和规模。有三天、七天、九天或四十九天等，四十九天是规格最高、规模最大的彝族祭祖活动，三官寨彝语叫“尼姆”，据说历史上只做过一次这样的祭祀活动，主要是耗资太大之故。现就毕摩的职能和彝族古籍文献的藏书比例，有必要介绍其彝族常规性的三天的丧祭活动，因为它有非物质文化中不可或缺的内容，如毕摩的令人瞠目结舌和难以置信的神秘法术等。祭祖就是“超度”亡灵，三官寨彝族的祭祖，分为治“热丧”和治“冷丧”。治“冷丧”就是人们说的做斋或叫斋祭。治“热丧”就是家庭经济条件有限，先给死者“抬灵”“指路”后，就即行安葬或过了一段时间后择吉日测阴宅安葬。

第一天晚上约 8 点以后开始“苏撮玺圣尼候”即开孝落笔献酒。第二天早上约 8 点后，如果是“冷丧”毕摩要带唢呐师男女孝子等到亡灵的坟头“玺且果”（“扯灵草”），灵草扯回后放置在丧房内的灵柩以备超度。（“热丧”不行此礼仪）。中午毕摩要在（影斗启）云梯左上侧设置神龛，及神位以备请神时用。下午 3 点左右“吃竺”向亡灵献晚饭。“玛协”带领唢呐师及全体男女孝子，“工作人员”要捉起一头猪，全体人员自左向右围房或丧房转三圈后，第三圈到影斗启时孝子亲自将那头猪打死后，割下左耳用竹管插着摆在猪身上。毕摩开始吟诵《献酒经》，家人做“卡数”即掌刀人。掌刀人手拿一把木制刀具根据毕摩的示意随时挥动着木刀，和毕摩平起平坐依次进行其固定的动作。直至读完该部经书。“工作人员”就会将猪的五脏取出煮熟去“札陀”（彝语为“回熟”之意）结束。而后来祭奠的亲友便可依次执行。到次日晚 8 点左右所有来的亲朋全吃完晚饭后开始“玺贾科”（摆孝饭）。所有男女孝子陪亡灵共进最后一顿晚餐。紧接“踩施渠”或一系列的圈丧散花唱挽歌仪式。“玛协”在门口用长 23-27 厘米的高粱枝砌成田字形的“柴楼”。所砌层数为“男九女七”。“玛协”带领男女孝子、唢呐师等围丧房从左向右打着唢呐、口哨转三圈。转满到门口时“玛协”唱着“肯哦”（挽歌）、点燃“柴楼”进行；此亦是彝族传统火葬习俗。

下面就是“布扯影斗打”（毕摩上云梯），此时，正孝要很恭敬地敬酒给毕摩，完成他神圣的天职——“指路”（吟诵《指路经》）。云梯的层数仍然是“男九女七”。此时，“玛协”在灵堂内组织女孝“启启候”（献洗脚水）（约晚上 12 点），“通启候”（献洗脸水）两者内容相似。再接下来就是“尼车”开始，“尼车”程序先献亡灵后献毕摩，再献亡灵的老后家和亡灵的直属生者。再接着就"止协"，此时满堂肃静，"工作人员"将要献给亡灵的猪牛羊牵到灵堂，"卡数"掌刀人喊着亡灵的乳名叫他（她）来领取，正孝等亲友将牛猪羊打死在灵前排列，直至将整个《指路经》读完就可以"影斗压"（下云梯），此时毕摩下了云梯后会立即将云梯砍翻，到神位前回神，当晚祭祀活动结束，时间为凌晨天亮。接着毕摩又要"楚抖打"（献牲经），"楚抖"是在灵堂内用松树杈围成一个"口"字形，毕摩站在正中念经，念完后"工作人员"将牛献牲的猪羊取耳朵和五脏煮熟后到灵前回熟进行"恳也漏"（解丧），规模和"踩施渠"一样，不同点是"踩施渠"的走向是逆时针，"恳也漏"的走向是顺时针，意思是把头天"踩施渠"的路走回，顾名思义为解丧。下一步就是送葬了。若"冷丧"就把灵柩抬到坟头上火化，"热丧"就抬到预定地点掩埋。"热丧"在护土时护到平棺盖时要"玺且果"扯灵草，做法是在棺盖上用蒿枝秆按男九女七的定数砌成田字形的"柴楼"，点燃火后火堆两边各坐一人，用两枝茅草根在火上来往丢三次，丢掉一根拿回一根在招灵时放在灵筒内，下午 2 点左右开始"启夺"即献药招灵。招灵时毕摩重新设灵位，制作"凝模争"即灵筒，"凝模争"用荆竹式斑竹做料长约 13 厘米，直径约 1.5 厘米，上面写上亡灵的名字，内装灵草，备齐后毕摩献酒念经，经念完后由正孝夫妇开药门，开药门要用母鸡一只杀血祭灵筒，然后行三拜九跪大礼用酒祭灵，接着是男孝按辈分族亲各一配对行跪拜礼献药祭灵，男孝祭完后女孝同样照式跟上；亲友孝子献药祭拜完后主孝家孝子孝媳来关药门，关药门时同样要用母鸡血祭灵，其余亲友献药时带来多少鸡就用多少数量不限，但都是母鸡，此环节不用公鸡献药。招灵结束又由"玛协"带队唢呐师吹着"献酒调"，全体男女孝列队将灵筒送归灵房，三天超度活动结束。

清代改土归流后，毕摩的职能只为民间服务，为民间操理"热丧"、"冷丧"的祭祀。平时农闲，抄录、整理彝文古籍文献，或邀约亲邻，举办彝文私塾，教育子弟。毕摩职能已不存，成为民间的歌师，因而还曾一度沿用摩史之名。

（二）三官垭口彝族的摩史文化

彝族摩史与毕摩一起，同为彝族民族文化创造的代表，是彝族民族文化的实施者，也是彝族民族文化的传承、传播者，其历史源远流长。但是，大凡毕摩，虽然多数都是先从“玛协”和摩史学起，可一旦颁职为毕摩后，可以兼做“玛协”，却不再兼做摩史，其原因是摩史在婚仪礼仪中要敬酒。颁职为毕摩后是至高无上的掌堂师，不再屈膝给别人敬酒。所以当了毕摩后，通常都不再做摩史。

祭祀礼仪由毕摩举行，嫁娶时的歌舞由摩史指挥举行。如：“阿妹恳”“啊哇迭”“必索勒”“托夺扎”“禄歪”“复素”“确谷”等，都是“咏物喻感兴”。舞如“撒蔴舞”“衣角舞”“姊妹舞”等有肢体语言的舞；它们均有独特韵味的“唱词”和“唱调”，民族特色、地方特色浓烈，谓之且歌且舞。

三官垭口的摩史群

王开府（彝名阿维阁博）1491—1563	陈章政 1902—1944
王登吉（彝名阿略德纪）1550—1628	陈大林 1926—1998
王兴发 1568—1634	陈文志 1945—1995
王玉文 1691—1766	王仕云 1933—1995
陈华超 1691—1758	王仕华 1951—
陈志贤 1755—1822	王仕洪 1976—
陈志福 1823—1877	王富兴 1962—
陈应龙 1851—1912	王富刚 1960—
陈应科 1853—1885	王富庆 1971—

摩史的悟性好，记忆力强，懂各种礼仪。基本上既懂彝语彝文，又会汉语汉文。在礼仪仪式场中，除能照彝文古籍文献背唱外，更能结合环境，即兴咏物喻事。

彝族先民们也把人生礼仪分为三个阶段过程，即生育、婚姻、丧葬祭祀阶段。因其特点具有典型性，从而引起了国内外学者的极大研究兴趣。生育文化为人生礼仪中第一个阶段的文化，包括怀孕、降生、满月酒、周岁剃发四个阶段的礼仪和禁忌。这四个阶段都有鲜为人知的礼仪和禁忌，在民族学研究上，很具有典型性研究意义。而婚姻是人生礼仪中第二个重要、复杂的阶段。它包括恋爱、婚姻缔结、婚礼几个阶段。每一个阶段的仪式和禁忌复杂。如恋爱，“恋爱自由，婚姻不自由”，主要受家支制度的限制，往往是“父母之命，媒妁之言”。婚姻的缔结，竟是对媒人“一次不打狗，二次不装烟，三次不倒酒”。经三次或多次“三回九转”才得到女方父母的“口风”。如应允后，就举行“烧鸡卦”，合“八字”，如“八字”相合，互不相克，婚姻就算初步结成，与对方父母就成为亲家往来行走。婚礼前，要发“八字”，决定婚礼日期后，要送“期程”。婚礼有“迎亲”“送亲”过程。女方家要唱“哭嫁歌”。迎亲队伍来后，要“拦路打亲”“搅炒面”（彝语称“赫以握”）“打花脸”（彝语称“否吐架”）迎接。迎亲队伍进门后，要举行隆重的交礼仪式，由摩史吟诵“交礼词”（彝语称“复素”）；然后通宵夜宴，双方对垒，唱起“阿妹恳”“啊哇迭”“必索勒”“托夺扎”；跳起他们独有的“撒蔴舞”“衣角舞”“姊妹舞”等。达到最尽兴时，一问一唱，反问反唱，甚而有各派一个代表斗歌斗舞的场面。到次日清晨，必须在事先找好的时辰里将姑娘送走即“发亲”，随着摩史凄婉的“发亲辞别歌”，新娘随着迎亲队伍来到了男方家。新娘进入男方家门时要“打醋坛”“跨马鞍”“揭盖头”丢上屋面。晚上就是双方摩史相互敬酒、开唱“古诗诗”等生产生活歌，夜宴过后，就是男女青年们“古诗诗”、再现男女青年恋爱的过程，但绝不能唱“确谷”歌曲。第二天的仪式更隆重：在极为庄严的“取名字”“见公婆”“认大小”的过程中，完成了彝族婚礼的全过程；三天后为送亲队伍备上“放马酒”（彝语称“母洛级”）回亲。七天后夫妻双双“回门”（彝语称“母握”：即为“有天”或“有天时”之意），这样，三官垭口彝寨婚姻仪式才可宣布结束。

如此可见，在彝族的整个婚庆场中，摩史始终是掌控婚礼喜庆与否的至关重要的头号人物，他们又会跳又会唱更会说，除了表演完约定俗成的传统曲目以外，双方摩史还会即兴出题斗舞斗唱，通宵达旦，场面热闹非凡。其实在彝族古代史上，摩史更胜一筹，他们不仅负责君臣史事记录整理，而且还要求他们深晓各种礼仪，并负责实施。是执行毕摩教化不可缺少的助手，或谓毕摩的教化要靠摩史来执行、实施。摩史亦深晓彝文，熟知彝文古籍文献，特别是彝族历史、文学、歌舞艺术等。

三、彝文古籍文献翻译、整理及研究的高级人才

提到翻译整理研究彝文古籍的高级人才，我们应该也必须首先介绍的是已故十一年的王仕举老教授。他是三官垭口第一个从小识读彝文并接受过高等教育的知识分子，在他还只有二十几岁的时候，就把汉文歌曲翻译成彝语来教村里的孩子又唱又跳。是他，第一个把祖传的彝文古籍翻译成册来研究，第一个把识读彝文的国际音标带进了三官垭口这个封闭自守的穷乡僻壤，唤醒了故乡人认知民族文化。

自 1989 年他毅然走进中央民族大学深造后致力于彝文古籍整理研究以来，日复一日，年复一年，孤灯笔耕，单独译著或合译著十六部二十六卷 250 余万字的彝文古籍和教材，承担国家重点项目研究，取得了突出成果。1986 年三月始任翻译组副组长主持工作。主持和参与制定了翻译组“七五”“八五”“九五”科研规划及 1999—2010 年科研远景目标规划，身体力行实施。主持和参与完成《西南彝志》《金石图录》《物始纪略》《彝族指路丛书》等十余部三十余卷，三百万字书稿正式出版。参与《彝族源流》《彝族美术》《贵州彝族古籍丛书》《贵州彝文文献系列丛书》等四十余部八十余卷，一千二百余万字彝文古籍整理翻译成果的审读审订。主持和参与完成的省部级国家项目，多数获得省部级国家一、二、三等奖。成果丰富，贡献突出。1992 年被评为副译审职称，1997 年被评为译审职称，成为著名的彝文古籍翻译家和彝学研究专家。多次受到省地民族职能部门的表彰，为政协毕节市第八、第九届政协委员会委员。1993 年 3 月光荣退休，同年 4 月，返聘任组长助理，继续发挥余热。仍一如既往地扑在他所热爱的科研工作上直到最后，鞠躬尽瘁，死而后已。仕举先生逝世后，教育部民族司、国家民委古籍办、中央民族大学、云南省民委、贵州省民委、毕节地委等从北京到地方的二十余个单位，纷纷发来唁电，送了花圈，表示哀悼，作了高度评价。如国家教育部民族司唁电“王仕举先生精通彝文，长期以来，兢兢业业从事彝文古籍文献的翻译、整理研究和民族文化的传播工作，对继承和发扬彝族优秀的文化作出了自己应有的贡献”。

老先生以满腔的热情，执着的追求，呕心沥血地培养彝语文人才，编

写了一系列彝语文教材在家乡彝族聚居区试教，进而推广，对实行“双语”教学作了可行性的探索，重点培养了基层乡土翻译人才36名。所培训的全区第一批彝族语言文字方面的人才，多成为全地区各县、市“双语”教学和古籍整理的骨干，仅在毕节师专培训的一期学生中，百分之九十的学生先后考入中央民族大学、贵州民族学院、黔南民干校等各类院校。老教授的一生，教书育人桃李千株，著书立说留硕果万言。并为有关研究、文化机构和研究人员，提供大量有名的民族史志、字典、词典、民间文学等学科方面的宝贵资料，深受学界和各方面的好评。特别是他的严谨的治学精神和诚信重义的处世为人，使亲朋好友终生难忘，他的辞世，实为彝学界的一大损失。

值得庆幸的是，老教授后继有人，他的两个女儿紧步后尘，不负众望。三女儿王富慧（彝名珠尼阿依）中央民族大学“中国古代文学”硕士研究生，贵州民族学院西南夜郎文化研究院研究员；另有“中国翻译家协会理事”“中国古文字研究协会理事”“中国民间文艺家协会理事”“毕节市彝学研究会名誉会长”等的社会兼职；曾被湖南电视台、贵州电视台、《贵州日报》《贵州民族报》等媒体部门做过多次采访报道。被誉为“傲立于贵州高原的民族文化使者”“美丽的索玛花”等。其主要研究成果有：《石刻论著汇编·贵州红岩古迹研究》《夜郎史传》《中国彝史文献通考》《中国西南夜郎文化研究文集》等16部专（译）著；还在省部级以上刊物发表了《浅谈彝族的信仰与禁忌》《彝文文献图画符号之起源、功能及价值考证》《彝文文献的历史渊源、文化价值及搜集整理》《彝族科技典籍的开发与利用》《试论彝文古籍中的夜郎情节》《夜郎文化在彝族文明史中的地位和作用》等多篇学术论文；社会反响极佳；更承担了国家教育部、国家民委、中央民族大学、贵州省委宣传部、贵州省民委、贵州省教育厅等各级各类的社科研究项目（课题），而这些项目（课题）都分别通过了专家鉴定、结题或验收；其中的部分成果还获各种社科成果奖。

四女儿王春叶（彝名珠尼奢依），虽是非专职的彝文研究者，却很痴迷于彝族深邃的历史文化，对彝族与周边民族的神秘渊源怀揣极大的好奇。从1993年起，曾先后参加过《夜郎史传》《中国彝族史文献通考》《贵州彝族历史文献通考》和《彝族古代文论精译》四部书的整理研究；

还发表了《走近考古碎片下的夜郎》等多篇学术论文。现以极大的热情积极投入了打造贵州夜郎文化品牌热潮，誓将此一生与父亲钟爱的彝族文化研究事业相守相伴。

另外，还有老教授的学生陈大进先生，现任毕节地区彝族古籍文献研究中心党组书记，他欣然继续着老师未竟的事业，踏踏实实地在自己的岗位上努力地默默地奉献着，也取得了很大的成就（由于无法得到他的成果详情，在此就不再一一罗列）。其胞弟陈大政，堂弟陈大彬、侄子陈明祥等也从事着彝族毕摩文化的传承抢救和双语教学工作。像他们这样的双语人才，还有张荣禄、陈新贵、陈光怀、沙艳、王仕俊、罗才艳、张荣军等。有了这些目光远大、勇于奉献的一代代人，相信三官垭口村的民族文化之花定会开放得更加艳丽芬芳。

如此不可复制和移植，独具特色的民族文化，现已更加得到党和政府的爱护和关怀，属于全省二十个“民族文化村”之一的三官垭口彝寨，还欲将其打造成民族文化旅游胜地。令人尤为高兴的是，这已引起了国内外专家学者的关注和研究兴趣，如中国社会科学院研究员史学专家余锦秀、中央民族大学语言学专家马学良助手范慧娟、贵州民族学院法学博士、凯里学院副院长徐晓光、中国彝人传奇编剧阿诺阿布、天津南开大学的英国留学生安娜、日本东京都立武藏高等学校教谕、北京大学东方语言文学院外教山口八郎等，都先后来到这里进行有关民风民俗的考察调研。日本学者还为三官彝族小学置备了全新的课桌椅，添置彝族服装，还对“毕摩培训班”进行资助与扶持。如今，日益文明进步的三官“民族文化村”与一山之隔的大屯土司庄园一起，如同两朵凌空开放的旷世奇葩，期待着无数具有远见卓识的有识之士，去接近和探究她那高贵而幽古的历史气息。

三官彝族文化

珠尼阿依

2002 年 6 月，三官彝族村寨被列为贵州省二十个“少数民族保护与建设村寨”中唯一的一个彝族村寨，也是毕节地区唯一的保护与建设村寨，三官彝族村寨悠久的民族文化和独具特色的民族风俗将会得到前所未有的继承发展。

一、三官彝族生产活动

彝族先民在长期的生产实践中，积累了丰富的农业、畜牧业生产经验，主要体现在土壤改良、品种改良、农业灌溉等方面，并善于根据动植物的生长活动情况来判断季节时令，适用于农业生产中。

二、三官彝族语言文字

彝族有自己共同的语言，彝语属藏缅语族，彝语支。彝族有本民族的文字，在长期的社会经济文化生活交往中，为适应互通信息的需要，经过从无到有，从少到多的积累而形成。至今存世的彝文器物为贵州大方“成化钟”，于明成化二十一年（1485）铸成，有彝、汉铭文八幅，铭文即贵州水西土司——贵州宣慰史安贵荣夫妇塑像，铸钟安置于永兴寺。到清代后，彝文记载的文书依然很多，至今，毕节三官等地彝族人民仍用彝文作为记录日常生产、生活的文字工具。

三、三官彝族民居建筑

走进三官寨，就仿佛走进一座彝族民居的博物馆。人们讲究住地选择和住房布局，常选择前有向山后有靠山（或靠岩山、大箐、大树），左右有竹为屏障的藏风纳气，柴煤水火俱全的“撮箕形”地形为宅基。房前坐向及门向，依地形而定，无“坐东向西”或“坐北向南”的严格限制。门向，以房主生辰推择，若有不适，则用“改路”措施补救。早期，三官寨的民居建筑，分板壁房（木结构）和土墙房（土木结构）两种，一律盖麦秸或茅草。各具特色的民居，虽说80%是土木结构，但其墙体的坚固、平整、光滑周正及垂直水平，都有着高超的技艺。早期的民居造型，其结构形式主要有“一颗印”“一个进出”“一封书”“一厢一正”“两个进出”“两厢一正”“三合头（院）”“四合天井”“五柱长三堽（间）”“七柱长三堽（间）”“九柱长五堽（间）”“金包银”“修冒角”“腾地填”“填土楼”“半边楼”16种。例如，“一颗印”，即室内的长、宽距离相等，地平面为正方形，一般是对堂屋（正室）而言，常以一丈二尺（约4米）或一丈四尺（约4.5米）为径。其他房间的“开间”（顺梁），“进深”（顺山墙）视房间而定，最小的是一丈二尺，最大的达二丈六尺八寸（约8.5米）。房屋的高度视进深而定，一般为一丈（约3.3米）至一丈二尺，“进深”越大，山墙越高。山墙，为封尖或半封尖。屋面，前短后长，称“虎坐型”。

四、三官彝族服饰文化

三官彝家多为“扯勒”之系，其服饰有传承性。现今，男性上穿对襟短衣，外加无袖短褂，胸前为一组五至七排不等的布结纽扣，俗称“褡褡”；下着“八幅”大裙裤，俗称“灯笼裤”；中年老人头戴毡帽，青年人包青、白布头帕，足履草鞋或自制布鞋。中年女性，上穿领口、袖口、肩臂、胸部镶成刺有花纹图案的短衣或镶绲边的长衣，下着三接头或五接头的百褶长裙，或着脚边镶有一块16—20公分宽白底的绣花中长裤，绣花上沿压瓣线和铁莲花各一道。青年女性，头包青丝帕，上穿长衫，长衫的肩、领、袖均镶花；下着小脚裤，腰系有前摆的白布围腰，两条绣花飘带分左右在后腰上打结，脚穿布鞋或绣花布耳（草）鞋。老年人包的头巾，穿着的花边长衣，自制的布耳草鞋，青年人、小孩穿着的对襟衣服，无不使你赏心悦目。心灵手巧的彝家，编织的头巾、背扇等精美无比，藤编、竹编工艺精雕也让人称道不已。他们还能制作出具有民族特色的荷包、烟袋。

五、三官彝族彝文古籍

三官寨彝文古籍，内容包罗万象，天文、地理、历史、物始、命理、历算、宗教、哲学、伦理、道德都涉及，正如专家所说："万卷羊皮书，一部彝族史"。在三官传承的彝文古籍，按用途可分为"呗数""额数""阁数"三大类。

"呗数"，暂译"呗摩"古籍。"呗摩"，是彝族文化的知识分子。在彝族历史上的"苴"（君）、"穆"（臣）、"摩"（师）三位一体的土司政权中，"呗摩"位居第三，承担人与神灵的沟通传播责任。"呗摩"古籍，又分丧葬祭祀古籍，消灾、禳解祭祀古籍和常用古籍。丧葬祭祀古籍，有《实勺以》（实勺氏丧葬祭祀指路书）、《鄂莫以》（鄂莫氏丧葬祭祀指路书）、《尼能以》（尼能氏丧葬祭祀指路书）、《赫打以》（阵亡将士丧葬祭祀指路书）。每部书，除给亡灵解除在日常生活、生产劳动中结下的冤屈、冤仇外，都有一条指引亡灵返回祖宗发祥地——"翁米"的路线。"翁米"，是冥府，但这条路线并非在阴间而渺不可寻，今有许多地名可实地验证，显然是彝族支系的迁徙路线。此外，还有《头确数》（法具起源书）、《尺煮数》（献晚餐书）、《嗤煮数》（献早餐书）、《纸抹灭数》（献牺牲书）、《觉纠宜享数》（超度过岸献酒书）、《蔺各数》（招灵书）、《启夺数》（献药书）、《灭几数》（四熟书）、《蔺木数》（分祠书）、《铺助数》（招灵〈简〉书）、《享合数》（超八难书）、《助勺躲嘎数》（寻呼灵魂书）、《谔木赋数》（述大嘎回来书）等。消灾、禳解类祭祀古籍，有《号徒数》（驱邪净堂书）、《姐车姐透数》（掩凶煞星书）、《省礼数》（掩棺书)、《米宪裸数》(祭土地神书)、《吉隆裸数》(庆坛书)、《吉隆迭数》(分坛神书)等。常用古籍，有《数宪·数蒙》(直译为“书公书母”，实意为“书圣”)。《数宪》供算命用，《数蒙》供择期用。也有的将此两部书取名为“玄通大书”。

“额数”，即“苏额”古籍，有《武数谷数》(治精神病人书)、《各拱数》(叫魂书)、《热爷那数》(查寿数书)等。

“阁数”，亦称“摩史数”，即“摩史”古籍。按用途可分作《赋数》《阿麦肯数》《努额数》《肯额数》《尼纠宜亨数》《确阁数》六类。

《赋数》，暂译娶亲交礼词，男方到女方家娶亲，需带鸡、猪、羊、盐、茶、酒、衣物、耳环、手镯等聘礼。交礼时，摩史宣颂各物之物始、形状及今日所用之词，其中物始叙述最为重要。

《阿麦肯数》，暂译为姊妹歌舞调，内容丰富，篇目较多，主要以赋比手法叙述男大当婚，女大当嫁之哲理。其中，《嫩署阿麦肯》述说了父母包办婚姻及生活劳动中男尊女卑的情节。

《努额数》，即人们所说的雅颂，一般是结婚日在男方家吟唱。多为叙事长诗，篇目较多，内容较丰富。如《姆栋作菊》(坛子来历)、《笃慕移阻哈》(笃慕时代洪水泛滥)、《阿嵝耻》又名《沙俄娄迁汝》(孤女阿嵝耻与沙俄娄迁汝的恋爱史)等，又叙历史又叙生产生活，情节深长。

《肯额数》，即挽歌书。有学者译为“跳脚词。相当于汉族孝歌书。内容多为哲理性叙事长诗。如《启勺》(寻药)篇，孝家为治愈老人病，寻药东南西北至中央，历尽艰辛。但最终如鹰叼鸡崽，虎扑猪崽，防不胜防，老人被西署捉拿，令人伤感。

《尼纠宜亨数》，即礼仪献酒词。有赴丧献酒、祭山、祭水、祭日月献酒片段。叙述酒药配制，酿酒历程，献酒目的等内容。

《确阁数》，即情歌书。多为三段诗体，前两段拟物或喻物，后一段抒情。此类古籍数量不及《阿麦肯数》《努额数》或《肯额数》，能唱者极少，也许受风俗禁忌之约束。

六、三官彝族节日文化

彝族传统节日，有“课享”“隆哄打占”“姆洪俄”“剁诗姐”“发哄打梯”等。“课享”意为新年，时间与汉族春节同，新年期间即从除夕到正月十五，均要定时祭献四次，目的是与祖宗同庆节日。“隆哄打占”即三月三，是祭土公土母。“姆洪俄”与端午节时日同；扎“艾狗”过节，认为“艾狗”祛邪除污，可保人畜平安。“剁诗姐”，意为玩火把，即火把节，于六月二十四日，全寨出动，用火把烧灭蝗虫，庆祝丰收，篝火晚会热闹通宵。“发哄打梯”即十月初一为献牛节（彝族年），每年农历十月初一为牛的生日，这天以米粥、苞谷饭、大米粑喂牛，表示庆贺。

彝族著名的歌曲有《阿西里西》。彝族儿歌有《跳龙门》《酒礼歌》等。《酒礼歌》分两部分，一为《阿麦肯》，是嫁女时唱的，曲调忧伤，歌曲催人泪下；一为《洛外》，接亲时唱歌词内容歌功颂德，赞扬家族威望，赞扬父母教育有方。《十月花儿开》歌，表达男女恋爱自由；《留客歌》叙说主人热情好客；《撒麻歌》则是表现劳动的欢乐场景。《衣角舞》是三官寨彝族的传统舞蹈，表现包办婚姻给女子带来的不幸与悲哀。舞蹈由月琴、牛皮鼓、笛子等伴奏。身着民族服饰的几位女青年边唱边跳，歌声凄苦，诉说婚姻的不幸。《撒麻舞》则反映劳动场面，舞姿从种麻纺线中提炼出来。《硗脚舞》是丧事场合中的舞蹈，舞者脚尖相对而跳，舞蹈表现对死者的怀念。《姐妹舞》是婚礼中最欢乐的歌舞，一般由其八个青年姐妹跳。歌舞时，两队列的主角站在一张八仙桌上，相向或背向而舞。其余男女青年围着方桌跳。男女均右手执毛巾，左手相挽，这是未婚男女建立感情的良机。彝族体育运动有摔跤、斗牛等。

如今，远方的客人来到三官寨，彝家举行迎宾仪式，用牛角杯盛满酒，一边唱《迎宾歌》《祝福歌》，一边向远方的朋友敬酒。彝家的热情好客，使你陶醉，流连忘返。

附录一

彝族出嫁歌——阿买恳简介

阿买恳，即彝族的出嫁歌，也称“阿树”或“曲姐”，它是彝族酒礼歌舞的一个重要组成部分，是彝族结婚嫁女活动中的仪式用歌，是女子出嫁和迎娶过程中各种民俗活动的载体，记录、规定和规范着必须举行的民俗礼仪活动。阿买恳，主要在彝语东部方言乌蒙山区广为流传，现在主要集中在贵州省的威宁、赫章两县及毗邻的省、县。赫章县境内原来的彝族聚居村寨都流行这一习俗，主要分布在珠市、雉街、兴发、水塘、妈姑、双坪、可乐、辅处、结构、河镇、朱明、财神、六曲、古基等乡镇，随着改革开放的全面、深入推进，人们的社会活动、社会交往大大超过了原有的范围，族外婚姻、跨区域（如跨县、跨区、跨省）婚姻已屡见不鲜，阿买恳习俗遭到了很大的冲击，现在的中年人结婚时还兴的习俗，新一代年轻人已经很少保留了。现在只能说还推崇重视的区域主要是雉街、珠市、妈姑的部分村寨了。对此，县人民政府和有关部门已经把阿买恳列入县级非物质文化保护名录进行保护。

一、阿买恳的程序及内容

阿买恳从接亲队伍（彝语称“喜初”“初初”或“喜姆”）到女方家寨门前直至新娘出阁走后才终结。

当接亲队伍一踏进新娘后家寨门时，就得通过后家设下的重重关卡（号称为九十九、六十六、三十三或七十二、三十六、十二道关卡）。迎亲队伍通过关卡的条件是要能唱赢拦路和引导接亲队伍的由后家组织的女傧们。因为每道关卡都有女傧们对他们进行“发难”或提问，只有接亲人用礼仪歌顺利或巧妙对答后，方能进入下关。接亲队伍唱歌过关的程序依次为：初初候[1]（敬接亲人）—付启嘎[2]（赶走挡住开亲的狗）—濯阁扑[3]（开篱门）—濯嘎阁扑[4]（开司礼台之门）—濯嘎扑（开司礼台）—阔扎透[5]（出示和放置礼物）—苦洪外（颂威荣）—倮抖打[6]（上石梯）—陆阁扑（进寨门，实为进女方家的堂屋门）—可则约则勺（叙锅瓢碗盏根源）—诺妻诺毕（嫁女起源）—克武克佐[7]（又叫果勾果嘎尼，意为端坐在大堂上下）—开箱锁—阿树（出嫁歌序歌）—进濯嘎—恳几眨（查看歌场）—嫁女送亲—迎歌神—许姑[8]（披披毡，赠披毡）。至此，出嫁歌由固定式转向自由式对唱。

（一）敬献接亲队

初初候，即“敬献接亲队伍”之意，实际内容是给接亲队伍献歌。初初，别称“喜初”“初姆”“喜姆”，指接亲的人。分基主弦与理论两种形式。接亲队须熟悉初初候的说唱内容，否则会受到后家女傧们的为难而尴尬。

在接亲人的来路口，嫁方设点迎候，置一板凳于路上，板凳上有一口碗，碗口覆盖杜鹃枝叶，碗的左右各放一杯酒和一杯水，迎亲队来后，将其拦下以歌盘问，称为“玛诺”。“玛”，即杜鹃树，它代表五彩缤纷（青赤黑白黄五色）的花草，以象征五彩缤纷的宇宙世界，故而在接亲的马尾上也系上具有象征意义的五彩布条。“诺”，即盘问，女傧们发问，接亲队作答，对答得上，方能通过。

见此情景，接亲人要开口说：“今早我来时，父母和哥嫂，特意作嘱托。阿爹给凤冠，阿妈给凤衣，阿哥赠凤脚，阿嫂赠凤裙。沿路杜鹃花，开得真鲜艳，不及凤饰艳，特意赠新娘。”

接着，女傧们和接亲队开始进入盘歌的内容。答者一般以新郎弟弟的口吻回答，因为接亲的人一般是新郎年龄小的兄弟。

问：今天你来时，九十九匹接亲马，六十六名接亲员，三十三角名美酒，别人帮你备，还是自备来？

答：今天我来时，九十九匹接亲马，六十六名接亲员，三十三角名美酒，不靠别人备，自备自带来。

问：今天你来时，准得结伴行，六十六名迎亲员，来到这地方，是你自己请，还是他人请？

答：今天我来时，准得结伴行，六十六名迎亲员，来到这地方，是我自家请，不是别人请。

问：今天你来时，一定备礼品，带一份厚礼。备美酒带上，三十三坛酒，合做一坛装。是你自家备，还是让人备？

答：今天我来时，必然带礼品，备一份厚礼，备美酒带上。三十三坛酒，是我自家备，不劳他人备。

问：今天你来时，你阿爸托你，什么托给你？你阿妈托你，什么托给你？你阿哥托你，什么托给你？

答：今天我来时，阿爸托给我，带须的头饰；阿妈托给我，成套的绸衣；阿哥托给我，成套的鞋袜。

问：今天你来时，过不过森林？经不经大道？走不走大坝，林深如何过？道大是谁开？大坝咋成田？

答：今天我来时，路过大森林，弯刀劈开路，马蹄开大道，顺着大道来，通过田坝边，犁耙耙出田。

问：今天你来时，路过大箐吗？若经过大箐，大箐的福分，指的是哪样？你过大路吗？大路的福分，指的是什么？你经过大坝吗？若经过大坝，大坝的福分，指的是何物？

答：今天我来时，经过了大箐，大箐的福分，指的是弯刀；我经过大路，大路的福分，指的是马蹄；我经过大坝，大坝的福分，指的是耙子。

问：今天你来时，过不过银山？金树生路旁，金枝拦着路，银花白如雪，银花九十九，刺不刺眼睛？别人采你赏，还是自采自来赏？

答：今天我来时，路过银山上，银树生路旁，银枝拦着路，银花铺满枝，不引我注目，银花九十九，开得再鲜艳，无心观赏它。

问：今天你来时，过不过金山？金树生路旁，金枝拦着路，金花闪金光，金花六十六，刺不刺眼睛？人采你来赏，还是自采自来赏？

答：今天我来时，路过金山上，金树生路旁，金枝拦着路，金花铺满枝，不迷我眼睛，金花六十六，开得再艳丽，无心关注它。

问：今天你来时，过不过铜山？铜树生路旁，铜枝拦着路，铜花三十三，别人采你赏，还是自采自来赏？

答：今天我来时，路过铜山上，铜树生路旁，铜枝阻拦路，铜花铺满枝，不让我留神，铜花虽然美，我也不在意。

问：今天你来时，过不过松林？林里生毒菌，你采不采它？你吃不吃它？毒着你没有？

答：今天我来时，经过松林来，林中生毒菌，我不去采它，口也不吃它，我没有中毒。

问：今天你来时，经不经横山？横山生花椒，你采不采它？你吃不吃它？麻着你没有？

答：今天我来时，经过横山坡，横山生花椒，伸手采一把，丢在嘴里嚼，嘴本来管吃，不会麻着我。

问：今天你来时，北方银燕麦，南方金燕麦，中央铜燕麦，撒来拦你路，你如何过来？

答：今天我来时，北方银燕麦，南方金燕麦，中央铜燕麦，拦住我的路，手持快镰刀，割放在两边，再使用弯刀，劈倒麦桩桩，犁头加铧口，犁翻在两边，开通了来道，一路顺风来。

问：今天你来时，北方一闺女，南方两闺女，中央三闺女。三处的闺女，住在三处时，作媒啊作媒，是谁给作媒？送礼啊送礼，是谁来送礼？

答：今天我来时，北方一闺女，南方两闺女，中央三闺女。三处的闺女，住在三处时，作媒啊作媒，媒人作的媒，送礼啊送礼，阿哥送的礼。

问：今天你来了，摆一杯美酒，来挡你的路，看你怎么过？

答：今天我来了，有一杯美酒，摆来拦我路，手端美酒杯，口唱酒礼歌，美酒摆道路，盛情迎亲人。

问：接亲的阿哥，我来问问你，杜鹃花美丽，你采杜鹃花，我们的阿姐，不如杜鹃花，你们接不接？

答：我的表妹们，你们的阿姐，赛过杜鹃花，银砖铺大路，金线搭彩桥，接阿嫂回家！

（二）给接亲的人和媒人打狗

付启嘎，即给接亲的人和媒人打狗。“付”，即媒人；“嘎”，赶逐的意思。

问：今天你来时，骏马九十九，凶犬六十六，雄鸡三十三，挡在你道上，你是如何过？

答：今天我来时，九十九条绳，把骏马套住，骏马让开道；六十六根骨，丢进狗群中，狗群让出道；三十三撮谷，撒在鸡群中，鸡群让出道，这样通过。

问：今天你来时，水牛九十九，士兵六十六，姑娘三十三，挡着你的路上，你如何通过？

答：今天我来时，九十九把草，甩进水牛群，牛群让出路；六十六角酒，用来敬士兵，士兵让开路；三十三绺丝，赠给姑娘们，姑娘让出路，于是就通过。

（三）开篱门

濯阁扑，意为开篱门、开营门、开庄门等。“濯”，即篱笆，“阁”即门，“扑”即开。濯阁扑，象征彝族居于中央，天南、地北到中央的外围均设关口，必须经过三道关口才能达到彝寨。

问：北边银篱门，是谁人打开？由谁人通过？南边金篱门，是谁人打开？由谁人通过？中部铜篱门，是谁人打开？由谁人通过？

答：北边银篱门，是太阳打开，由月亮通过；南边金篱门，是君长打开，由臣子通过；中部铜篱门，是“布妥”[9] 打开，由“喜初”通过。

问：北边银篱门，设置在哪里？南边金篱门，设置在哪里？中部铜篱门，设置在哪里？我设下等你，你怎么通过？

答：北边银篱门，设在“濯嘎”[10] 前；南边金篱门，设在“濯嘎”中；中部铜篱门，设在“濯嘎”上。喜初猜中谜，连开三道门，于是就通过。

（四）开司礼台之门

濯嘎阁扑，即开司礼台之门。其中“濯嘎”，指司礼的场所，一般在主家门外较宽敞的院坝内圈定一个范围，搭棚设置。

问：今天你来时，已过篱门（篱门）吗?，篱门的声威，指的是什么？

答：今天我来时，经过篱门了，篱门的声威，指的是马蹄。

问：今天你来了，狗儿汪汪叫，篱门吱声开。首次过路的，你是君王吗？若是君王呀，你发权令吗？若是发权令，君位在哪里？

答：今天我来到，狗儿汪汪叫，篱门吱声开。首次过路人，我不是君王。我若是君王，我不施权令，倘若施权令，君位在大堂。

问：今天你来了，狗儿汪汪叫，篱门吱声开。二次过路的，你是大臣吗？若是大臣呀，你理政务吗？若是理政务，臣位居何处？

答：今天我来到，狗儿汪汪叫，篱门吱声开。二次过路人，我不是大臣。我若是大臣，我不理政务，倘若理政务，臣位居大右方。

问：三次过路的，你是布摩吗？若是布摩呀，你理祭祖吗？若说是祭祖，布摩居何方？

答：三次过路人，我不是布摩。我若是布摩，我也不祭祖，若说要祭祖，布摩位居左。

问：最后过路的，你是喜初吗？若谙是喜初，你带包单吗？你若带包单，喜初坐哪方？

答：回答阿雨买[11]，我就是喜初。既然做喜初，必定带包单，带包单的人，喜初坐下方。

问：今天你来时，备好接亲马，用什么喂它？到濯嘎门前，带什么礼来？

答：今天我来时，用五谷喂马。濯嘎十二层，老人坐上方，喜初站下方，带两角美酒，用来敬老人。

(五) 交礼

阔扎透，即交礼物。接亲人把所带来的礼物逐一点交，交礼处有两口礼酒、楚候器梯（猪肝、盐巴、猪蒙肚油）交濯嘎招待歌手的一坛酒（号称十二只耳的大坛），给新娘的头饰、衣服、袜子等。再交到堂屋老人处作唱酒礼用。

（由接亲方吟唱）

今天我来时，备好迎亲马，来到了濯嘎。濯嘎十二层，喜初九十九。多谢濯嘎摩，我这帮喜初，这一角美酒，用双手捧着，把老人敬献，敬酒献上礼。

先拿一种礼，是一坛美酒，放置在濯嘎，是酒歌用酒。再拿一种礼，是凤冠头饰，是串珠头帕，是霞帔坎肩，是镯子戒指，是披风长裙，是鞋和袜子。再拿一种礼，是喜初舞姿。

转眼到明天，是吉日良辰，娘家的闺女，做婆家新娘，来意是这般。

（六）祝词（主要由接亲方吟唱，也可双方一起吟唱）

圆圆天圆圆，天上月亮圆。若不是月亮，众星无依托；若不是众星，月亮无光辉。

圆圆地圆圆，打谷场圆圆。不是打谷场，五谷难收拢，若没有五谷，打谷场空空。

圆圆人圆圆，老年人团圆。若无老年人，青年无管束。若无青年人，老人无寄托。

后人学前人，讲的是礼节。年轻人说话，不知对不对，好比房檐水，淹不了脚背。好比苍蝇爬杯口，怕被说成寻吃喝。

（七）爬石梯

倮抖打，指爬石梯。“倮抖”指门前的石梯，“打”（浊音）意为“爬上”。

问：今天你来时，猪牙般交错，是什么东西？一滴连一滴，是什么东西？石梯上银窝，是怎样形成的？十规十二律，如何来交替？

答：今天我来时，门前石梯子，猪牙般交错。房上屋檐水，一滴连一滴，滴水穿石阶，凿成了银窝。十规十二律，主客两交替。蕨草发新芽，旧貌变新颜。屋檐三叠水，一层叠一层，附起十规迭，互相来交替。

(八) 开寨门

问：请问接亲者，树种从哪来？树根生何处？何人种的树？何人来伐木？是谁锯开的？是谁运到家？

答：表姐表妹们，树种来于天，树根生在地，老人种下树，后代来伐木，构阿德开锯，构阿娄运来。

问：九十九道门，九十九把锁；六十六道门，六十六把锁；三十三道门。三十三把锁。如何打开过？

答：今天我来时，九十九道门，六十六道门，三十三道门，道道上着锁。左手拿着锁，右手拿钥匙，逐门打开锁，大步进堂屋。

(九) 可则约则述

问：在啥弥卧甸[12]，有一林茂竹。栽竹人是谁，砍竹人是谁？削出一双筷，削筷的是谁？是谁卖筷子？是谁买筷子？

答：在啥弥卧甸，是罗纪大哥[13]，把竹子培植。是罗纪二哥，把竹子砍伐。是罗纪幺哥，削来做筷子。是君长大哥，买得了筷子，放在了家中。

问：在点苍山麓[14]，产一处白泥，用来烧制碗。舂泥的是谁？烧碗的是谁？卖碗的是谁，买碗的是谁？

答：在点苍山麓，德布用白泥，烧了一窑碗。他自己舂泥，他自己烧碗。由商贩出售，为君长购得，放在了家中。

问：洪鲁大山[15]上，无木不生长，有棵杜鹃树，无意间开花，花开红艳艳，是谁人砍伐？是谁人做勺？是谁人来买？

答：洪鲁大山上，有棵杜鹃树，伐木凿勺人，是百姓二哥。买勺用的人，说是幺君长。

问：喂养牛的人，什么样的人？宰杀牛的人，什么样的人？煮牛肉的人，什么样的人？

答：喂养牛的人，是放牧的人。宰杀牛的人，是帮忙的人。煮牛肉的人，是做厨的人。

问：向你们喜初，来一番请教：九十九张桌，六十六金杯，三十三双筷，是谁人来摆，是谁人来放？

答：九十九张桌，布妥来摆放。六十六金杯，司酒人摆放。三十三双筷，帮工的安放。

问：接亲的人们，饭碗和汤勺，切肉和炒菜，烧水和做饭，都是哪些人？

答：表姐表妹们，饭汤勺和碗筷，帮忙人来摆。切肉和炒菜，有大厨师在。烧水和做饭，巧手师傅办。饭菜口味佳，谢谢主人家。

（十）诺妻诺毕

问：当喜初的人，请教你一下：那古时嫁女，由谁来兴起？那古时接亲，由谁人兴起？那古时送亲，由谁人兴起？

答：各位表妹们，立耳倾听着：古时兴嫁女，是父母媒妁；古时兴接亲，是喜初所为；古时兴送亲，是哥弟所为。

问：今天你来时，碎银九十九，金片六十六，铜块三十三，是出自哪里？用来有何用？

答：今天我来时，银乡取碎银，金乡取金片，铜乡取铜块，来付姑娘价，来开姑娘钱，多谢主人家。

（十一）克武克佐

克武克佐，或称“克武曲姐”。克，原意为线。据《乌鲁诺纪》解释，“克”为女人的生命，也就是生命线。“姐”，即出嫁歌“阿买恳”。克武仪式由年高的歌手在堂屋内设台，唱嫁歌的序歌，敬女命之神，歌神，唱分别歌，新娘也到场边哭边唱分别歌。

合：

今年年景好，今年得丰收。今月气候好，五谷成熟了。用镰刀收割，用绳子捆好，用尽力去背。顺着风扬糠，用簸箕来簸，金筛子来筛，放银碓中舂。一天去柴山，拾各种柴火，做一背来装。一日去竹林，拾竹枝竹竿，做一捆来背。又去阿着地，拾三十柴火，发做一炉火，做一餐晚饭。用铁锅来炒，用甑子来蒸，用银碗来盛，用金勺来来舀。

敬献天上神，敬献土地神，敬献五谷神，敬献亲戚祖，敬列祖列宗。别人享用时，晃在嘴边过。自己受用时，四脚桌样稳。

（以下内容变为伤感的情调，接亲方劝新娘吃分别饭，送亲方则劝其不要吃。）

送亲方：如斧头劈柴，阿爸备的饭，说表达父爱，并不是这样，女儿呀莫吃，赶紧收拾了！

接亲方：如斧头劈柴，阿爸备的饭，是表达父爱，既表达父爱，快吃呀快吃，别把饭收去，快快用晚饭！

送亲方：白白的大米，白白的颗粒。阿妈备的饭，阿妈的本意，为爱女备饭，却是分别饭，女儿吃不得，快把饭收了！

接亲方：白白的大米，白白的颗粒。阿妈备的饭，阿妈的心愿，备的爱女饭，吃呀快快吃，不要收了饭。

送亲方：松树下香菌，煮成的汤水。阿哥备晚饭，阿哥的心愿，备饭想阿妹，却是分别饭，妹妹吃不得，妹妹呀莫吃，快收了晚饭。

接亲方：松树下香菌，煮成的汤水。阿哥备晚饭，阿哥的心愿，备饭想阿妹，想妹妹备饭，不是分别饭，妹妹呀快吃，别把饭收了。

送亲方：冰水手难触，春水暖融融。阿嫂备的饭，阿嫂的心愿，想妹妹备饭，却是分别饭，妹妹吃不得，赶紧收晚饭。

附：克武克佐歌如下：

接亲方：冰水手难触，春水暖融融。阿嫂备的饭，阿嫂的心愿，阿嫂备的饭，为了想妹妹，妹妹呀快吃，别把饭收了。

（十二）开箱锁

合：竹哩阿卫他，金丝镶黑绸，有天起个早，用银水洗脸，用金汤涤手。去商家铺子，买九口大箱，放在大堂上。

问：君长大哥啊，他要开箱子，来到箱子边，开箱取什么？取到了没有？

答：开箱取绸衣。锁头上了锈，锁簧打不开，没得到绸衣。

问：臣子二哥他，要打开箱子，来到箱子边。开箱取什么？取到了没有？

答：取绣龙锦衣。锁头上了锈，锁簧打不开，取不得锦衣。

问：姑娘到箱边，她要来开箱。开箱取什么？取到了没有？

答：开箱取针线，锁锈褪去了，锁簧打开了。

（十三）酒礼歌

问：阿树是姑娘的荣光，阿树是姑娘的招牌，阿树把姑娘慰藉。锅桩有花纹，它有花纹吗？篝火火焰旺，它像火焰吗？木檄有轮廓，它有轮廓吗？四边挂金铃，它挂金铃吗？堂屋铺松毛，它铺松叶吗？槽门很显眼，它也显眼吗？门槛上镏金，它也镏金吗？屋檐雄鹰翅，它像雄鹰吗？石梯如猪牙，它也交错吗？大路横金枝，它横金枝吗？

答：锅桩有花纹，它也有花样。篝火火焰旺，它如火焰旺。木檄有轮廓，它也有轮廓。四边挂金铃，它也挂金铃。堂屋铺松毛，它如铺松叶。槽门很显眼，它也很显眼。门槛上镏金，它强如镏金。屋檐雄鹰翅，它宛如雄鹰。石梯如猪牙，它也交错着。大路横金枝，它横着金枝。

（十四）进司礼处

问：今天君长过，君长过当真？今天臣子过，臣子过当真？今天布摩过，布摩过当真？今天工匠路过，工匠过当真？今天亲戚过，亲戚过当真？歌唱阿买恳，是否有此事？歌场老奶管，是不是这样？歌场摆美酒，真实不真实？

答：今天君长过，确是君长过；今天臣子过，确是臣子过；今天布摩过，确是布摩过。今天工匠路过，工匠过不假；今天亲戚过，亲戚过不错。歌唱阿买恳，绝对有此事。歌场老奶管，就是这样的。歌场摆美酒，肯定是事实。

（十五）量歌场

问：今天的歌场，是什么样子？今天的歌手，长什么样？今天的舞帕，是什么样子？

答：今天的歌场，院坝样干净。今天的歌手，如插篱笆桩。今天的舞帕，如白鹰展翅。

（十六）嫁女送亲

问：古时候嫁女，是谁人兴起？古时女出阁，是谁人兴起？古时候送亲，是谁人兴起？

答：古时候嫁女，大君长兴起；古时候出阁，二君长兴起；古时候送亲，小君长兴起。

（十七）迎歌神

（由接亲人吟唱）

歌神阿妮额[16]，是你主持吗？主持若是你，请来到歌场，把节目主持。

歌神阿妮鸠[17]，是你当值吗？你若是当值，请入歌场坐，把歌舞兴起。

歌神阿妮腻[18]，是你指挥吗？指挥若是你，请入歌场坐，把歌舞指挥。

（十八）披披毡

（以下主要由出嫁方吟唱，接亲方也可以一起吟唱）

北方一对绵羊，南方两对绵羊，中部三对绵羊。懂得放羊的，十天放十处；不懂放羊的，十天放一处。懂洗羊的人，洗来若羊桃[19]，晒来如羊桃。懂剪毛的人，白鹰翅样剪。会弹者来弹，毡子样来弹；会擀人来擀，鸭子翅样擀。擀毡三滴水，一滴点毡领，毡领猪牙错；

一滴点毡身，毡体月亮形；一滴点毡脚，毡脚松针齐。阿爸取一领，披了当濯嘎；阿妈取一领，披了进歌场；阿哥取一领，披了当补妥。阿嫂没披毡，阿嫂便伤心，打狗来出气，狗蚤跳三颗，落入三角落。狗蚤搔角处，九堵悬崖垮；狗蚤喝水处，九个湖泊枯。

(以下由出嫁方吟唱)

如斧子划柴，阿爸制毡子，制来给爱女，表达父女情。不要再拿弄，赶紧披上它。

如连枷相连，阿妈做毡子，做来给爱女，表达母女情。不要再摆弄，赶紧披上它。

冰水手难触，春水暖融融，毡由阿嫂弹，阿嫂弹毡子，表达姑嫂情，赶快披上它，不要再抚弄。

如煮香菌汤，毡由兄长擀，兄长擀毡子，表达兄妹情，阿妹快披上，不要再细弄。

嫁到婆家去，捡柴则垫背，背水则防水，下雨则挡雨，刮风则避风。制毡遂女愿，做毡打发女。不要再磨蹭，赶快披毡子。披毡女命长，前程亮堂堂；披毡女高寿，福禄永无疆！

以上固定的程序共计19项，也就是说，在过去接亲队到新娘家去接亲，从遇见女方家，起码要这19项程序性的礼仪活动。这些活动主要以女方盘问和接亲方对答的方式进行。19项阿买恳婚歌礼仪，接亲方都得参与，其中需要接亲方以对歌的形式吟唱的有16项。每道程序就是一道关卡，每道关卡是对接亲人机智、口才和阿买恳曲艺功底的考验。

进行完以上19项程序性、礼节性的盘歌和吟诵之词之后，双方可以视情况继续开展自由式吟唱活动，吟唱的内容更加丰富，涉及天文、地理、人文、社会、历史、伦理、礼俗、农耕、畜牧、技术等各方面的知识，你一曲我一曲，你一首我一首，你一段我一段地轮流对唱，尽其所能展示各自的知识和才华，有一决雌雄、一比高下之意。如果双方遇上旗鼓相当的劲敌，则可通宵达旦仍意犹未尽。可见阿买恳内容之丰富。

既然阿买恳是出嫁歌，那有关哭嫁的内容则是必不可少的，其中如《兄妹争阿妈》《送妹出嫁》《出嫁不哭》等都比较经典。《争阿妈》讲述了对自己娘亲难以割舍的哀怨心情。《送妹出嫁》讲述了阿哥把阿妹送亲送出门后的一种眷念和空落的情愫。《出嫁不哭》描述了出嫁的女子在出嫁前面对父母、哥嫂、姐妹、同伴以泪洗洗面的场景，强作镇静，努力抑制心中起伏的心潮，劝导大家不要哭泣，体现出了整个大家庭和邻里的和睦、和谐，尤其是人与人之间感情的真挚和纯洁。

（十九）兄妹争阿妈

争呀争阿妈，什么争阿妈？鸡同鸭争妈，鸭子是强者，把阿妈争去。鸡可是弱者，另去寻阿妈，寻不着阿妈，认鹅做阿妈。鹅即便善良，怎及亲阿妈！

争呀争阿妈，是哪些争妈？麂同獐争妈，麂子是强者，争去了阿妈。獐子是弱者，另去寻阿妈，寻不得阿妈，认狐狸做妈。狐狸再关爱，怎及亲阿妈！

争呀争阿妈，是谁争阿妈？兄妹争阿妈，兄长是强者，争去了阿妈。妹妹是弱者，另去寻阿妈，寻不到阿妈，认婆婆做妈。婆婆再慈爱，怎及亲阿妈！

（二十）送妹出嫁

领呀领云走，什么领云走？是风领云走，去时带着云，来时不见云，一桩伤心事。

领呀领星走，什么领星走？月亮领星走，去时领着星，来时不见星，两桩伤心事。

领呀领妹走，什么领妹走？是哥领妹走，（明早天放明，公鸡喔喔啼，白马嘶嘶鸣），去时领着妹，回时不见妹，三桩伤心事。

（二十一）出嫁不哭

出嫁女不哭，阿爸却在哭。女来劝阿爸：“阿爸呀别哭，女儿阿爸抚，阿爸忧女儿。无女不出嫁，到了婆家后，待过了今年，前家事不忙，一年来三趟，烧酒和猪头，背给阿爸吃，背给阿爸喝；若是事务多，三年来一趟，回家看阿爸，回家敬阿爸!”

出嫁女不哭，阿妈却在哭。女来劝阿妈：“阿妈莫要哭，女是母体肉，女是母命根。无女不出嫁，到了婆家后，待过了明年，前家有空闲，一年来三趟，炒面和蜂蜜，背给阿妈吃，背给阿爸喝；若是事务多，三年来一趟，回家看阿妈，回家敬阿妈!”

出嫁妹不哭，阿哥却在哭。妹来劝阿哥：“阿哥呀别哭，咱一女嫁出，外一女嫁进，无女不出嫁。阿妹出嫁后，待过了今年，前家事不忙，一年来三趟，衲鞋子三双，送给阿哥穿；若是事头多，三年来一趟，做鞋子一双，来把阿哥望!”

出嫁妹不哭，阿嫂却在哭。妹来劝阿嫂：“阿嫂呀别哭，荞子适时割，女子适时嫁。待过了今年，事情不忙时，一年来三趟，黑绸扯三匹，带来送阿嫂，回来送阿嫂，给阿嫂帮忙。”

出嫁姐不哭，妹妹却在哭。姐来劝妹妹：“树大长外地，女大嫁外人。阿姐出嫁后，待过了今年，前家事不忙，一年来三趟，丝线和花线，买来给阿妹，给你来绣花；若是事头多，三年来一趟，手镯和戒指，买来送阿妹，转来看阿妹!”

出嫁女不哭，女伴却在哭。妹来劝女伴：“众位呀莫哭，他乡见他伴，同地想同伴，如今我出嫁，待过了今年，前家事不忙，一年来三趟，银镯金戒指，买来送大家；若是事头紧，三年来一趟，美食赠同伴，真心来叙旧，回来一起玩!”

附 录 二

大屯彝族民间艺人调查表

表一　布摩、摩史类

编号：1

调查活动的基本信息			
调查日期	2013 年 10 月 15 号	起止时间	
调查地点	贵州省 毕节 市（州） 七星关 县 大屯彝族乡（镇） 三官 村寨		
调查对象信息			
姓　名	陈文军	民族	彝族
民族语言名		性别	男
出生年月	1939-03-10	文化程度	小学
工作单位	在家务农		
个人专长	从事布摩或摩史职业		
家庭住址	大屯乡三官村田坎组		
联系电话	15285762998		
调查人	陈大琰		
备　注	个人专长，指从事布摩或摩史职业		

表一　布摩、摩史类

编号：2

调查活动的基本信息			
调查日期	2013 年 10 月 15 号	起止时间	
调查地点	贵州省 毕节 市（州） 七星关 县 大屯彝族乡（镇） 高坡 村寨		
调查对象信息			
姓　名	陈年国	民族	彝族
民族语言名		性别	男
出生年月	1964-03	文化程度	初中
工作单位	在家务农		
个人专长	从事布摩或摩史职业		
家庭住址	大屯乡高坡村金星组		
联系电话	18316305676		
调查人	陈年栋		
备　注	个人专长，指从事布摩或摩史职业		

表一　布摩、摩史类

编号：3

调查活动的基本信息			
调查日期	2013 年 10 月 15 号	起止时间	
调查地点	贵州省<u>　毕节　</u>市（州）<u>　七星关　</u>县 <u>大屯彝族</u>乡（镇）<u>　三官　</u>村寨		
调查对象信息			
姓　名	陈大远	民族	彝族
民族语言名		性别	男
出生年月	1945-05-23	文化程度	初中
工作单位	在家务农		
个人专长	从事布摩或摩史职业		
家庭住址	大屯乡三官村田坎组		
联系电话	15285762998		
调查人	陈大琰		
备　注	个人专长，指从事布摩或摩史职业		

表二：彝族传统民俗类

编号：1

调查活动的基本信息			
调查日期	2013 年 10 月 15 号	起止时间	
调查地点	贵州省<u>　毕节　</u>市（州）<u>　七星关　</u>县 <u>大屯彝族</u>乡（镇）<u>　高坡　</u>村寨		
调查对象信息			
姓　名	潘正发	民族	彝族
民族语言名		性别	男
出生年月	1951-09	文化程度	小学
工作单位	在家务农		
个人专长	主持彝族婚、丧、嫁娶礼仪		
家庭住址	大屯乡高坡村下寨组		
联系电话	18396947653		
调查人	陈年栋		
备　注	个人专长，指擅长彝族婚丧嫁娶、节庆等方面的传统习俗		

表二　彝族传统民俗类

编号：2

调查活动的基本信息			
调查日期	2013 年 10 月 15 号	起止时间	
调查地点	贵州省<u>　毕节　</u>市（州）<u>　七星关　</u>县 <u>大屯彝族</u>乡（镇）<u>　三官　</u>村寨		
调查对象信息			
姓　名	张荣军	民族	彝族
民族语言名		性别	男
出生年月	1961-11-29	文化程度	初中
工作单位	在家务农		
个人专长	从事布摩或摩史职业		
家庭住址	大屯乡三官村新房组		
联系电话	15117670098		
调查人	陈大琰		
备　注	个人专长，指从事布摩或摩史职业		

表二 彝族传统民俗类

编号：3

调查活动的基本信息			
调查日期	2013 年 10 月 15 号	起止时间	
调查地点	贵州省 毕节 市（州） 七星关 县 大屯彝族乡（镇） 三官 村寨		
调查对象信息			
姓　名	陈大华	民族	彝族
民族语言名		性别	男
出生年月	1952-10-25	文化程度	初中
工作单位	在家务农		
个人专长	主持彝族婚、丧、嫁娶礼仪		
家庭住址	主持彝族丧俗活动		
联系电话	15285762998		
调查人	陈大琰		
备　注	个人专长，指擅长彝族婚丧嫁娶、节庆等方面的传统习俗		

表二　彝族传统民俗类

编号：4

调查活动的基本信息			
调查日期	2013 年 10 月 15 号	起止时间	
调查地点	贵州省 毕节 市（州） 七星关 县 大屯彝族乡（镇） 三官 村寨		
调查对象信息			
姓　名	杨昌龙	民族	彝族
民族语言名		性别	男
出生年月	1968-05	文化程度	初中
工作单位	在家务农		
个人专长	主持彝族婚、丧、嫁娶礼仪		
家庭住址	大屯乡三官村黄坭组		
联系电话	15186076608		
调查人	陈大琰		
备　注	个人专长，指擅长彝族婚丧嫁娶、节庆等方面的传统习俗		

表二　彝族传统民俗类

编号：5

调查活动的基本信息			
调查日期	2013 年 10 月 15 号	起止时间	
调查地点	贵州省 毕节 市（州） 七星关 县 大屯彝族乡（镇） 三官 村寨		
调查对象信息			
姓　名	陈宗贵	民族	彝族
民族语言名		性别	男
出生年月	1967-01-13	文化程度	小学
工作单位	在家务农		
个人专长	主持彝族婚、丧、嫁娶礼仪		
家庭住址	大屯乡三官村黄坭组		
联系电话	15285762998		
调查人	陈大琰		
备　注	个人专长，指擅长彝族婚丧嫁娶、节庆等方面的传统习俗		

表三　古彝文翻译者、彝语教师类

编号：1

调查活动的基本信息			
调查日期	2013 年 10 月 15 号	起止时间	
调查地点	贵州省<u>　毕节　</u>市（州）<u>　七星关　</u>县 <u>大屯彝族</u>乡（镇）村寨		
调查对象信息			
姓　名	罗举仕	民族	彝族
民族语言名		性别	男
出生年月	1967-08-17	文化程度	大专
工作单位	大屯乡烙烘小学		
个人专长	擅长彝汉文互译或从事彝汉双语教学		
家庭住址	大屯乡烙烘村庆祝组		
联系电话	15285718988		
调查人	陈　峰		
备　注	个人专长，指擅长翻译古彝文或从事彝汉双语（双语言、双语文）教学		

表三　古彝文翻译者、彝语教师类

编号：2

调查活动的基本信息			
调查日期	2013 年 10 月 15 号	起止时间	
调查地点	贵州省＿毕节＿市（州）＿七星关＿县 大屯彝族乡（镇）村寨		
调查对象信息			
姓　名	陈明发	民族	彝族
民族语言名		性别	男
出生年月	1973-10-23	文化程度	大专
工作单位	大屯乡三官小学		
个人专长	擅长彝汉文互译或从事彝汉双语教学		
家庭住址	大屯乡烙烘村庆祝组		
联系电话	15285718988		
调查人	陈　峰		
备　注	个人专长，指擅长翻译古彝文或从事彝汉双语（双语言、双语文）教学		

表三　古彝文翻译者、彝语教师类

编号：3

调查活动的基本信息			
调查日期	2013 年 10 月 15 号	起止时间	
调查地点	贵州省 毕节 市（州） 七星关 县 大屯彝族乡（镇）村寨		
调查对象信息			
姓　名	陈　峰	民族	彝族
民族语言名		性别	男
出生年月	1984-2-20	文化程度	大专
工作单位	大屯乡烙烘小学		
个人专长	擅长彝汉文互译或从事彝汉双语教学		
家庭住址	大屯乡烙烘村庆祝组		
联系电话	15285718988		
调查人	陈　峰		
备　注	个人专长，指擅长翻译古彝文或从事彝汉双语（双语言、双语文）教学		

表三　古彝文翻译者、彝语教师类

编号：4

调查活动的基本信息			
调查日期	2013 年 10 月 15 号	起止时间	
调查地点	贵州省 毕节 市（州） 七星关 县 大屯彝族乡（镇）村寨		
调查对象信息			
姓　名	罗鹏举	民族	彝族
民族语言名		性别	男
出生年月	1977-01-21	文化程度	大专
工作单位	七星关区大屯中学		
个人专长	擅长彝汉文互译或从事彝汉双语教学		
家庭住址	大屯乡烙烘村庆祝组		
联系电话	15285718988		
调查人	陈　峰		
备　注	个人专长，指擅长翻译古彝文或从事彝汉双语（双语言、双语文）教学		

表三　古彝文翻译者、彝语教师类

编号：5

调查活动的基本信息			
调查日期	2013 年 10 月 15 号	起止时间	
调查地点	贵州省__毕节__市（州）__七星关__县 大屯彝族乡（镇）村寨		
调查对象信息			
姓　名	陈星伶	民族	彝族
民族语言名		性别	女
出生年月	1978-04-10	文化程度	大专
工作单位	七星关区大屯乡教育管理中心		
个人专长	擅长彝汉文互译或从事彝汉双语教学		
家庭住址	大屯乡烙烘村庆祝组		
联系电话	15285718988		
调查人	陈　峰		
备　注	个人专长，指擅长翻译古彝文或从事彝汉双语（双语言、双语文）教学		

表三　古彝文翻译者、彝语教师类

编号：6

调查活动的基本信息			
调查日期	2013年10月15号	起止时间	
调查地点	贵州省 毕节 市（州） 七星关 县 大屯彝族乡（镇）村寨		
调查对象信息			
姓　名	黄　蕾	民族	彝族
民族语言名		性别	女
出生年月	1977-10-21	文化程度	大专
工作单位	大屯乡烙烘小学		
个人专长	擅长彝汉文互译或从事彝汉双语教学		
家庭住址	大屯乡烙烘村庆祝组		
联系电话	15285718988		
调查人	陈　峰		
备　注	个人专长，指擅长翻译古彝文或从事彝汉双语（双语言、双语文）教学		

表三　古彝文翻译者、彝语教师类

编号：7

调查活动的基本信息			
调查日期	2013 年 10 月 15 号	起止时间	
调查地点	贵州省 毕节 市（州） 七星关 县 大屯彝族乡（镇）村寨		
调查对象信息			
姓　名	陈大彬	民族	彝族
民族语言名		性别	男
出生年月	1961-02-14	文化程度	大专
工作单位	大屯乡三官小学		
个人专长	擅长彝汉文互译或从事彝汉双语教学		
家庭住址	大屯乡烙烘村庆祝组		
联系电话	15285718988		
调查人	陈　峰		
备　注	个人专长，指擅长翻译古彝文或从事彝汉双语（双语言、双语文）教学		

表三 古彝文翻译者、彝语教师类

编号：8

调查活动的基本信息			
调查日期	2013 年 10 月 15 号	起止时间	
调查地点	贵州省＿毕节＿市（州）＿七星关＿县 大屯彝族乡（镇）村寨		
调查对象信息			
姓　名	陈　峰	民族	彝族
民族语言名		性别	男
出生年月	1984-2-20	文化程度	大专
工作单位	大屯乡烙烘小学		
个人专长	擅长彝汉文互译或从事彝汉双语教学		
家庭住址	大屯乡烙烘村庆祝组		
联系电话	15285718988		
调查人	陈　峰		
备　注	个人专长，指擅长翻译古彝文或从事彝汉双语（双语言、双语文）教学		

表三　古彝文翻译者、彝语教师类

编号：9

调查活动的基本信息			
调查日期	2013 年 10 月 15 号	起止时间	
调查地点	贵州省 毕节 市（州） 七星关 县 大屯彝族乡（镇）村寨		
调查对象信息			
姓　名	陈华贵	民族	彝族
民族语言名		性别	男
出生年月	1969-10-16	文化程度	大专
工作单位	七星关区大屯乡教育管理中心		
个人专长	擅长彝汉文互译或从事彝汉双语教学		
家庭住址	大屯乡烙烘村庆祝组		
联系电话	15285718988		
调查人	陈　峰		
备　注	个人专长，指擅长翻译古彝文或从事彝汉双语（双语言、双语文）教学		

表三　古彝文翻译者、彝语教师类

编号：10

调查活动的基本信息			
调查日期	2013 年 10 月 15 号	起止时间	
调查地点	贵州省＿毕节＿市（州）＿七星关＿县 大屯彝族乡（镇）村寨		
调查对象信息			
姓　名	陈　婕	民族	彝族
民族语言名		性别	女
出生年月	1976-12-05	文化程度	大专
工作单位	大屯乡烙烘小学		
个人专长	擅长彝汉文互译或从事彝汉双语教学		
家庭住址	大屯乡烙烘村庆祝组		
联系电话	15285718988		
调查人	陈　峰		
备　注	个人专长，指擅长翻译古彝文或从事彝汉双语（双语言、双语文）教学		

表三　古彝文翻译者、彝语教师类

编号：11

调查活动的基本信息			
调查日期	2013 年 10 月 15 号	起止时间	
调查地点	贵州省 毕节 市（州） 七星关 县 大屯彝族乡（镇）村寨		
调查对象信息			
姓　名	杨昌华	民族	彝族
民族语言名		性别	男
出生年月	1971-06-16	文化程度	大专
工作单位	大屯乡三官小学		
个人专长	擅长彝汉文互译或从事彝汉双语教学		
家庭住址	大屯乡烙烘村庆祝组		
联系电话	15285718988		
调查人	陈　峰		
备　注	个人专长，指擅长翻译古彝文或从事彝汉双语（双语言、双语文）教学		

表三 古彝文翻译者、彝语教师类

编号：12

调查活动的基本信息			
调查日期	2013 年 10 月 15 号	起止时间	
调查地点	贵州省 毕节 市（州） 七星关 县 大屯彝族乡（镇）村寨		
调查对象信息			
姓　名	张荣禄	民族	彝族
民族语言名		性别	男
出生年月	1972-02-28	文化程度	大专
工作单位	大屯乡三官小学		
个人专长	擅长彝汉文互译或从事彝汉双语教学		
家庭住址	大屯乡烙烘村庆祝组		
联系电话	15285718988		
调查人	陈　峰		
备　注	个人专长，指擅长翻译古彝文或从事彝汉双语（双语言、双语文）教学		

表三　古彝文翻译者、彝语教师类

编号：13

调查活动的基本信息			
调查日期	2013 年 10 月 15 号	起止时间	
调查地点	贵州省 <u>毕节</u> 市（州） <u>七星关</u> 县 <u>大屯彝族</u>乡（镇）村寨		
调查对象信息			
姓　名	沙　艳	民族	彝族
民族语言名		性别	女
出生年月	1977-10-19	文化程度	大专
工作单位	大屯乡三官小学		
个人专长	擅长彝汉文互译或从事彝汉双语教学		
家庭住址	大屯乡烙烘村庆祝组		
联系电话	15285718988		
调查人	陈　峰		
备　注	个人专长，指擅长翻译古彝文或从事彝汉双语（双语言、双语文）教学		

后 记

西南地区是我国少数民族最为集中的地区，仅贵州就有世居少数民族17个。对这些少数民族历史文化的研究，不仅对其优秀文化的传承意义巨大，同时，也将有力地推动其社会经济的全面发展。

建校70周年的贵州民族大学自创建以来，一直高度重视西南地区少数民族特别是贵州各少数民族的研究。至今涌现出了张正东、侯绍庄、史继忠、杨庭硕、顾朴光、庹修明、杨昌儒、石开忠、吴秋林等著名学者，他们的研究视角触及历史、宗教、哲学、政治、经济、社会、文学等诸多领域，其中大多具有不菲的学术价值和社会价值。

贵州民族大学的民族学专业是贵州省重点学科，为更好地办好这一专业，同时，也对我校几十年来的民族学研究作一个总结。在副校长杨昌儒教授的悉心指导下，我们拟编辑出版“贵州民族大学民族学学人丛书”。我们相信，丛书的出版一定能推动我校民族学专业的发展，并对我校民族学研究工作作一个展示。

丛书的出版得到了贵州民族大学民族科学研究院全体同仁的大力支持，在此一并表示感谢！